铁血文库

— HOT-BLOOD SERIES —

011

宋毅◎主编

时代文艺出版社

图书在版编目（CIP）数据

铁血文库. 011 / 宋毅主编. —长春：时代文艺出版社，2017.5

ISBN 978-7-5387-5397-4

Ⅰ. ①铁… Ⅱ. ①宋… Ⅲ. ①战争史－世界 Ⅳ. ①E19

中国版本图书馆CIP数据核字（2017）第008996号

出品人 陈 琛

产品总监 郭力家

责任编辑 方 伟

助理编辑 胡 军

装帧设计 孙 利

排版制作 李 楠

铁血文库 011

宋毅 主编

出版发行 / 时代文艺出版社

地址 / 长春市泰来街1825号 时代文艺出版社 邮编 / 130011

总编办 / 0431-86012927 发行部 / 0431-86012957 北京开发部 / 010-63108163

官方微博 / weibo.com / tlapress 天猫旗舰店 / sdwycbsgf.tmall.com

印刷 / 三河市万龙印装有限公司

开本 / 710mm × 1000mm 1 / 16 字数 / 237千字 印张 / 13

版次 / 2017年5月第1版 印次 / 2017年5月第1次印刷 定价 / 39.80元

图书如有印装错误 请寄回印厂调换

内容简介

本期奥斯曼帝国专题，特别选取了奥斯曼帝国塞利姆一世的辉煌远征以及帝国从征服到失去埃及的全过程，让读者全面了解奥斯曼这个曾经横跨亚欧非三大洲的超级帝国。

塞利姆一世（1467—1520），奥斯曼帝国第九任苏丹（1512—1520），因以严峻手段治国而被称为“冷酷者”。他先是通过激烈的竞争夺取了王位，又一改其亲巴耶济德二世时期相对和平的外交政策，对外大肆扩张，使奥斯曼帝国的版图扩展到叙利亚和北非地区。如此迅速的扩张力度，让他成为历代奥斯曼苏丹中夺取领土最多的一位。1520 年病故前，他通过谋杀继承人之外的所有男性后代，确保了苏丹位置安全地传到其子苏莱曼一世手中。《冷酷的奥斯曼征服者——塞利姆一世远征记》通过对这个王者的叙述，将带你回顾奥斯曼帝国最为鼎盛辉煌的时代。

中东，似乎永远是这个地球上的焦点，从中东战争到两伊战争、海湾战争、叙利亚战争，战火连绵。实则许多的恩怨，可以追溯到一个庞大帝国的统治时代——奥斯曼帝国。奥斯曼帝国从成为横亘欧亚之间的壁垒，到沦为被欧洲欺虐的“病夫”，民族纷争、领土纷争层出不穷。而在这其中，奥斯曼帝国统治下的埃及，成为最大的焦点之一。《帝国之殇——奥斯曼王朝统治下的埃及》一文中埃及与奥斯曼帝国的三百年恩怨情仇，将带你了解这个庞大帝国的兴与衰。

堑壕战，在人们的脑海中总是与残酷的第一次世界大战联系在一起。有关一战的资料浩如烟海，《堑壕战——索姆河战役的血色回忆》一文从全新的视角，精选了四个老兵关于第一次世界大战堑壕战的生动回忆，并对回忆中出现的各种战略战术和武器装备进行了详尽解说，旨在让读者进一步了解关于一战堑壕战和战争中与死神相伴的老兵们，对战争得出自己的结论。

在人类的历史长河之中，面对现实利益的纠葛，其实真正能与邻邦做到“和睦友好”的国家并不多。但如英格兰和苏格兰这样，从始至终都彼此仇视，几度分分合合却又始终保持着藕断丝连的关系，也并不多见。《同室操戈——英格兰与苏格兰的千年恩怨》一文便将回顾英格兰与苏格兰之间充斥着刀光剑影的恩怨情仇。

主编简介

宋毅：《铁血文库》系列 MOOK 主编，中国散文协会会员，上海作协会员，著名历史、军事作家，曾获《现代兵器》杂志 2009 年度优秀作者一等奖等荣誉。出版有《战争特典：隋唐英雄》《壬辰 1592：决战朝鲜》《祖先的铁拳：历代御外战争史》等多部畅销历史、军事著作。

宋毅战争史官方微信平台
仅需用微信扫描二维码即可！
QQ 群：123520160
投稿 QQ：24621756
投稿邮箱：24621756@qq.com

CONTENTS

目录

冷酷的奥斯曼征服者

——塞利姆一世远征记

作者：米南德

⊙ 奥斯曼帝国的版图横跨亚洲、欧洲和非洲三地

作为近代早期历史上最强大的帝国，横跨欧亚非三大洲的奥斯曼帝国，在所有周边国家和民族眼里都是一个奇特而可怕的邻居。作为帝国掌舵人的历代奥斯曼苏丹们，更是那个时代世界舞台上的主角和多面手。每一代苏丹都有着他们各不相同的天赋和秉性，也都出于各种目的来执行各式各样令人瞠目结舌的政策指令，其寿命与统治年月自然更是大相径庭。

⊙ 塞利姆一世画像

就在这群时而贤明如圣主、时而暴虐如顽童的君主之中，“冷酷者”塞利姆显得格外显眼且与众不同。他在位的时间不长，却通过一系列短促而具有决定性的军事行动，将帝国的版图扩大了三分之一。他的铁拳重击让人胆寒，其残忍性格让人畏惧，他的成就也最终改变了帝国的整体走向与后来的历史进程。

一、欲求不满的帝国

无论是敌人、盟友还是宗主关系，奥斯曼帝国独特的欧亚民族交汇特色及其需要不断对外扩张的本质，都是那个年代很多个人及政治团体关注的焦点之一。自从 13 世纪开始，一小批来自中亚土库曼地区的突厥人，来到被称作安纳托利亚的小亚细亚半岛，被已经混迹此地多年的远亲罗姆苏丹收纳，安排定居到今天的布尔萨（Brusa）。这一小撮不起眼儿的突厥人，却注定要创造一番轰轰烈烈的历史。

当这些突厥部落来到小亚细亚地区时，唯一可以选择的生存方式就是放牧与劫掠。就和几百年来不断涌入整个地区的文化远亲一样，伊斯兰信仰特色下的圣战士加齐是部落士气与凝聚力的最佳依附。更大的好处是，这样的思维方式有助于他们在保持游牧民特色的同时，维系一定的战斗力。每当战乱四起，奥斯曼人这样的骑马战士就会成为各个帝国募兵人员的首选之一。但在布尔萨的定居，还有着更大的意义。从居无定所的牧民和难民，到被圈定在某地及周围草场的环境转变，让奥斯曼人逐渐习惯了定居与定牧生活。这对于他们后来建立稳固的帝国，而不是转瞬即逝的强权而言，是必不可少的一步。

⊙ 早期的土耳其轻骑兵，标准的草原轻骑兵善于进行边跑边射的帕提亚回马箭战术

奥斯曼人就是这样一步一步提升着自己的实力与影响力，但他们一开始却似乎显得前途暗淡。周围不是同样游牧民出生的突厥远亲部落，就是信仰东正基督教的希腊语居民。不远的东方和北部，是横扫中亚的蒙古帝国后裔，这些蒙古人曾经是他们逃难至此的最大动力。但正是这种支离破碎的乱世，给了奥斯曼人以前所未有的扩充机会。山地之间，星罗棋布的草场、村落和城镇，都可以被孤立与攫取。只要没有强烈的外力进行猛烈干涉，这样的蚕食战略很快就收到奇效。当他们将首都成功地迁到黑海边的大城市阿马西亚（Amasya）时，已经是地区内一股不可小视的势力了。无论是信仰相同的突厥部落，还是那些势单力薄需要保护的希腊城镇，都很好地被纳入了奥斯曼人原始而粗糙的国家系统内。为了适应这种快速的扩张形式，奥斯曼人在意识形态上信奉一种名为苏非派的伊斯兰神秘主义教派。在这种教派的影响下，即便是基督教的圣徒与信仰也都是可以被接纳的。

这不仅有利于他们吞并一个又一个基督教人口占多数的城镇地区，也在之后的管理上获得了便利。纵然有拜占庭希腊人请来的西班牙加泰罗尼亚人雇佣军和尼西亚帝国皇帝的励精图治，都只是暂缓这一扩张进程，而无法从根本上做到逆转。

至此，奥斯曼人的扩张属性暴露无遗。整个14世纪到15世纪，他们一波又一波地涌向爱琴海沿岸的商业城市和富庶土地，接着一波又一波地渡过并不宽阔的博斯普鲁斯海峡，占据了巴尔干半岛东部的桥头堡。无论是在亚洲还是在欧洲，奥斯曼人遇到的都是些并不强大的对手。奥斯曼人甚至通过短暂的结盟和收买，就能让异教徒彼此敌视和动手，而他们自己则以幕后主谋、和事佬、雇佣兵或“维和部队”的百变造型，逐步控制了更多的地盘。

刚刚进入定居生活状态的奥斯曼军队。不少军事精英下马成为优秀的山地步兵，而邻近的突厥部落则可以继续提供轻骑兵力量

1453年，奥斯曼人占领君士坦丁堡。这座欧亚大陆交界口的重要城市从此成为他们的首都，一直到20世纪初

就和所有处于成长期的帝国一样，奥斯曼人始终带着对更多领土和财富的饥饿感，四处扩张。这不仅仅是因为人类的贪欲本性，更是为了在乱世中生存下去而必须进行的自我改造。奥斯曼人在这一方面可谓有史以来不可多得的成功者，他们不仅逼迫自己饥饿，更是在成功后的几百年里继续保持欲求不满的状态。时间一长，巴尔干各地还没有被控制的国王和领主们，就开始注意到这伙来自亚洲山区的突厥人了。紧接着，开启十字军模式的

基督教国家，不断前来挑战奥斯曼人日益增长的权威，并在一次次失败后不断重组再来。奥斯曼人在他们的新领地上经历了一阵又一阵的腥风血雨。幸好，苏丹的麾下，总是有一支稳健而可畏的军队。这确保了奥斯曼人不仅在欧洲站稳脚跟，同时在亚洲地区也一路向东扩张。1453 年，著名的穆罕默德二世（Mehmed the Conqueror，1432—1481）拿下了历史上最顽强抵抗的城市之一——君士坦丁堡，迁都至此的奥斯曼人正式开启了他们的帝国时代。不管是在亚洲的安纳托利亚省（Rumelia），还是欧洲的鲁梅利亚省，大量原本为拜占庭帝国服务的希腊贵族和官僚阶层被新的帝国不断吸收，成为构筑早期帝国制度与统治的重要力量。

二、兼容并蓄的军事制度

奥斯曼人能在乱世中崭露头角，越战越强，与他们先进的军事制度密不可分。他们的军事系统结合了亚洲和欧洲多个地区的优秀成分，并随着征战领域的扩展而吸纳了更多新的战术与武器。更加严格的管理和指挥系统，让他们的纪律和战斗水平比强大的对手更胜一筹。较为宽松的权力下放模式，则尽最大可能地节约了和平时期的军事开销，并能够对那些潜在的加盟者提供足够的吸引力。

早期盘踞在布尔萨一带的奥斯曼战士都是以清一色的草原轻骑兵为主，策马奔驰、弯弓射箭是他们的拿手绝活，但缺乏足够的盔甲保护和有效的近距离作战能力一直是他们的软肋。部分精英贵族战士可以拥有较好的装备，在战斗的关键时刻能决定成败。突厥特色的马术、射术和摔跤都是保持战斗力的基础。当邻近的突厥部落被吞并或投诚，体系几乎一致的他们会和奥斯曼军队完成一次无缝连接。如果有需要，这些游牧系的骑兵也可以立即下马客串成为步兵。勇武好斗的习气，加上高昂的宗教情绪，让不少水平欠佳的专业步兵都自叹不如。而那些定居的希腊语居民，则在加入奥斯曼人麾下后担任步兵力量。除了适合山地作战的标枪兵和守卫城市一流的弓弩手，希腊地方贵族也可以作为骑兵力量来加入奥斯曼大军。几百年来，突厥文

⊙ 早期的奥斯曼西帕希骑兵，他们的作战方式与突厥前辈差别不大

⊙ 15世纪早期的奥斯曼安纳托利亚省军队，已经获得了良好装备的西帕希骑兵及其附庸步兵成为主力

⊙ 14世纪后期开始加入奥斯曼军队的巴尔干士兵，包括保加利亚人、阿尔巴尼亚人和塞尔维亚人等，他们的军事风格与装备结合了巴尔干、拜占庭、突厥和西欧的特色

化和战术的影响，让过去不谙此道的希腊军事系统，都不可避免地发生了突厥化，这更加有利于新来的奥斯曼主人指挥他们。

14世纪后期，奥斯曼人逐渐在欧洲的巴尔干地区扩张，也因此大量接触了欧洲人的军事系统。无论是东欧靠近草原地区的传统轻骑兵力量，还是受西欧影响发展起来的骑士重骑兵部队，抑或是兼而有之的各类步兵战术，都被如饥似渴的奥斯曼人收入囊中。不需要改变宗教信仰，不需要被剥夺土地家产，也不需要额外纳税，也不管你说希腊语、保加利亚语还是斯拉夫语，无论你信仰东正教、天主教还是某个为东西方教会都不待见的小派别，只要愿意为苏丹在战场上建功立业，并在混乱而复杂的战场上服从指挥，那么任何基督教领主的土地和大部分权利都会被保留下来。相应的，奥斯曼人也就为自己的军队里增添了更多战斗力更强的骑兵与步兵力量。欧洲的新式武器技术，也由意大利的商人带着越过亚得里亚海，送到奥斯曼军人手中，让他们如虎添翼。

当然，为了有效地组织管理这些分布各地的大小军事力量，奥斯曼人也必须使用定居民族的武器系统来加以规范。中世纪穆斯林传统的米勒克制度就是奥斯曼人最佳的参照。按照此规定，作为报酬，为穆斯林政权服役的军事人员将根据其所能承担的军事义务和提供的武装力量，分得大小不一的土地。这些土地的主人不需要缴纳日常税收，但要在战时提供相应的部队。奥斯曼人当年获得布尔萨的土地，也是依照此制度履行义务的。小亚细亚半岛与巴尔干南部的希腊人则采用与之类似的拜占庭帝国军区制。土地同样依据受封者的能力与水平，来规定大小。奥斯曼人则以自己的蒂玛制度，将极其类似的两者合二为一。而且他们还做出了一个强制性的规定，军事地产的拥有者在死后，其后代只能保留一部分土地，以继续使用。只有当他在战场上建立功勋，才能被授予更多的土地。至于是否还是他父亲当年坐拥的地产，就不一而论了。这样的好处自然是加强了中央政府对地方军事贵族的管理，并更好地激发了整个贵族阶层在战场上的拼搏精神。这些接受了奥斯曼人改造的军事领主都会获得一个统一的称号——西帕希。

进入欧洲后，奥斯曼人又遇到了中世纪时代的第三种军事采邑制度。在这片土耳其人称之为鲁梅利亚的土地上，尤其是和西方接触颇多的塞尔维亚地区，西欧式的军事封地比比皆是。与伊斯兰世界和希腊正教徒的军事制度不同，西欧式的封建采邑可以由父亲直接传给自己年龄最大的男性后代继承。不过这并没有妨碍新来的奥斯曼统治者将之慢慢纳入自己的蒂玛体系，让各级骑士都成为自己麾下的西帕希。有能力的西帕希老爷，也需要提供更多的骑兵与步兵参战。此外，在小亚细亚

⊙ 向奥斯曼军队投降的希腊军官，他很有可能摇身一变成为奥斯曼人的西帕希领主

⊙ 生活在小亚细亚东部的亚美尼亚领主的部队。他们深受之前入侵中东的西欧十字军影响，无论是制度还是作战风格，都非常西欧化

半岛东部和南部的亚美尼亚人，也属于西欧的采邑制度体系。他们最初以雇佣兵为苏丹服务，随后便也逐步被同化成为当地的西帕希。

长此以往，巴尔干半岛上的鲁梅利亚省越来越大。境内的骑士、城镇居民和边境游牧民们都成了奥斯曼军事力量的坚实基础。甚至，过去的国王、公爵都可以继续以附属王国和公国的形式存在下去，只要向奥斯曼朝廷纳贡并在战时提供部队，就能够继续保有相当大的权利。当然，没有多少财产的赤贫群体，也可以在奥斯曼人的征战事业中出一份力，被称为阿扎普的轻步兵便是从这些人中间招募而来。他们的战斗力虽然不高，也不会因为作战而拿到军饷，却可以在胜利后大肆劫掠新占领的土地。因而，数量庞大的他们，往往是奥斯曼大军历次军事行动的急先锋。与之地位类似的，是那些居住在农耕区域边缘草场的牧民，他们组成的阿金日轻骑兵是奥斯曼军队最好的哨兵与骚扰力量，能在诱敌深入和战场断后方面发挥奇效。因此奥斯曼人曾经将一些草场直接封给了从亚洲来的突厥部落，让他们继续在欧洲大地上保持原先的生存状态。

⊙ 15世纪中后期深受突厥军事风格影响的希腊地区军队，他们的轻骑兵和步兵力量也是奥斯曼欧洲军队的一部分

拜占庭时代留下的步兵征集制度也被奥斯曼人直接采纳，每10个基督教家庭就需要供养1个重装步兵去军队服役。这名重装步兵身后往往会有多达9人的轻步兵学徒一起作战。而在亚洲地区，早年就投靠帝国的城镇守备队，则是以弓弩和标枪为主的雅雅轻步兵，其战斗力明显逊于欧洲地区的同行。更麻烦的是，要动员他们离开所属城镇参战，必须支付一定的军饷才行。

正是蒂玛制度与征召步兵体系，确保了奥斯曼人强大的武力基础。而为了给中央建立一支可靠的常备军，奥斯曼人又搬出了伊斯兰世界特有的奴隶兵制度，建立了一支名为卡皮库鲁的近卫军。自从8世纪统治两河与中亚的阿巴斯王朝起，不少穆斯林君主都选择购买奴隶，来训练成自己的私人军队。这样做的好处在于，这些奴隶身份的士兵可以以完全脱产的形式，常年进行严酷的军事训练，可执行长期任务。由于是苏丹本人的私产，他们也必须在最大程度上依附自己的主人。后来的塞尔柱突厥帝国虽然是奴隶军犯上作乱的产物，但依然继续了这种看似非常不人道的制度。而同样是以奴隶兵集团立国的埃及马穆鲁克（Mamluk）王朝和印度的德里苏丹王国，都依靠存量巨大的奴隶军团称霸一方。

受此启发的奥斯曼苏丹比他的穆斯林前任们做得更加彻底。过去，军事奴隶并不限定年龄，只要身体健康即可。从马穆鲁克开始，规定奴隶部队必须全部改宗伊斯兰信仰。到了奥斯曼人的时代，奴隶兵的兵源已经变成了年纪在5—14岁之间的基督教男孩儿。这样的好处在于，将奴隶自孩童时代就抓来进行伊斯兰信仰改造与军事训练，培养出来的士兵更加忠诚而善战。而且因为他们出身基督教徒，无论是来自底层农民家庭还是地方领主和属国王室，都无法与传统的奥斯曼贵族轻易串通，谋反威胁就降到了非常低的地步。某些资质颇高的奴隶兵，甚至可以平步青云，进入宫廷为官，成为一人之下万人之上的权臣。而普通的卡皮库鲁士兵则会被分别训练成精锐的中央骑兵西帕赫和加尼沙里步兵（Janissaries）。甚至还有一些紧跟时代的潮流，成为炮兵和工兵。尽管好用，卡皮库鲁部队因为供养价格的不菲，所以一直数量不多，呈缓慢增长，但他们无疑是一支战斗力极强的微型军队。

⊙ 一幅奥斯曼人自己的画作，描绘的是苏丹视察新招募来的基督教幼童

三、苏丹的利刃

为了将来源复杂、种类繁多的部队，在战场上捏合成一个有力的整体，奥斯曼人也是动足了脑筋。最精锐的卡皮库鲁部队无疑是非常善战的决定性力量，却不可能始终处于最危险的一线进行消耗。所以，每当临战，卡皮库鲁们都会伴随苏丹或者最高指挥官本人一起，居于战线的中心最后方。以传统的土耳其式弓箭为主要杀伤武器的他们，会为自己的阵地构筑不错的野战工事。(早期的炮兵部队也基本位于阵地附近)。对于这支近卫军而言，若是有能突破阵地杀到他们眼前的，绝不会是等闲之辈。

在野战工事的左右两侧，是来自安纳托利亚和鲁梅利亚两地的地方步兵。这些地方领主和城镇提供的部队，依然是以弩箭和弓箭为主的投射轻步兵居多。当然，这些轻步兵身

⊙ 早期的加尼沙里步兵以土耳其弓和剑作为主要武器，在野战中他们非常依赖防御阵地

前，会有披甲的重步兵给予掩护。这些步兵的侧后方，是来自欧亚两地的地方封建骑兵队伍。当杀入奥斯曼核心阵线的强敌与己方精锐进行缠斗时，他们将会迂回到敌军的两翼，发起致命一击。

不过，仅仅依靠这些手段，还不足以使得对手们乖乖地钻入奥斯曼军队的步骑兵包围圈。这时候，作为战场炮灰力量使用的阿扎普步兵和阿金日轻骑兵就能发挥他们的作用了。每当敌人靠近战场，阿金日轻骑兵就会以最传统的突厥骑兵方式，进行来去自如的骚扰。如果对手因不胜其扰而恼羞成怒地发起追击，就会被边打边撤的阿金日骑兵引入后方的步兵阵地。阿扎普步兵会在主力部队之前构筑起 1~2 层战线，他们的弓弩投射会削弱对方的进攻势头。如果对手突破了阿扎普步兵的松散阵线，那么奥斯曼真正精锐力量的弓

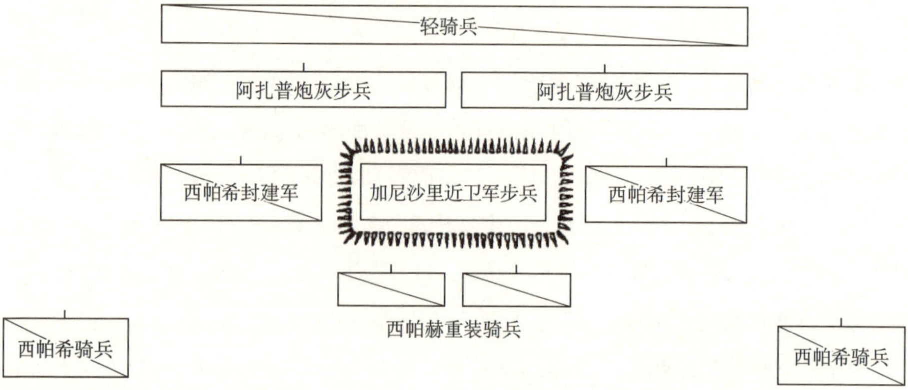

⊙ 标准的奥斯曼军队布阵模式，各个部分的不同兵种都有明确的分工

弩和炮兵，又会劈头盖脸地向他们发射死亡怒吼。中世纪时代，大部分民族的武装力量都以骑兵部队作为主要突击力量，所以奥斯曼人的这种战法，非常能够遏制四方的对手。

奥斯曼人的军事制度使他们对地方军事贵族和士兵的控制力，都远高于普通欧洲君主对麾下骑士们的。所以，即便是在初战不利甚至部队指挥系统濒临崩溃的边缘时，指挥官依然有足够的时间和机会重组混乱的军队。

1389 年的科索沃战役，一名诈降的马其顿贵族成功地刺杀了当时的奥斯曼大军总指挥，也是他们的苏丹——穆拉德一世（Murad I，1326—1389）。换作当时很多其他的军队，可能已经开始全面溃败。但奥斯曼人在将刺客剁成肉泥后，马上团结在了苏丹的儿子巴耶济德一世（Bayezid I，1360—1403）麾下。随即，奥斯曼人将已经占据上风的巴尔干联军一扫而空。1396 年，神圣罗马帝国皇帝兼匈牙利国王西吉斯蒙德与勃艮第公爵菲利普领衔的十字军，用一轮势不可挡的骑士冲锋，击破了奥斯曼阿扎普步兵的阵线。面对在阵地上严阵以待的加尼沙里步兵，不少落马的法国骑士拼命地徒步前进，险些再次得手。但在苏丹巴耶济德的指挥下，加尼沙里步兵成功地守住了阵地。法兰西的“拼命三郎”和后方正在赶到的德国、匈牙利骑士一起，被及时完成侧翼包抄的西帕希骑兵和塞尔维亚骑士击溃。到了 1402 年，在灾难性的安卡拉战役中，大量来自小亚细亚山区的突厥军队临阵倒戈，加尼沙里步兵与来自鲁梅利亚的地方军一起遭到重重围攻，但却一直坚持到天黑，才被占有极大优势的敌军击败。

进入 15 世纪中后期，浴火重生的奥斯曼军队已经愈发成熟。在 1444 年的瓦尔纳战役中，面对由匈牙利和波兰人组织的、名将匈雅提指挥的东欧十字军，奥斯曼军队在一次次硬碰硬的骑兵大战中被死死地压制住了。由于波兰国王的草率出击，奥斯曼人抓住机会，击毙了这位敌军阵中地位最高的领袖。随即，又是一场惊天的逆转，让奥斯曼帝国的敌人死伤惨重。在此战中，东欧十字军一边的捷克雇佣军带来的胡斯战车与手炮，让奥斯曼人大开眼界。对于武器技术进步异常敏感的他们，随即将缴获的战车与火器加以仿制和运用。此后，

⊙ 欧洲中世纪手抄本上的尼科波利斯战役图，奥斯曼近卫军的阵地和弓箭是欧洲人的惨痛记忆

在欧亚各地对抗不同对手的奥斯曼近卫军，都会在全军的核心位置，摆出防御利器车营。而来自意大利等地的新式火门枪和小型火炮，也深受原本痴迷于弓箭的近卫军喜爱。很快，约 10% 的近卫军士兵，在战斗中用上了这些先进武器。其中，名为图菲克的大型火门枪尤其引人瞩目。1473 年，奥斯曼人带着他们的新式武器深入小亚细亚半岛东部且毗邻高加索山脉的埃尔津詹，与坐拥 10 万骑兵的中亚强权白羊王朝展开了决战。正是依靠图菲克火门枪、炮兵以及各兵种的成熟配合，奥斯曼人取得了完胜。

在塞利姆的父亲巴耶济德二世（Bayezid II，1447—1512）时期，新式的火绳枪技术和更好的火炮又从意大利和亚得里亚海沿岸传来。奥斯曼人的地方部队与附属国军队很快便用上了这些新科技武器。近卫军还利用成熟的新技术，改进了原先的旧式图菲克火枪，并将阵线中火枪手的比例提高到了三分之一。而在近战武器上，传统上更习惯于使用土耳其弯刀或剑的近卫军，也开始操练更多适宜对抗骑兵的长柄武器。使用西欧传来的戟和钩镰，已经在巴尔干的地方军中蔚然成风，近卫军自然也顺理成章地操练起了这些钩杀骑兵的利器。至于骑兵部队，甲骑具装的西帕赫骑兵会用各种制作精良的伊斯兰传统板链甲来保护自己与胯下的战马。一些邻居匈牙利和意大利的西帕希，会通过购买和缴获的方式获得新式的板链甲。但总体上，地方上的西帕希封建骑兵，大都使用质量稍差的板链甲或更为简单的锁子甲与盾牌来保护自己。

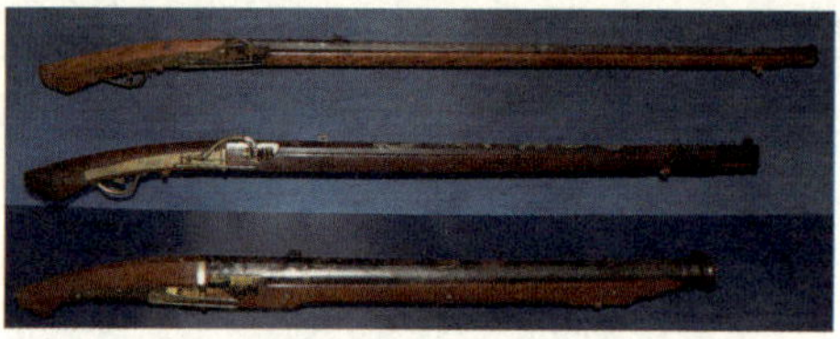

⊙ 15 世纪末期到 16 世纪初的火绳枪，这种新式枪械将彻底改变整个世界的军事发展进程

在西欧开始崛起的早期，奥斯曼人虽然在技术上已经落入下风，却依然可以依靠旧的技术积累和贸易优势来跟随这种潮流。在战场上，他们则依靠自己的数量、组织方式和心理优势来继续保持胜利。对于那几百年的欧洲人而言，奥斯曼军队虽然看起来技术上并没有胜过自己，但一上战场，就仿佛不可战胜的魔鬼一般可怕。唯一能让他们觉得自己还有优势的地方，是城防与海军力量。前一个优势，已经随着君士坦丁堡在 1453 年的陷落而聊胜于无。后一个优势，则在 15 世纪的最后 10 年里，迅速消逝。

四、权力的游戏

与后来异常好战的塞利姆不同，15 世纪后 20 年里的奥斯曼帝国苏丹——巴耶济德二世并没有发动大规模的扩张战争。这在那些时代的苏丹中是极为罕见的，不仅因为帝国的

⊙ 苏丹巴耶济德二世

体制决定了他们必须定期发动战争来满足内部各阶层的财富需求；更因为在精神上，宗教信仰与此前不断胜利累积出来的傲慢，都让奥斯曼的苏丹们觉得，他们是古代圣战精神与罗马帝国权威的唯一继承人，而统治更为广袤的领土，则是天经地义的事情。但巴耶济德二世却偏偏不在这些方面下功夫，至少在表面上，他必须让欧洲的邻居们觉得他相对亲善。他如此委曲求全，只是因为奥斯曼帝国特殊的继承制度，给他带来的几乎伴随其一生的隐患。

奥斯曼人的继承制度在历史上堪称绝无仅有的血腥与不仁。每一位王子自成年起，无论是否继承苏丹之位，都会开始不停地娶妻纳妾之路。这样一来，当一位苏丹继承大统后，多数是已经有了足够数量的接班人队伍。然而一旦老苏丹去世，新任苏丹就必须依靠自身积累的人脉与威望，尽快夺取王位，并为保证其位置的稳固而将其他男性继承人全部杀死。在其他文明或国家里，这样的手足亲情间的杀戮，实数偶然和少数。但对于奥斯曼王室而言，却是制度化的常态。如此一来，每一次新旧苏丹的交接，都是一场血腥的王室内斗。因此经常会出现两三位王子，在不同阶层的拥护下，控制不同地区的部队，爆发短促的内战，为的只是能顺利进入首都，获得几十年安稳日子。

巴耶济德二世比较幸运，在年轻时就以出色的能力获得了大部分宫廷官员与近卫军势力的支持。他的弟弟杰姆（Cem），因性格孤僻内敛而在帝国东部的卡拉曼地区难有作为。1481 年，先后征服伊斯坦布尔（1453 年后，君士坦丁堡的改称）、巴尔干北部、克里米亚半岛与小亚细亚东部等地的苏丹穆罕默德二世去世。当时，在首都伊斯坦布尔堡对岸的阿马西亚担任总督的巴耶济德二世成功地抢入首都，成为苏丹。但是不甘心失败的杰姆在卡拉曼地区，集合了不少信奉什叶派的突厥部落，准备决一死战。已经掌握了近卫军与欧洲地区军队的巴耶济德自然在渡海远征后，轻易击败了对手。但他的这位弟弟却成功逃脱，并先后逃亡到埃及的马穆鲁克王朝、罗德岛的医院骑士团，寻求帮助与庇护。巴耶济德自知，防御严密的罗德岛难以迅速攻克，只能与骑士团达成协议。此后，奥斯曼宫廷每年都将一笔巨款，支付给那些他们认为可以限制住杰姆而不让其返回国内的势力。杰姆也就从苏丹之位的争夺者，变成了欧洲国家的门神与摇钱树。他先后被转手至法国和教皇手中，一直到 1495 年才病死于意大利。

正是依靠杰姆的庇护，欧洲大国与奥斯曼帝国直接维持了脆弱的 20 年和平。期间，巴耶济德只是定期发动对亚得里亚海东岸一些基督教城镇的洗劫，以满足帝国对于扩张和战争的必需。幸好，与其关系日益恶化的马穆鲁克王朝以及小亚细亚半岛东部依旧强势的什叶派民兵，一直不断地给他制造麻烦。因此，帝国军队可以在西里西亚与卡拉曼地区一展身手。当高加索南部倾向于什叶派的军事领袖伊斯玛仪在 1501 年建立萨法维帝国，并南下夺取整个波斯和两河流域后，已经体弱多病的巴耶济德更加无心再战。

不过，陆上战争的消极，换来了奥斯曼人在海上的崛起。多年来，临时组建海军舰队的他们一直不被认为可以在海上击败当时的海上强国威尼斯。威尼斯人的商业殖民地，在爱琴海和希腊的伯罗奔尼撒半岛南部枝繁叶茂。1492 年，远在伊比利亚的穆斯林王国格林纳达最终被西班牙人征服。巴耶济德以接纳被西班牙人排挤的穆斯林和犹太人为名，他组建舰队，远赴西地中海。3 年后，已经有了强大海军的奥斯曼人向象征着海洋势力的威尼斯共和国开战。在决定性地击败了威尼斯舰队后，他将他们从希腊南部全部赶走。威尼斯人惊讶地发现，奥斯曼的海军不仅在技术上与他们已经不分伯仲，连专业海员也有不少是由来自西班牙的难民后裔和帝国境内的希腊人、拉丁人构成。1508 年，奥斯曼的海军更是同威尼斯人一起南下帮助埃及和印度洋地区的穆斯林势力，抵抗已经杀入印度洋的葡萄牙舰队。虽然最终功败垂成，却也说明奥斯曼人的海上力量已经今非昔比。

⊙ 16 世纪初的奥斯曼海军舰队

随着身体状况的日益恶化，巴耶济德和他在位时比较安静的时代也即将结束，新一轮苏丹之位的权力游戏即将开始。此时的塞利姆正身处黑海南部的特拉比松山区担任总督，身为苏丹的第三个儿子的他，相比两位兄长并无优势可言。老大考尔库德在小亚细亚半岛西部的富庶平原马尼萨担任总督，老二艾哈迈德则在奥斯曼的旧都阿马西亚任职。他们不仅更为苏丹和宫廷官员所看好，也在距离上比东面的塞利姆更便利。然而，塞利姆沉稳果断的作风与军人气质却让远在首都伊斯坦布尔的近卫军势力非常倾心。塞利姆也果然不负众望，在父亲还没有死的时候，便带兵登陆欧洲的色雷斯地区，希望以此一劳永逸地提前解决继承人问题。结果，造反失败的他只能孤身逃往黑海北部的克里米亚半岛，在由近卫军分队驻守的卡法城，沉寂了好几年。1512 年，巴耶济德二世的健康每况愈下，在近卫军支持下的塞利姆突然南下保加利亚，占领了奥斯曼人之前在欧洲的第一个首都埃迪尔内。迫于军事压力的老苏丹，只能授予他鲁梅利亚总督的头衔。不久，心灰意冷的苏丹巴耶济德二世宣布提前退位，并在抵达城外休养时意外死亡。

der werlt Blat CCXLIX
Von bestreitung der statt Constantinopel im .M.cccc.liii.iar beschehen.
Constantinopel die statt ein stül des orientischen kaiserthumbs vnd ein einige behawsüng kriechischer weißheit ist in disem iar am andern tag des monats Junij von Machumeto dem fürsten d Türckē fünfftzig tag belegert mit gewalt vnnd waffen bestritten. verwüestet vnd befleckt worden im dritten iar des reichs desselben Machumets. der dañ dise statt zu land vnd wasser vmbschrencket vnd vil vnzallich körbe mit weydē gezeündt damit sich die feynd bedeckten an die graben rucket vnd den thurn bey sant Romans thor mit einer große mechtigen büchßen zerrüedet vnd nyderschoße also das der einfal des erckers oder der worweere den grabē außfüllet vnd also ebnet das die feind darüber einen weg haben mochten. Als aber der Türck die mawrn an dreyen orten mit staynen verletzet vnd schier verzweiflet do vnderstund er sich auß ertrachtung eins treülosen verheyten cristen schiffe von der höhe vber einen pühel abzelassen. Nw hett die statt ein lange vnd enge pforten gegen dem auffgang der sunnen aneinander gepundne schiff vnd mit einer ketten befestigt. daselbsthinein zekomen den feyndē nicht müglich was. vnd auff das aber d Türck die statt noch mer einzwengen vnd vmblegerū möcht so ließe er in der höhe auf dem pühel den weg ebnen vnd die schiff auß vnderlegten fassen wol bey. lxx. roßlawffen schieben vnd machet vom gestadt gegen Constantinopel ein prugk bey. xxx. roßlawffen lang von holtz mit weyn fassen vnderlegt darauff das heer zu der mawrn lawffen mocht. Also wardt die statt Constantinopel vnnd auch Pera gestürmet. die mawr vnd die thor beschoßen. vnd die öber mawr erstigen. also das die feinnd die burger in der statt mit staynwerffen ser beschedigten vnd in dem einlawff der pforten bey achthunndert ritter auß den Lateinischen vnd Kriechischen ermörten vñ erschlügen vnd eroberten die statt. Alda warde der Kriechisch kayser Constantinus paleologus enthawbt. alle menschen sechs iar vnd darüber alt erschlagen. die priester vnd alle closterlewt mit mancherlay marter vnd peyn getödt. vnd das ander volck mit dem schwert ermordt. vnd ein sölchs plütuergießen das plüng beche durch die stat flüß. So warden die heilligen gotzhewßer vnnd tempel erbermlich vnd grawsamlich befleckt vñ entereet vnd vil vnmenschlicher boßheit vñ mysstat durch die wüetenden Türcken gegen dem cristenlichen plüt geübt. vnd das geschahe nach erpawung der statt Constantinopel M.c.xxx. iar. oder da bey.

⊙ 15 世纪晚期手抄本上的伊斯坦布尔，在奥斯曼人手里很快就恢复了几百年前的繁荣

塞利姆志得意满地进入了君士坦丁堡。在正式拥有苏丹的巨额财富前，他就将足够的份额赏赐给了驻守首都的每一位近卫军士兵，以此稳住了首都局势。接着，以军功为荣的塞利姆开始渡海进攻亚洲地区的两位兄长，结果两位兄长分别出逃外国。其中，排行老二的艾哈迈德与小亚细亚东部的什叶派达成协议，不仅改宗成为什叶派，而且利用什叶派部落进行坚决的抵抗。只是，东部山区的部落武装，实在难以是掌握帝国精锐力量的塞利姆的对手。为了不重蹈父亲一生被束缚手脚的悲剧，塞利姆首先将两位兄长哄骗回国，并恢复了他们昔日的职务。随即，他又以迅雷不及掩耳之势，将他们逮捕。两位奥斯曼王子，连同他们的五个儿子一起，就此惨死于新继位的塞利姆一世（Selim Ⅰ，1470—1520）之手。这距离他夺取伊斯坦布尔的权力，仅仅过去了一年时间，新任苏丹的“冷酷者”称号不胫而走。

五、进军东方

1513年，稳定了苏丹位置的塞利姆随即开始了他短暂的统治，他将自己的统治生涯几乎全部献给了军旅生活。除去对于战争与军营生活的喜好，更多的功利因素也迫使这位苏丹必须发动战争。

⊙ 继位后在朝堂主持大局的塞利姆一世

奥斯曼人已经几十年没有进行大规模的对外征服作战了，这对地方上的封建军事阶层而言，无疑是一段暗淡的岁月。失去军功机会的他们，在父辈死后的封地继承问题上，因为奥斯曼的蒂玛制度而越来越穷，尤其是那些生活在亚洲安纳托利亚地区的西帕希们，不少已经处于破产的边缘。什叶派势力与奥斯曼宫廷内讧造成的动荡，也是一个重要原因。伊斯玛仪一世（Ismail I，1487—1524）的萨法维王朝（Safavid Dynasty，1501—1736），虽然名义上与奥斯曼一样信奉神秘主义的苏菲派，却在实际上偏向于境内占多数的什叶派势力。奥斯曼帝国东部境内的什叶派也正是他们敢于一再谋反的最大靠山。所以，塞利姆首要的军事打击对象便是东方的萨法维波斯人。在他谋害兄长艾哈迈德的过程中，当地许多什叶派信徒因受牵连而被杀害。伊斯玛仪在他继位后派来祝贺的使节也被他冷脸以待，赶出了伊斯坦布尔。一系列迹象都表明，奥斯曼帝国的大军即将向东开拔。

这一年的冬天，战争前的准备活动已经在奥斯曼各地紧锣密鼓地展开。伊斯坦布尔的军工厂开足马力，为来年的战争生产了足够多的军火及各类其他物资。征兵的召集令，由地处亚洲、欧洲交界的首都发出，同时召唤鲁梅利亚与安纳托利亚两地的西帕希们，做好春季进军的准备。同时，帝国海军也开始向伊斯坦布尔附近的马尔马拉海集结，以便在开春后将欧洲地区的军队运抵亚洲。最为兴奋的无疑就是那些帝国底层的贫民与边境地区的游牧部落，他们终于等到了去一个新世界打劫致富的机会。这些举动不仅惊动了伊斯坦布尔的各国商人与使节，同样也被传递到了远在波斯首都大不里士的伊斯玛仪耳中。作为一

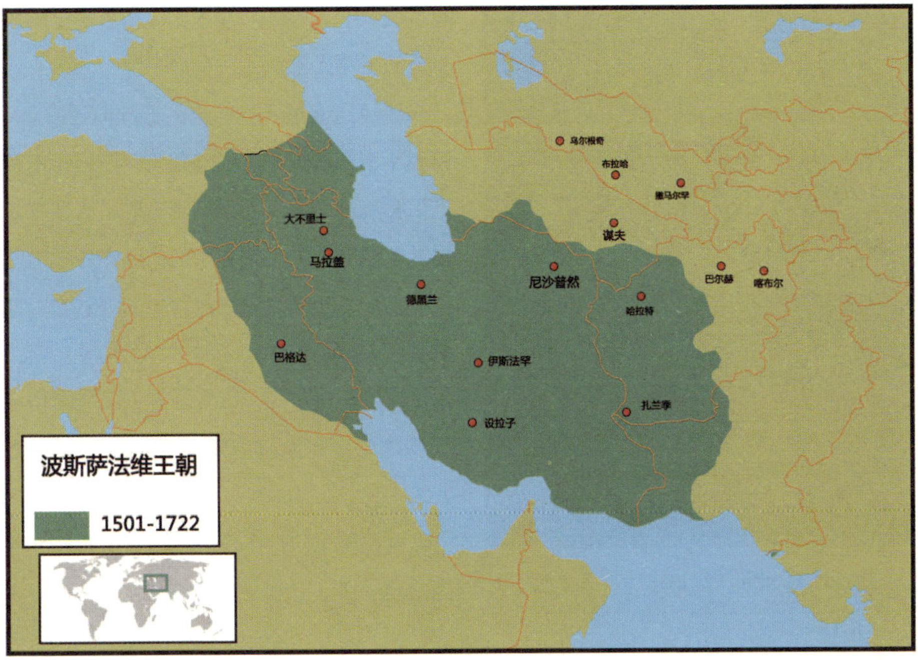

⊙ 萨法维波斯帝国版图

名在高加索山区、两河流域和中亚腹地征战许久的老将，伊斯玛仪尽管有些惆怅，却也对应对来年的入侵保有信心。

1514 年春季，完成战争准备并度过了穆斯林一年中最神圣的斋月后，塞利姆带领麾下的奥斯曼大军登陆亚洲。装备精良的卡皮库鲁部队在军中显得尤为耀眼。他们的盔甲、武器和弓箭，以及华丽而夸张的服饰，都与穿着朴素的地方军和衣衫褴褛的征召部队显得格外不同。那些数量已经扩充至 1.2 万人的加尼沙里步兵中，有 4000 人整齐划一地扛着新式的卡皮库鲁重型火枪。相比之下，欧洲地区装备最好的塞尔维亚军团，使用的是短小得多的轻型火绳枪。掩护他们的重装步兵则戴着穆斯林特色的锥形头盔，身披在西欧早已逐渐淘汰掉的板链胸甲，手持明晃晃的重型战戟。塞尔维亚的骑士用西欧板链甲装备自己，一个多世纪来，他们都是帝国附庸中最善战的骑兵力量之一。来自今天罗马尼亚地区的特兰西瓦尼亚人和瓦拉几亚人派出了他们的林地轻骑兵，他们的步兵和塞尔维亚人的武装风格大致一样，只是装备寒酸了不少。波斯尼亚人的骑兵也装备了不错的胸甲，风格独特的头盔是他们的特色之一。当然，保加利亚和希腊地区的西帕希们才是大军的绝对主力。他们的装备大致上就是最为传统的伊斯兰骑兵风格。这些地方军事贵族阶层，不少已经改宗伊斯兰教，或者本就是奥斯曼征服者的后代，其中一些人带着从自己领地内征召的

⊙ 西帕赫重装骑兵，他们是精锐部队中的精锐

扈从骑兵和步兵一同参战。弓箭依然是不少步兵的主要武器。

伴随这支军队一同进入亚洲的还有 300 门大小不一的火炮。他们是由伊斯坦布尔和贝尔格莱德的著名兵工厂制造的，有些则是直接从西欧商人手里买来的。亚洲各地的部队也在大军不断东进的过程中加入进来，其中包括带着弓箭和长矛的东方西帕希骑兵、使用弩的雅雅步兵，以及一直以来为奥斯曼苏丹效忠的亚美尼亚骑士和弓箭手。这支大军，总计有 1.2 万人之多，浩浩荡荡地经过阿克谢希尔、尼西亚、凯撒利亚和锡瓦斯(Sivas)，进入了越来越贫瘠的安纳托利亚高原东部。

同时，萨法维波斯一边的备战工作也在展开，6 万波斯军队被征集起来对抗西面杀来的强敌。萨法维军队曾经以不错的炮兵和火枪横行中亚，但却无法同奥斯曼军队手里的先进武器相提并论。如今他们还需要这些部队防御主要城镇。所以，波斯人千年来的骑兵传统，成为他们此战唯一的依靠。波斯地区的很多地方依然处于部落化的组织状态，这使得萨法维的常备军规模比起奥斯曼人来说更加渺小。伊斯玛仪身边的精锐近卫骑兵，同塞利姆军中的西帕赫骑兵一样甲骑具装。但他的其他骑兵却良莠不齐，仅仅以不高的披甲比例出现在战场上，使用弓箭、长矛来守护自己。波斯人同时坚信，相比西面的强敌，他们在马术与骑兵技艺上要更胜一筹。塞利姆的东征，同时意味着波斯人的西部边界被封闭，商业贸易趋于停滞。这对于异常倚重商业税收的他们来说，是和信仰被践踏

⊙ 萨法维帝国第一代君主伊斯玛仪

同等不可接受的局面。

⊙ 1473年的埃尔津詹战役，奥斯曼军队第一次战胜了来自东方的强权武装

在伊斯玛仪看来，如果陈兵边境与奥斯曼人正面交锋，那么无异于和当年的白羊王朝军队一样，胜率渺茫。但如果坚定不移地进行焦土战术，并且不断后撤，以吸引塞利姆发起徒劳的追击，那么奥斯曼军队就有可能因为后勤压力不战而败。如果塞利姆继续一意孤行，那么等到奥斯曼军队士气大跌、人困马乏时再实施反击，一场堪比当年安卡拉或者哈丁之战的史诗胜利，就不是不可能的事情。

果然，在之后的几个月里，坚壁清野的波斯人，一路东撤，使得奥斯曼人只能沿着崎岖的山地缓缓前进。当塞利姆带着大军越过他爷爷穆罕默德在1473年大胜的旧战场埃尔津詹时，后勤压力已经开始紧紧地勒住整支部队的脖子。他派出的轻骑兵部队，更不能从沿途的村庄获得粮草，甚至连原本有饮水的井，也被撤退的波斯轻骑兵提前填塞。很多时候，奥斯曼人的先锋部队还没有抵达某地，就已经能远远望见因当地人焚烧村庄与田地而飘起的缕缕黑烟。自踏入亚洲以来，塞利姆已经给伊斯玛仪寄出了两封措辞强烈的挑战信，用词犀利，对伊斯玛仪不停地谩骂和嘲讽。然而伊斯玛仪就是不为所动，带着他的骑兵大军，始终与奥斯曼军队保持距离。当一些士兵，尤其是地方部队与附庸力量的人员，开始选择逃跑时，塞利姆又严厉地实行了惩罚措施，将任何被抓的逃兵和有逃跑嫌疑的人统统处死。在这种异常残酷的高压政策鞭策下，奥斯曼军队终于越过幼发拉底河，抵近了伊斯玛仪一世的统治核心——大不里士。一直居住在两河北部的库尔德人也开始倒向奥斯曼帝国，伊斯玛仪发现自己已经退无可退。倘若首都被攻占，他将失去一个称霸中亚的重要基地，昔日苦心树立的威严也将荡然无存。

六、血战查尔德兰

1514年8月14日，波斯西北边境的查尔德兰（Chaldiran）平原上，奥斯曼哨兵终于发现了大队波斯军队的迹象。显然，期盼已久的大战终于来临了。塞利姆下令全军停止前进，并做好准备。他本人登上一处山丘，观察战场地形。到了8月23日，决战不可避免

⊙ 波斯人的轻装弓骑兵

⊙ 16世纪早期的奥斯曼炮兵阵地

地打响了。

尽管人困马乏，奥斯曼军队还是从容不迫地进入战场，部队依次列阵。近卫军开始忙于构筑自己的野战阵地，除了已经被证明对抗骑兵非常有效的车营，部署在他们之前与之间的大炮，也被用铁链拴在了一起。塞利姆深知波斯精锐骑兵的威力，希望以此来阻止突破到此的敌军继续前进。车营与阵地内的加尼沙里步兵严阵以待，后方的西帕赫骑兵则将作为总预备队来部署使用。全军的右翼是来自亚洲的西帕希地方封建骑兵，他们带来的轻步兵则被部署在近卫军阵地与骑兵部队之间。那些新投入帝国门下的库尔德人的部队，也被安排在这些人中间。鲁梅利亚的精锐部队则被布置在左翼，保加利亚、希腊、马其顿和塞尔维亚等地的步兵依次布置。左翼外侧则是这些地区的西帕希骑兵和阿金日轻骑兵。充当炮灰的阿扎普步兵虽在沿途损失最大，依然被毫不犹豫地派往了第一线。

此时，波斯军中则发生了一场争论。有过同奥斯曼人交手经验的将军阿里，建议伊斯玛仪在近卫军阵地布置完成前就发动攻击。鉴于对手火力的压倒性优势，攻击最好从侧翼展开，而不是正面。这一建议却遭到了军中另一派人的反对。理由也很简单，这样的胜利无法获得荣誉，而且会被视为怯懦的表现。决心死战的伊斯玛仪最终听从了后一派的意见，并且对全体将领表示："我不是一个马贼！"今天的我们重读这段历史，或许会觉得这样的逻辑非常迂腐可笑。但一贯善战的伊斯玛仪深知，在大规模作战中，如果不给自己一方以足够的时间完成部署，极有可能因为之后的混乱无序而输掉战斗。何况，为了集中力量攻击塞利姆，波斯人也必须花足够的时间，将原本分散布置的分队召回大不里士。当塞利姆的军队基本完成部署时，以骑兵为主的、需要更多布阵指示的波斯人也差不多完成了最后的准备工作。

8月23日早上，奥斯曼人的大炮，用震耳欲聋的轰鸣与致命的火蛇宣告了查尔德兰战役的开始。波斯人很快就派出了他们的轻骑兵前来骚扰，希望能在奥斯曼军中找出薄弱环节。他们在重骑兵的配合下迅速解决了布置在敌军前沿的阿扎普步兵，但却一时难以撼动奥斯曼人的主力军阵。后者的300门火炮，依次填装发射。阵中的各类火枪与弓箭都对需要抵近射击的轻装骑兵具有巨大的伤害。何况奥斯曼人自己这边也有不少类似的部队，你来我往之间，互有胜负。波斯人虽然在骑术和射箭技艺上更胜一筹，却也无法对付那些跑回己方阵地附近的突厥轻骑兵。雅雅步兵的弩、保加利亚人的弓箭、鲁梅利亚人边境部队的火枪，都是致命威胁。近卫军步兵的卡皮库鲁，甚至可以在更远的地方就杀伤他们的马匹或骑手本人。而一旦拉开了距离，轻骑兵的轻型弓箭就失去了准头和威力。面对装备较好的奥斯曼一方而言，作战效率自然是大打折扣。

当两军激战正酣之时，传奇性的一幕出现在了硝烟弥漫的战场上。奥斯曼人的一名西帕赫骑兵策马出阵，向着对面的伊斯玛仪发起挑战。勇武的波斯国王自然亲自出马，仅仅一次冲锋，就用弯刀将对手砍翻在地。这次急促的阵前单挑，一下子点燃了波斯人的士气。已经被奥斯曼人的火力压制许久的他们，需要一次有力的反击来提升士气。伊斯玛仪果断地抓住这次机会，以精锐的近卫骑兵为先导，带领波斯军队的整个右翼，向着奥斯曼左翼的鲁梅利亚部队发起一波猛烈冲锋。他们对面的欧洲西帕希们，也已经在步兵的掩护下忍受波斯轻骑兵的骚扰很久了。看见波斯国王亲自带兵杀来，指挥官哈桑帕夏也指挥着麾下骑兵，迎头撞了上去。两军精锐骑兵如火星撞地球般地碰到一块。混战中，哈桑帕夏被精锐的波斯骑兵斩于马下，他身边众多的欧洲西帕希骑兵，也在惨烈的骑兵厮杀中非死即伤。然而在如此重击之下，奥斯曼军队的左翼并未被击溃，很多西帕希在完成一次冲杀来回后，又返身冲入敌阵，一步不让。逐渐占据优势的波斯骑兵如果追击得太深入，就会遭到奥斯曼左翼步兵的密集火力射击。危急关头，奥斯曼军中的锡南帕夏重整左翼的骑兵部队，带着整个鲁梅利亚与巴尔干的骑兵进行了一次酣畅淋漓的反击。自小就接受军事训练的西帕希们，展现了中世纪采邑骑兵的优势。而失去了冲锋势头的波斯骑兵，在他们的反击下逐渐不支，伊斯玛仪不得不带着精锐核心

⊙ 奥斯曼人的巴尔干附庸军队，他们经常要忍受对方右翼兵力的重击

⊙ 萨法维波斯人的精锐近卫骑兵

撤回自己的阵线。这也宣告了波斯人右翼猛攻的失利。但伊斯玛仪显然不会让自己的攻势陷于停顿，已经杀红了眼的波斯国王，带着中央的精锐部队，再次向着塞利姆本人所处的中央阵地发起突击。结果这一招正中奥斯曼军队下怀，波斯骑兵被炮兵阵地死死地牵制在了加尼沙里步兵的有效射程内，他们在卡皮库鲁火枪、大炮和土耳其弓的猛烈射击下死伤惨重。伊斯玛仪不得不带队暂时后撤。不甘心就此放弃的波斯国王，再次抽调骑兵部队，冲入了奥斯曼人的炮兵阵地。国王本人和一些精锐武士，甚至用手里的优质砍刀，斩断了一些链接大炮的锁链。但是，更多的波斯骑兵却倒在了阵地之前。每一次奥斯曼人的阵中涌出一股硝烟，都可能伴随着一名训练有素的波斯骑兵掉落马下。一些使用钩镰的加尼沙里也乘势杀出，将徘徊不前的波斯人钩下马，或是给那些已经被战马压在身下的负伤者致命一击。之后，再次拍马杀到的伊斯玛仪，将这些前锋的近卫奴隶赶回到阵地之后。但奥斯曼人可怕的火力依然没有减弱，波斯人的数次冲锋尝试都毫无进展。更要命的是，不少精锐重骑兵是从军中的其他部分抽调而来的。

⊙ 鲁梅利亚的西帕希骑兵

在战役的最后时刻，已经抵达右翼安纳托利亚军团的锡南帕夏，带着帝国东部的西帕希们，向已经被削弱了的波斯左翼发起反攻。依然在波斯左翼起到牵制作用的轻骑兵们，在东部西帕希的猛冲下迅速溃败。安纳托利亚的骑兵们顺势向内转，撕裂了波斯人的整个左翼，直冲伊斯玛仪所在的中央部分。再也无力支撑下去的波斯人开始全线崩溃。伊斯玛仪本人在左右的护卫下，避开了追兵，但他身后的奥斯曼追兵却已经直接冲入了波斯军队的营帐。波斯国王自己的私人物品，连同一名妻子，都被奥斯曼人洗劫一空。知道大势已去的伊斯玛仪只能登上附近的一座山丘，吹响了撤退的号角。这时他身边的军队，只剩300人了。

第二天，已经打扫完战场的奥斯曼军队对所有被俘的波斯军官进行了集体处决。查尔德兰之战对萨法维波斯的军事力量，造成了毁灭性的打击。6万人的大军几乎全军覆没，奥斯曼人手头的俘虏就有将近1万人。塞利姆想以此消灭波斯人的抵抗能力。至于他的军队，表面上伤亡不重，仅仅2000多人，但大部分都是那些来自鲁梅利亚和巴尔干的精锐骑兵。他们在战役中直面波斯人的精锐近卫军，死伤巨大。好在，一直到塞利姆去世为止，战败的伊斯玛仪都无法继续对帝国的东部造成实质性的影响。

依靠建制完整的步兵和炮兵，奥斯曼军队之后便攻克了已是孤城的大不里士。塞利姆甚至依旧感觉不到满足，他想继续向东前进，但重回焦土战术的波斯人却让他的军队实在无法继续前进下去了。临近秋季，面对军队必须回国过冬的现状，冷酷的苏丹带着数目众多的战利品，启程返回帝国境内，结束了他继位以来的第一次大规模战争。原本臣服于波斯霸权的两河流域，现在全部投降并归属到了伊斯坦布尔的权威之下。历史上，哈里发建立的名城巴格达，成为奥斯曼版图上的又一个耀眼的节点。然而，波斯人虽然已经被击败，却远远没有被征服。

七、意义深远的南下战略

1515年，已经返回伊斯坦布尔的塞利姆，收到了伊斯玛仪一世捎来的求和信。换作他那好战的爷爷穆罕默德二世，此时估计也会同意休战。但好战的塞利姆显然并不想就此放过波斯人，在他看来，应该在波斯人恢复元气之前加以歼灭。这样一来，帝国的领土将一下子推进到中亚，临近印度。他的父亲曾经为使帝国势力染指印度而派出过海军部队，却在异国他乡的温暖水域里被西欧的基督教舰队一次次送进了海底。现在已经获得了波斯湾出海口的奥斯曼，应该更进一步，以一种帝国所应该有的气魄，向着物产丰富、贸易发达的东方前进。

不过，1514年的大胜也让南方的马穆鲁克王朝对奥斯曼的态度越发警觉起来。作为阿拉伯乃至整个穆斯林世界的最强圣战者、哈里发的保护人，马穆鲁克王朝早期与不断扩张的奥斯曼帝国的关系其实不错。但随着奥斯曼人不断扩张帝国版图，并逐渐染指毗邻马穆鲁克领地叙利亚的西里西亚山区，这样的和谐关系就迅速恶化了。双方从1440年开始，就在亚美尼亚人居多的西里西亚地区，进行过几次不痛不痒的交战。过去的白羊王朝和如今的萨法维王朝，则是两个大国之间维持平衡状态的重要力量。但塞利姆前一年成

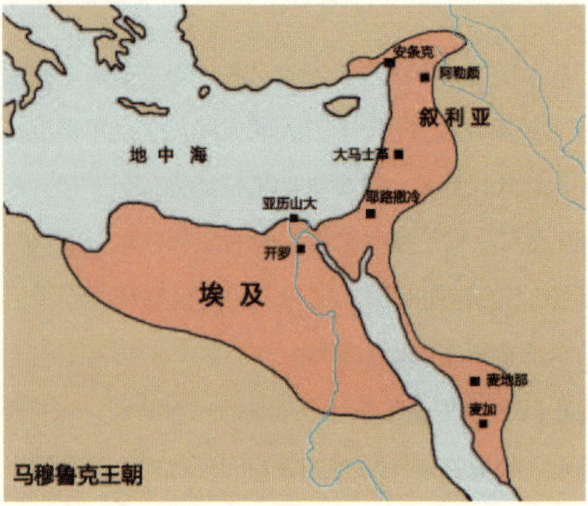

⊙ 中东世界的三大强权之一的马穆鲁克王朝，这个王朝在两百多年的风风雨雨中顶住了各路强敌

⊙ 远征塞浦路斯的马穆鲁克骑兵

功的远征，已经彻底摧毁了这种微弱的平衡。马穆鲁克曾经先后两次收留奥斯曼苏丹争夺战中的失败者，更有支持这些人继续在小亚细亚山区抵抗的先例。所以当塞利姆决定下一年的作战行动时，不得不把南下用兵的可能性也考虑进去。至少，他必须确保埃及的军队不会在他下一次出征波斯时，袭击他的后方交通线。

不过在舆论上，奥斯曼人如果向埃及开战，比和波斯人进行争霸战争要困难不少。当奥斯曼苏丹向他国内的穆斯林士兵宣布进攻波斯时，可以宣称是去讨伐信仰什叶派的异端势力。但马穆鲁克不仅比以苏菲派立国的奥斯曼人更加正统，还一直将穆斯林世界的哈里发控制在首都开罗。马穆鲁克的版图内还囊括了穆斯林世界的三大圣城——麦加、麦地那和耶路撒冷，这让任何以圣战者自居的敌人对他们动手时，都要忌惮三分。军事上，几百年来一直与蒙古人、十字军势力和中亚的帖木儿等帝国激战的马穆鲁克骑兵，同样是以奴隶军制和地方采邑混合供养训练出来的精锐力量。哪怕是在王朝已经开始衰退的15世纪，依然能将本土的大军投送到地中海的塞浦路斯岛，击败一直占据当地的十字军后裔。

此时的马穆鲁克苏丹阿尔-古里（Al-Ashraf Qansuh al-Ghawri）不仅面对着奥斯曼人入侵的可能，也被国内的经济和政治问题所困扰。10多年前，航海家达伽马的葡萄牙船队已经绕过好望角抵达印度。仅仅几年后，埃及人原本赖以为生的红海—印度洋香料贸易就被蜂拥而来的葡萄牙海军部队截断。阿尔-古里曾经尝试联合奥斯曼和威尼斯一同发兵印度洋，却在著名的第乌海战中遭到了重大失败。此后，无力继续的埃及人只能坐视贸易收入的丧失。马穆鲁克王朝的另一项重要收入来源是尼罗河两岸的丰富农产，但多年来的过度开发与人口增长压力都让过去的上乘土地肥力丧失。由于不少地方上的埃米尔领主都分得大大小小的土地作为采邑，这使得开罗朝廷的直属土地并不占多少优势。过去由苏丹控制的红海贸易遭受重创后，中央财力急剧萎靡。这样的结果便是埃及各地的军事贵族们开始不再像过去那样忠诚与服从了。至于远在巴勒斯坦的贝都因部落和基督教东方派别，自然也就更加离心离德。差不多100年前，叙利亚在帖木儿大军的雷霆式扫荡后，几乎成为千里赤地。埃及中央力量的抵抗不力和轻易放弃，让叙利亚的地方军事阶层感到心寒。所以，当马穆鲁克王朝的统治进入16世纪，各个层面上的危机都已暗流汹涌。唯一还能镇住局面的砝码就是，位于开罗的苏丹手里还有一支足够强大的军队。

深知自己已经深处内忧外患困境的阿尔-古里，希望通过一次新的军事行动来提升日益衰退的中央权威。奥斯曼新任苏丹的好战与冷血形象，非常适合被描绘成一个贪婪而邪恶的暴君。阿尔-古里曾经与新建立的萨法维王朝联姻，希望的就是通过东方的势力维持中东地区的力量均衡。波斯人的遭受重创，却让马穆鲁克人意识到，是时候依靠自己手里的剑来重振地区内的势力平衡了。1516年，当塞利姆再次征召地方部队准备进攻波斯的消息传来，阿尔-古里也征召了埃及地区的部队。同时，一则口吻严厉的警告被送抵塞利姆一世那边。如果奥斯曼人胆敢继续进攻波斯，那么身为真正的伊斯兰圣战士的马穆鲁克军队将发动惩戒战争。

⊙ 欧洲人画笔下的阿尔-古里。这位倒霉的苏丹先是在海上惨败于葡萄牙人，接着又在陆战中完败于奥斯曼人

结果，收到这则警告的塞利姆却为自己战略选择上的困境消失而松了一口气。他为进攻波斯而准备的大军已经组建完毕，正好用来对付自己送上门来的埃及人。至于舆论上的宣传攻势，也已经准备就绪——奥斯曼人开始公开指责逊尼派的埃及人与什叶派的波斯人联姻。这种背叛信仰与教义的无耻行径，值得伟大的苏丹对之施以火与剑的严惩。于是，奥斯曼军队径直南下，通过伊苏斯和名城安条克进入叙利亚境内。显然，一贯野心勃勃的苏丹绝不会将自己的目标仅仅限制在叙利亚一个地方。

八、达比克草原之战

1516年，奥斯曼与马穆鲁克王朝的两位苏丹，同时带着自己的精锐力量，分别从南北两个方向开往今天的叙利亚北部地区。塞利姆的大军依然由精锐的卡皮库鲁部队担任主心骨，在安纳托利亚和鲁梅利亚两省的西帕希簇拥下，裹挟着大批小亚细亚半岛、巴尔干地区的附庸部队，浩浩荡荡地越过托罗斯山脉。阿尔-古里的部队则从开罗出发，经过亚历山大港后，又穿过西奈半岛，一路沿着耶路撒冷—贝鲁特和大马士革这些地区内的重要城市前进。尤其是在叙利亚最大的城市大马士革附近，为了彰显苏丹的雍容华贵，他让人在行军路线上铺满了华丽的地毯。

⊙ 来自鲁梅利亚的西帕希骑兵，他们身披购买或缴获的西欧板链甲

阿尔-古里的行军不仅是要去抵抗奥斯曼人，更是为了让这些北方的领主们都目睹自己强大而威严的军容。作为中世纪奴隶兵制度的集大成者，以及奥斯曼卡皮库鲁部队的最重要的参考来源，马穆鲁克骑兵在王朝即将覆灭的前夕，依然保持着强大的武装和威慑力。这些人大都来自今天的乌克兰和俄罗斯南部地区，即有钦察血统的突厥人，也有纯正的斯拉夫人或格鲁吉亚人。已经归附奥斯曼的克里米亚蒙古人会捕捉这些奴隶兵胚子，集中交给克里米亚南部的意大利商人，再贩卖到叙利亚和埃及。1470年，奥斯曼军队占领这些地方后，奴隶贸易虽然没有被彻底截断，但或多或少地受到了影响。不过南方的埃及朝廷，还是想尽办法维持着这种古老而光荣的军事制度。从苏丹本人到地方上的埃米尔们，所有的主要武装力量都是马穆鲁克。按照战斗力等级与供养水平，这些奴隶骑兵会被分为采邑内的埃米尔马穆鲁克、地方大封建主麾下的哈尔喀马穆鲁克，以及最精锐的苏丹马穆鲁克。

阿尔-古里军中的核心，就是那些数量一直控制在2万人左右的苏丹马穆鲁克，他们中的佼佼者，则是1200名有着近卫军职责的卡萨基亚卫队。他们的重型板锁甲与全套的护臂、护腿，都是那个时代伊斯兰世界中骑兵的顶级配置。长期严酷训练下的近战技艺与射箭技术，让他们在面对任何对手时，都占据优势。而且和奥斯曼的西帕赫骑兵一样，他们可以通过自己的努力表现进入宫廷仕途，成为苏丹的左膀右臂。可惜，阿尔-古里此次出征仅仅带来了5000名苏丹马穆鲁克，余下的精锐则被留在埃及本土，负责守卫这个最为重要的大后方。

⊙ 一名精锐的马穆鲁克骑兵的装备

次一级的哈尔喀马穆鲁克，作为地方主要领主总督们的核心力量，同样有着不输于当时世界上大部分骑兵的作战水平。即便是等级最低的埃米尔马穆鲁克，仅仅依靠娴熟的射箭技巧，就能将大部分敌军骑兵的冲锋势头直接遏制住。同中世纪西方世界的骑士们一样，这些马穆鲁克随时可以下马进行步战。他们的日常训练就包含了大量的步战格斗内容，这让一支看似结构简单的马

⊙ 作为奥斯曼卡皮库鲁部队的主要参考，马穆鲁克人以其严格专业的训练铸造了强大的战斗力

穆鲁克骑兵军队，实际上可以在不超过中等规模的战斗中胜任多种任务。

当然，马穆鲁克王朝的军队也会使用步兵和炮灰部队。叙利亚本地一直以盛产弓箭手而出名，他们组成了地区内主要的城市守备队力量。生活在城市农耕地区边缘的贝都因沙漠部落居民，一直保留了阿拉伯大征服时代就有的长矛和弓箭使用传统。这些人组成的步兵虽然难以比肩奥斯曼人的主力，却在素质上胜过了对方的阿扎普炮灰部队。不过，阿尔-古里不仅嫌这些步兵人数不足，甚至因奥斯曼军队实力和塞利姆本人作战风格坚韧，他还征召了大量平民进入军队。这些可怜人不仅没有接受过军事训练，使用的武器也只是简陋的刀具和棍棒。马穆鲁克苏丹希望用这些人来承担类似奥斯曼军队中阿扎普炮灰的角色，或者仅仅是在军阵的最后方，制造声势浩大的假象。如此一来，当他进军到叙利亚北方重要的交通重镇阿勒颇（Aleppo）时，麾下兵马已经多达 8 万人。这在惯于使用精锐力量作战的马穆鲁克王朝历史上，已经是最大的一次军事集结。

塞利姆带到叙利亚的大军总计 6 万人。上次远征波斯时的不愉快经历，让他开始注意控制军队数量的规模，尤其是那些在关键战斗中作用不大的炮灰部队。而鲁梅利亚和巴尔干精锐骑兵的损失，也不是经一年休养就能立即补充上来的。1.2 万名加尼沙里步兵成了此次南下作战的主力，已经被提升为帝国宰相——大维齐尔（grand vizie）的锡南帕夏指挥着苏丹身边最精锐的西帕赫重装骑兵，并被苏丹寄予厚望。50 门重炮虽然远远比不上远征波斯时的数量，但在质量和后勤方面都胜过了那次灾难行军时的杂牌大队。阿金日轻骑兵则继续作为先导部队为大军开路。

⊙ 16 世纪早期的奥斯曼士兵，加尼沙里近卫军、地方部队、附庸炮灰的装备与其角色一样泾渭分明

1516 年 8 月 24 日，两支蓄势待发的大军在阿勒颇北部的达比克草原遭遇。塞利姆志在叙利亚和埃及，阿尔-古里则希望自己能像当年的第一代马穆鲁克苏丹拜巴尔斯那样击败外来强敌，树立无可争议的地位。奥斯曼军队依然以传统的布阵方式来部署，1.2 万名加尼沙里步兵和他们的中央阵地、大炮一起成了全军的核心。塞利姆本人与左右护卫一起就位于这个阵地的背

后，纵览全局。最精锐的西帕赫骑兵负责压阵。左翼的鲁梅利亚西帕希和巴尔干骑兵们在一起，位于欧洲步兵的身后。在波斯的小胜，让他们在此次战役中的位置变成了防御为主的一翼。最近才加入奥斯曼军中的库尔德轻骑兵负责最外围的掩护工作。来自亚洲地区的安纳托利亚军团则在右翼担任主攻力量，他们麾下的雅雅步兵在装备上就不适合静态的防御。小亚细亚各地的西帕希们大都装备了弓箭，也适于参与攻势行动。为数不多的阿扎普炮灰军依然在军队的第一线列阵。

阿尔 - 古里的军队则以马穆鲁克的传统方式布阵。最精锐的苏丹马穆鲁克骑兵列阵在全军的最中央位置上。在这些近卫军高手的两侧，叙利亚和巴勒斯坦的步兵们组成了两个相对松散的阵线，以掩护苏丹的直属部队。右翼位置上是叙利亚地方上的马穆鲁克部队，由大马士革的总督指挥作战。在左翼位置上的是一些埃米尔马穆鲁克和由贝都因部落提供的轻骑兵力量，阿勒颇的地方长官负责指挥这一翼的战斗。大量被征召的平民则在全军的最后方列阵。他们制造的尘土和噪声，使得马穆鲁克军队看上去比实际上的规模还要大。

战役同样由奥斯曼军队火炮首先打响。他们的阿金日骑兵和库尔德人一起策马上前，却发现对面的马穆鲁克骑兵的弓箭火力，密集而致命。精于射艺的马穆鲁克人很快就击溃了这些前来挑衅的轻装骑兵。接着，苏丹阿尔 - 古里命令久经战场的指挥官阿迪吉米带领精锐的马穆鲁克，朝着奥斯曼军队发起了第一波冲锋。右翼的大马士革总督紧随其后，率领右翼的哈尔喀马穆鲁克与埃米尔马穆鲁克一起冲向奥斯曼人较弱的左翼。这些经过长期训练的奴隶兵，在战斗力上胜于塞利姆曾经面对的波斯人。第一线的阿扎普部队还来不及多射几箭，便被冲得士气崩溃。此后，精锐的埃及骑兵便不停地冲击加尼沙里把守的阵地。哪怕胯下的战马被打死了，这些伊斯兰世界的顶级武士也能努力爬起来，像尼科波利斯战役中的法国骑士一样，徒步攻打对手的阵地。右翼的地方精锐部队则与迎面而来的鲁梅利亚西帕希部队杀成一片。这些来自欧洲的地方领主们发现自己面对的奴隶骑兵，远比原先想象得厉害。连一直以冲锋陷阵而著称的塞尔维亚骑士们，都倍感吃

⊙ 装备着卡皮库鲁重型火枪的近卫军步兵

力。不知不觉中，这些欧洲部分的奥斯曼骑兵开始后撤，依靠身边步兵同僚们的掩护，才不至于被打出战场。

在中路，苏丹及麾下最精锐的马穆鲁克骑兵一直在反反复复地发起猛烈冲锋，奥斯曼人用大炮、图菲克火枪和土耳其弓箭组成的多层次火力都无法有效地遏制他们的攻势。一些马穆鲁克骑兵已经冲入了炮兵阵地，并且在阵线的几个地方形成突破。不少加尼沙里士兵丢下手里的远射武器，拿起了弯刀或钩镰展开肉搏。两股当时世界上最为专业的战士就在炮兵阵地之间展开了混乱的争夺战。虽然加尼沙里以个人作战技术强大而闻名，但遇到了技能更为可怕的马穆鲁克人后，他们也被迫跑回自己的防御车营之后。如果马穆鲁克苏丹带来的精锐力量不是5000而是上万，那么奥斯曼军队可能已经被从中路击破，全军覆没。再看奥斯曼左翼，鲁梅利亚的西帕希们也快要被逐出战场了，手持弓箭、火枪和戟的步兵们被从两个方向杀来的马穆鲁克骑兵围攻，形势危急。当塞利姆发现他的对手已经杀到了自己的眼前时，他也不得不考虑暂时求和，并后撤自己行将覆灭的军队。

战局的转折点来自两位勇敢的指挥官的战死。虽然装备着当时最精锐的铠甲和盾牌，马穆鲁克骑兵们依然无法避免自己被随时可能飞来的弹丸或箭矢击伤，尤其是骑马冲入步兵阵线附近时，近距离内武器的杀伤效果更甚于平时。步兵手里的戟，也是击杀具装骑兵的利器，这对于受伤落单的马穆鲁克而言，非常致命。马穆鲁克一边的猛将阿迪吉米和右翼的大马士革总督，就在激战中遭遇到了类似的命运。他们的死不仅宣告了一次攻势的失败，也让士气大跌的士兵们开始无法在心理上承受重大伤亡导致的刺激。

指挥着担任奥斯曼总预备队的锡南帕夏见时机成熟，便亲自指挥奥斯曼军中最精锐的西帕赫骑兵部队赶到右翼，引导着安纳托利亚地区的西帕希们发动了凌厉的反击。他们面对的本就是马穆鲁克一边最弱的那些部队，现在又因为中路与右翼进攻的失败而产生了动摇。阿勒颇的地方长官来到苏丹阿尔-古里面前，告诉他继续战斗已经是没有希望的事情，请求苏丹放弃抵抗。这样做既是为了避免阿勒颇因战乱继续受到伤害，也可以让苏丹有足够的时间逃去安全的地方。但阿尔-古里已经心灰意冷，他的雄伟计划让他遭受了马穆鲁克有史以来最大的军事失败。即便是曾经横扫叙利亚的帖木儿帝国，都没有给他们带来如此大的伤害。他在用自己的金质杯子喝了点儿水后，便从自己的坐骑身上解开了马鞍，让曾经的胯下宝驹逃离战场。随后，精神恍惚的他在原地来回踱步，而锡南帕夏的骑兵部队已经冲杀至他面前。塞利姆一世虽然希望对这位伊斯兰世界的君主网开一面，但在他的命令抵达前，阿尔-古里已经被一名奥斯曼士兵斩首身亡。阿尔-古里的8万大军彻底溃散，来不及逃离的征召平民也惨遭奥斯曼军队的泄愤式屠杀。

达比克草原之战不仅向世人证明了奥斯曼军队的强大，尤其是证明了他们的奴隶部队更为成功和强大，也最终决定了叙利亚及整个巴勒斯坦在今后几百年里的命运。8 万人的马穆鲁克军队，死伤达到了惊人的 7.2 万人。但他们也让塞利姆的奥斯曼军队损失了 1.3 万名各类士兵，这是前一年波斯人拼死一战的成果的 6 倍。他们的惨败，让叙利亚全境望风披靡，连带着巴勒斯坦及红海东岸的马穆鲁克领地也宣布投降。突然间，伊斯兰世界的三大圣城——麦加、麦地那、耶路撒冷，都被纳入了奥斯曼帝国的版图。

九、统领埃及

达比克草原战役战败后，马穆鲁克王朝在埃及本土依然有一支实力不俗的军队可以继续抵抗。相较而言，塞利姆的军队却难以补充自己的损失。所以，塞利姆原本希望与马穆鲁克人讲和，结束这一年的南方攻略。

但埃及人已经重新推选了自己的新苏丹——图曼贝伊。这位年轻的新苏丹是一位不折不扣的主战派，他不顾埃及各地方军事长官的反对，执意抵抗。由于各地的马穆鲁克领主和骑兵已经对抵抗失去兴趣，这位新苏丹就从沙漠地区的贝都因部落和埃及民间招募人员，组成新的军队。不仅如此，他还搜集和购买了足够的火炮和火枪来武装这些新兵。马穆鲁克王朝从上一个世纪就开始接触和使用火枪、火炮，但在野战中他们一直不认可这些武器能发挥决定性作用。1516 年 12 月，塞利姆一世的求和使节抵达开罗，图曼贝伊毫不犹豫地将这位和平大使斩首，以表达自己抵抗到底的决心。

重组起来抵抗奥斯曼人入侵的马穆鲁克军队。除了骑兵之外，也有大量装备火器的士兵加入

1517 年 1 月，奥斯曼军队开始渡过西奈半岛，进军埃及。在自然条件恶劣的沙漠中，奥斯曼人只用了 5 天便将全部的大炮运过了沙漠。图曼贝伊的埃及新军已经为对付他们而制造了 100 辆运载枪炮的牛车，训练了一支骑骆驼作战的火枪部队，并且在埃及各大

⊙ 进军埃及途中的塞利姆

城市的军工厂继续铸造大炮。图曼贝伊计划在里达尼亚制造一个大型的石质炮台，并配备了他所能集中的全部大炮，在周围挖掘了壕沟，载有火枪手的大车则布置在壕沟之后。这无疑就是奥斯曼人常用战术的埃及翻版。新苏丹决心以火药武器而不是弓箭刀枪，来守护埃及的江山。1月23日，完成了部署的马穆鲁克军队，静候奥斯曼人前来自投罗网。

然而，不愿意继续抵抗的马穆鲁克地方军事贵族们，已经选择背叛这位好战的新苏丹。一名埃及当地的埃米尔主动向奥斯曼人投诚，并将图曼贝伊的炮台阵地计划告诉了塞利姆。于是奥斯曼军队走远路，绕过炮台上大炮的射击方向，从后方直插马穆鲁克人的阵地。被钉死的大炮一时间难以调整角度与方向，这让图曼贝伊倍感无助。绝望的他带着自己所能指挥的骑兵部队，向奥斯曼人发动了最后一次攻击。奥斯曼人由于处于进攻态势，也来不及构筑坚固的阵地，便要直面猛冲而来的马穆鲁克骑兵。这些勇敢的骑兵继续使用长矛、剑和标枪，前赴后继地冲向奥斯曼人的中央阵线。这一次，他们的实力远远不如达比克平原上的同僚们。在奥斯曼军队层次丰富的火力面前，他们损失惨重。虽然一度冲杀至塞利姆本人面前，却终究无法挽回失败的命运。奥斯曼人的最大损失是塞利姆的爱将锡南帕夏，他在指挥西帕赫骑兵与敌军的混战中，被一名马穆鲁克骑兵杀死在马上。图曼贝伊的骑兵们还差点儿斩杀塞利姆——这位冷酷而好战的苏丹。不过，由于一名加尼沙里军官站出来充

⊙ 发起反攻的加尼沙里近卫步兵

当了替死鬼，奥斯曼的“冷酷者”逃过一劫。图曼贝伊的失败已不可避免，他带着人数很少的残部逃离了战场。

1月27日，奥斯曼军队进入了马穆鲁克首都开罗。城里依然有反对奥斯曼的势力存在，他们同入侵者在城市街道内进行了4天的巷战。图曼贝伊则沿着尼罗河，逃到了上游的上埃及地区。他在那里得到一些部落的支持，继续以游击战的手段反抗奥斯曼人的权威。但这些已经不能影响塞利姆将地中海地区重要的粮仓——埃及，收入帝国囊中。就如同在大不里士一样，2000名工匠被精心挑选出来，随军带回伊斯坦布尔。塞利姆则开始对埃及实行他祖先最擅长的温水煮青蛙策略。各地的埃米尔们只需要保证效忠，便可保留权力与地位，甚至是他们自己的部队。近卫军仅仅会在诸如港口亚历山大和首都开罗这样的大城市派驻象征性的兵力，由一位苏丹任命的总督指挥。结果，投桃报李的埃米尔们很快就将图曼贝伊的潜藏位置供了出来。1517年3月，在奥斯曼军队的围剿下，这位最后的马穆鲁克苏丹在上埃及被捕，随即被押往开罗进行公开处决，他的尸体被悬挂在开罗城内，以儆效尤。

埃及的粮食产量、亚历山大港口的巨额贸易收入、战斗力卓著的马穆鲁克骑兵，都是塞利姆心满意足的战利品。他也惊奇地注意到，东方基督教的那些圣地——耶路撒冷、亚历山大、安条克，当然还有已经是帝国首都的伊斯坦布尔，都已是版图大增的帝国的一部分。更大的胜利是，他们抓获了一直被马穆鲁克人软禁在开罗的哈里发。哈里发被带回君士坦丁堡后，被迫将自己的位置禅让给了塞利姆一世。塞利姆仅仅用3年时间，便获得了奥斯曼帝国历史上最大规模的领土扩张，并在苏丹头衔之外，又戴上了哈里发的头巾。

十、意想不到的结果

完成对两河流域和埃及征服的塞利姆或许不会想到，他表面上的重大胜利，将为奥斯曼帝国带来一系列的麻烦。喜欢不停征战的塞利姆，也开始感到自己身体的不断恶化。

在鲁梅利亚和巴尔干地区，连续征战让原本是帝国地方军的最精锐部分损失很大。这些西帕希或附庸领主们还来不及顾及自己土地的生产与管理，不少人就已先后死在了异国他乡的土地上。这促使不少依然信奉基督教的领主们开始对奥斯曼人看似宽容的制度产生怀疑与抵触情绪。在这些基督教领主的土地身后，便是基督教世界中抵抗奥斯曼人扩张的几个重要力量——海上的威尼斯人、陆地上的匈牙利人，以及取得神圣罗马帝国皇帝位置的奥地利哈布斯堡家族。没过几年，在匈牙利的支持下，塞尔维亚贵族在贝尔格莱德宣布

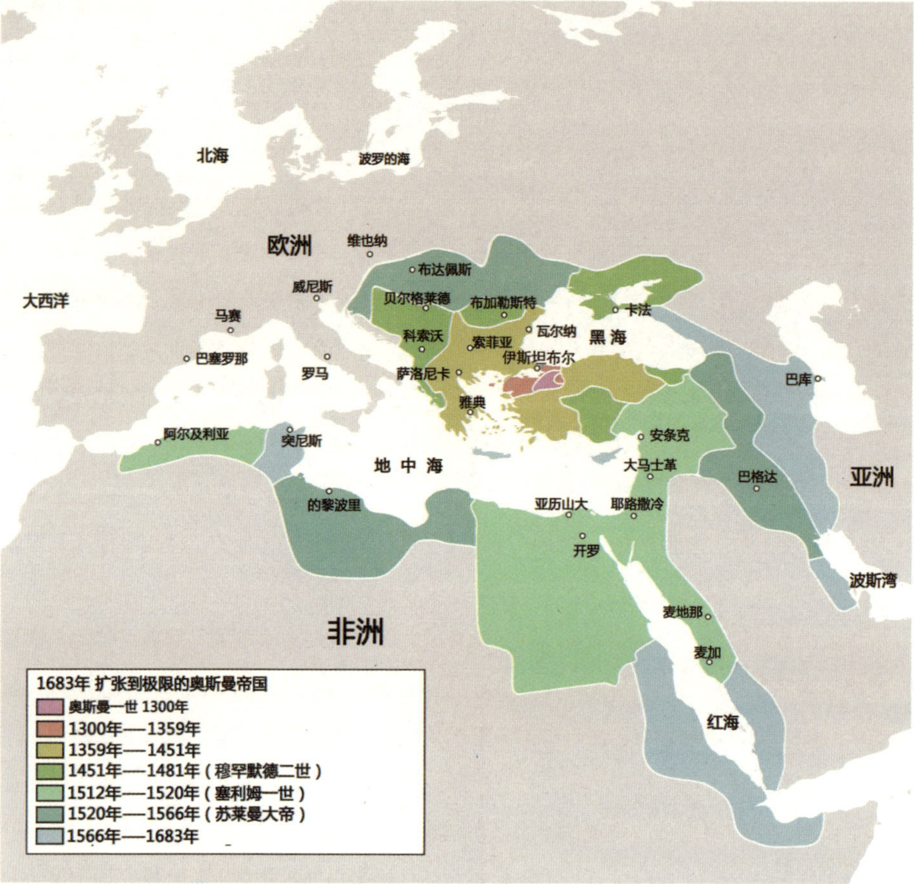

⊙ 奥斯曼帝国的扩张史地图。青绿色的大片地盘便是塞利姆一世拿下的土地，在位时间不长的他却打下了比儿子苏莱曼大帝还要多的疆域

叛乱。奥斯曼军队最终攻克了这座帝国的军工厂，但与欧洲的长期消耗战也随即开始。奥斯曼人发现，向西每前进一步，都非常艰难。

在安纳托利亚地区，塞利姆的征战效果也没有能够扭转当地的颓势。战后，当地一些贫穷的西帕希领主们依旧破产了。而奥斯曼人并没有能力将新征服的领地都纳入自己的蒂玛体系中来。无论是叙利亚的前马穆鲁克埃米尔，还是埃及本土的地方领主，抑或是贝都因部落和东方的基督教社区，依然以对帝国而言相对不稳定的附庸状态存在下来。但只要不纳入蒂玛体系，这些地盘就无法分担奥斯曼军事体制下的资源消耗。僵而不死的什叶派在波斯人的支持下，也继续用各种手段进行抵抗。塞利姆的东方战略，只是两个国家漫长消耗战的一个开端，两河地区的新占领土根本难以长久维持。

至于控制世界主要贸易线路的设想，也并没有因为红海和波斯湾的征服而得以实现。来自欧洲的葡萄牙人继续封锁着这些地方，奥斯曼人的贸易权利必须依靠绕远路的走私才能得到少许满足。这也将迫使后来的苏莱曼大帝（Suleiman the Magnificent，1494—1566）派出更多部队远征印度洋，结果却依然难以取得他想要的胜利。

第三个意外则是奥斯曼人在精神领域的胜利。当苏丹加冕成为哈里发，来自圣地的逊尼派神学家们逐渐在伊斯坦布尔占据优势，旧的苏菲派思想被抛弃。奥斯曼人曾经赖以笼络人心的神秘主义学说成了永远的过去。1914 年，当最后的苏丹在土耳其青年党人的胁迫下退位时，他不仅失掉了苏丹头衔，也让伊斯兰世界永远地失去了相对正统的哈里发。至于那些被奥斯曼人收入囊中的基督教圣城们，则在无形间增强了奥斯曼统治阶层对于西方世界的轻视和不屑。随着欧洲，尤其是西欧地区在近代的异军突起，这样致命的自负终究为奥斯曼帝国带来巨大的伤害，他们也因此在百年间丧失了数次立即奋起直追的机会。

至于塞利姆自己，身体的恶化迫使他对自己的接班人问题加以考量。曾经险象环生的继位过程让他决心以自己的手法来提前解决问题。在考察了自己的所有男性子嗣后，这位“冷酷者”一眼相中了富有才干与精力充沛的苏莱曼。随即，在这位严厉的父亲的旨意下，其他奥斯曼王子们被全部杀死。完成接班人安排后的“冷酷者”，已经是 55 岁身体恶化的将死之人。热爱征战的他，最后选择攻打小亚细亚半岛南部的罗德岛，驱逐当地一直给自己的国家惹麻烦的医院骑士团。当战争的准备工作完成之际，塞利姆突然染病，随即在军营中停止了呼吸。对罗德岛的重大胜利被推迟了两年，才由后来的苏莱曼大帝获得。

⊙ 塞利姆之死

作为一名精明而冷酷的政治家，或是一位能征善战的将领指挥官，塞利姆都堪称是奥斯曼帝国历史上的最强者，也是他那个时代数一数二的精英。但他的成就却最终决定了帝国将在一段表面的辉煌后，不可避免地进入稳步下行的路径通道。他不仅给子孙后代留下了更多的版图、财富和机会，同时也给后人留下了一条又一条更加漫长的战线，以及永无止境的战争黑洞。

帝国之殇

——奥斯曼帝国统治下的埃及

作者：陈杰

⊙ 金字塔下的战役（1798）

1798年7月1日，一位将领带领一支庞大的军队在埃及的亚历山大港登陆，开启了一场冒险之旅。在这支队伍里，除了军人以外，还有诸多的学者，使得这一次远征成为欧洲“埃及热”的一个新起点。

然而，这却是一次失败的远征。尽管远征的统帅拿破仑在未来成了法兰西第一帝国的皇帝，在欧洲的战场上纵横驰骋，获得了极大的成功，也不能掩盖这一场失败成为他征战历史上的一个污点。

对于法国而言，这或许就是失去一个可能的殖民地以及在通向远东的道路上压制英国人的一个机会，但对于当时统治埃及的奥斯曼帝国而言，这是一场“帝国之癌”的噩梦开端。

一、成为帝国的铺路石

1481年5月3日，奥斯曼帝国的苏丹穆罕默德二世在伊斯坦布尔暴死。是时，所向披靡的土耳其军队正在筹备围攻医院骑士团驻扎的罗德岛；同时，一支土耳其人的偏师在意大利南部登陆，引发了罗马教廷的恐慌。正当欧洲焦急地召集十字军的时候，苏丹病亡的消息传来，和奥斯曼帝国正在地中海上殊死对抗的威尼斯人奔走相告“La Grande Aquila è morta”（雄鹰死了）。在他们看来，这个率领军队攻占君士坦丁堡、结束拜占庭帝国统治的“征服者”，是欧洲基督世界最恐怖的敌人。他的死，让许多欧洲人松了一口气。

⊙ 穆罕默德二世进入君士坦丁堡

对于奥斯曼帝国来说，苏丹之死往往意味着一场帝位争夺战的开始。有趣的是，穆罕默德二世给他的两个儿子订立了一个看似“公平”的继承方法——巴耶济德和杰姆两人分任两地总督，两地距离伊斯坦布尔同样远，谁先抵达首都，谁就有权继位。巴耶济德是锡瓦斯、托卡特（Tokat）和阿马西亚地区的总督，而杰姆是卡拉曼和科尼亚地区的总督。实际上，穆罕默德二世更倾向于性格与他相似的杰姆继位，杰姆也得到了奥斯曼帝国中旧突厥贵族的支持。相对的，巴耶济德获得了奥斯曼帝国内部的德米舍梅（Devshirme，意为“聚集”）势力的支持。德米舍梅是奥斯曼帝国从属于苏丹的奴隶武装，从穆拉德一世时代开始，苏丹开始以塞尔柱突厥的传统方式，征召在巴尔干地区的信仰基督教的男孩儿，将他们之中最好的人才选入军队和宫廷，著名的奥斯曼新军“加尼沙里”即是如此形成的。而在穆拉德一世之子巴耶济德一世的时代，德米舍梅制度进一步扩大，选拔出的年轻基督徒不仅被送到军队里，还被苏丹安插到新成立的各种政府机构里，以对抗曾支撑帝国扩张的旧突厥贵族。在这场“征服者”死后的帝位争夺战中，德米舍梅也站在旧突厥贵族的对立面，支持巴耶济德。代表旧贵族的大维齐尔卡拉曼尼·穆罕默德帕夏（Karamani Mehmet Pasha），试图调离德米舍梅近卫军团以支持杰姆即位时，近卫军团奉巴耶济德之命杀回了伊斯坦布尔，迅速控制住了首都，卡拉曼尼及其党羽皆被处死。巴耶济德即位为巴耶济德二世，德米舍梅的领袖伊斯哈克（Ishak）帕夏成为首位德米舍梅出身的大维齐尔。这标志着德米舍梅势力开始全面崛起，后来它逐渐成为阻碍帝国进一步发展和导致帝国政局不稳的毒瘤。

⊙ 苏丹巴耶济德二世

和巴耶济德二世争夺帝位失败的杰姆，在奥斯曼帝国的旧都布尔萨自立为苏丹。大批旧突厥贵族和仇恨德米舍梅的安纳托利亚人聚集到杰姆苏丹周围，奥斯曼帝国被一分为二。杰姆提出了划海峡而治的观点，主张欧洲部分归属巴耶济德二世，而安纳托利亚归属杰姆，结果遭到了巴耶济德二世的拒绝。1481 年 6 月，在耶尼谢希尔附近，近卫军团和杰姆苏丹的军队展开决战，败战后的杰姆苏丹仓皇地逃出了布尔萨，一路南奔前往埃及。

这起险些令奥斯曼帝国分裂的帝位争夺战，点燃了帝国和埃及的马穆鲁克王朝之间的战端。

马穆鲁克，意为“奴隶”，起源于阿拉伯帝国阿拔斯王朝时期，哈里发将大批被贩为奴隶的中亚突厥系少年加以训练后编成雇佣军。本质上，马穆鲁克和奥斯曼帝国的德米舍梅制相类似。在其后的埃及诸王朝中，马穆鲁克势力飞速发展，一个很广泛的误解是：马穆鲁克是阉人，其实不然。许多马穆鲁克只是没有家室负累，财产也不得传给后人。许多统治者喜欢使用马穆鲁克的原因也在于此，他们希望借此打造绝对忠诚于己的军队。

埃及阿尤布王朝（Ayyubid Dynasty，1174—1254）时期，马穆鲁克的势力大大发展，从苏丹开始向下的各级封建领主都从自己的私奴中选拔组成马穆鲁克军队，并让这些私奴进入官僚系统和军队指挥系统，从而让王朝的上下进一步被马穆鲁克渗透。最终在1249年，阿尤布王朝苏丹萨利赫（As-Salih Ayyub，1205—1249）死后，马穆鲁克逐渐“鹊巢鸠占”地夺取了政权，自1250年起开始了埃及马穆鲁克王朝的历史。这个王朝，以1382年为界，分为突厥系时代伯海里王朝（Bahri Dynasty）和切尔克斯系时代（Circassian）布尔吉王朝（Burji Dynasty）。全盛时代的马穆鲁克王朝抵挡住了蒙古人的侵袭，领土范围越出了埃及，还占领了大部分的阿拉伯半岛，影响直至安纳托利亚东部，因此就和奥斯曼帝国产生了交集。

⊙ 杰姆苏丹

支持杰姆苏丹的是安纳托利亚中西部的地方势力，其中有尕勒莽王朝（Karamanid Dynasty）统治者的后裔卡西姆贝伊（Kasim Bey）和安卡拉的桑贾克贝伊（Sanjak bey），他们安排杰姆苏丹逃奔到开罗，使马穆鲁克王朝成了奥斯曼帝国政争失败者的庇护所。这位杰姆贝伊一度打回到安卡拉，很快又因为无法立足而再度南逃，在罗德岛的医院骑士团的协助下流亡欧洲，1495年2月死于意大利的加普亚（Capua）。

杰姆苏丹事件令原本剑拔弩张的奥斯曼帝国和马穆鲁克王朝之间爆发了战争。早在“征服者”穆罕默德二世统治时期，奥斯曼帝国就对马穆鲁克占领下的两大圣地麦加和耶路撒冷垂涎三尺，然而两者之间却间隔着尕勒莽王朝、白羊王朝等一系列土库曼人建立的政权。在安纳托利亚东部和叙利亚等地的一些地方领主因此成为奥斯曼帝国和马穆鲁克王朝之间争夺的对象，双方的摩擦也日益加剧。

⊙ 加尼沙里

双方的第一次交锋是在1485年，奥斯曼帝国统治安纳托利亚东部卡拉曼区域的帕夏，率领地方军队袭击了马穆鲁克王朝统治下的奇里乞亚（Cilicia）部落。次年2月，马穆鲁克军队打退了这一次侵袭，即便是其后奥斯曼帝国从伊斯坦布尔调来了包括加尼沙里在内的军团，也没能占到一点儿便宜。帝国的第一次试探性进攻就此宣告结束。

奥斯曼帝国终于开始重视这场战争，1487年，帝国以大维齐尔科贾·达乌德帕夏（Koca Davud Pasha）为首，率领包括加尼沙里在内的军团东征。大维齐尔本想组织一次对马穆鲁克的全面进攻，却被苏丹巴耶济德二世否决，仅仅同意他进攻图尔古特卢（Turgutlu）等地的地方势力。大维齐尔兵锋所指，当地部落当即宣布效忠帝国，这一次看似热闹的进攻就此偃旗息鼓了。

在巩固前沿后，1488年奥斯曼帝国组织了一次大规模进攻，初级目标仍是安纳托利亚东部的奇里乞亚。帝国军队分为两路，陆路由鲁梅利亚总督哈迪姆·阿里帕夏（Hadım Ali Pasha）统帅；海路则由苏丹的女婿，出身巴尔干并改宗伊斯兰教的海尔克塞利·艾哈迈德帕夏率领（Hersekzade Ahmed Pasha）。奥斯曼帝国还试图寻求占据

⊙ 奥斯曼帝国时期使用的刀（安塔利亚考古博物馆藏）

塞浦路斯的威尼斯人的协助，希望能借用塞浦路斯的法马古斯塔港（Famagusta）作为前沿补给基地，这无异于与虎谋皮，在地中海商业利益上与帝国有尖锐冲突的威尼斯人果断地拒绝了，并且纠集起舰队防御奥斯曼海军可能侵犯塞浦路斯的行动。不过对于帝国来说，一个好消息是同样寻求意大利商业城市协助的马穆鲁克也遭到了拒绝，意大利商人们并不想卷入这场战争。

失去前沿阵地的奥斯曼海军在前进到亚历山大勒塔（Alexandretta，伊斯肯德伦的旧称）后，不幸遭遇了风暴；陆军孤军深入，在安纳托利亚东部的阿达纳（Adana）附近遭遇马穆鲁克，庞大的军队由于右翼崩溃而被迫撤退，一路上不断遭遇游牧人的袭击。在卡拉曼重整军队再度进攻的哈迪姆·阿里帕夏发现，他只能在局部区域获得对马穆鲁克的胜利，却不能占到更大的便宜。奇里乞亚也仍然控制在马穆鲁克手中，双方又回到了原点。到1490年，马穆鲁克尝试反攻入卡拉曼，海尔克塞利·艾哈迈德帕夏阻止了对手的进攻。对这场无结局战争表示疲惫的双方决定和谈，签署了停战协定。

⊙ 16世纪的马穆鲁克

1485年至1490年的奥斯曼—马穆鲁克战争中，奥斯曼帝国虽然有压倒性的兵力优势（比如帝国在1488年的进攻中动员了6万多兵员），但却难以取得进展，归根到底有外因和内因两大因素。就内因而言，奥斯曼帝国在广阔的安纳托利亚开展军事行动必须要维持一条漫长的补给线，特别是在1488年的大规模进攻，由于威尼斯等方面的不配合，使得帝国军队的两路进攻不得不受制于补给，无法开展更纵深的进攻。另一方面，奥斯曼帝国还在欧洲巴尔干战线进行着另一场战争。在1481年，也就是苏丹即位的那一年，奥斯曼帝国就趁杰姆叛乱抢占了瓦拉几亚，随后，帝国军队渡过多瑙河控制了黑海西岸地区。在中欧，哈布斯堡王朝在神圣罗马帝国皇帝马克西米连一世（Maximilian I，1459—1519）的领导下开始和奥斯曼帝国争夺匈牙利。同时，帝国还面临来自波兰和威尼斯两个方向的挑战。巴尔干战线的紧张局势吸引了苏丹大部分的关注度，相比之下，距离伊斯坦布尔更远些的马穆鲁克势力的重要性就只能退居次席了。

就外因而言，在东安纳托利亚的战场前沿，分布着诸多的堡垒。用星罗棋布的布局组建了一个链式的防线，对于任何进攻方来说都是一个不利的因素，这也是无论奥斯曼帝国还是马穆鲁克王朝试图在这一区域发起进攻都无法取得进展的原因。另一方面，已经走向正规化的奥斯曼帝国军队突然发现自己难以找到对抗游牧化的马穆鲁克军队的良方。

战争的转机发生在 1512 年，奥斯曼帝国的苏丹之位再一次发生变动。

苏丹巴耶济德二世在继承问题上，面临着和他的父亲穆罕默德二世同样的困扰：究竟是选择脾气秉性更像自己的艾哈迈德（Şehzade Ahmet，1465—1513），还是选择成长于宫廷能理解其政策的考尔库德（Şehzade Korkut，1467—1513）。但这两人都有软肋，艾哈迈德在安纳托利亚的领导一团糟，而考尔库德几乎没有任何军事才能。在奥斯曼帝国这样“以战养战”的、不断征伐的国家中，军事才能的缺失是致命伤。新的人选浮出了水面，那是巴耶济德二世的另一个儿子塞利姆，他以剽悍的军事能力取得了近卫军团加尼沙里和边境总督的支持。1512 年 4 月，加尼沙里要求巴耶济德二世让位给塞利姆，奥斯曼土耳其苏丹之位传到了塞利姆一世手中。

⊙ 塞利姆一世

新苏丹的第一步是巩固权力，他拉拢加尼沙里军团，并不动声色地以自己的亲信奴隶取代原本的加尼沙里军官。对于他的亲兄弟，他采取了残暴的手段，果断出军安纳托利亚镇压了艾哈迈德的叛乱，并成功阻止了后者和马穆鲁克王朝联合的企图。1513 年，考尔库德和艾哈迈德先后被处死，苏丹获得了国内的稳定。

从血泊中站出来的血腥苏丹塞利姆一世的下一个目标就是东方，他和西面的威尼斯、匈牙利订立协议保证和平，然后调转矛头来向东方的主要敌人——萨法维王朝进攻。

由伊斯玛仪建立起的萨法维王朝，是一个由什叶派教团建立的王朝，1501 年取代了白羊王朝统治伊朗高原一带。是时，塞利姆一世担心什叶派的萨法维王朝煽动其边境的领地改宗信仰并发起叛乱，决定先发制人，甚至不惜寻求联合马穆鲁克王朝以对付共同的敌人。而伊斯马仪也面临着两线作战的问题，萨法维王朝的东面正遭遇乌兹别克人的滋扰，为了不被夹击，他决定对西面袭来的奥斯曼人采取坚壁清野的焦土政策，引诱奥斯曼军队进入地形复杂的伊朗北部山区。补给不继的近卫军团很快就发生了骚乱，塞利姆一世解散了一半以上的入侵军队，以保证军队的给养，同时以雷霆手段处决一切试图逃跑的士兵和将领，强制部队向萨法维王朝的首都大不里士前进。1514 年 8 月 23 日，奥斯曼帝国的军队在查尔德兰遭遇了敌人，先进的火炮和具备高度机动性的军队为奥斯曼帝国夺取了胜利。这场战役后，大不里士陷落，塞利姆一世取得了阶段性的胜利。

⊙ 萨法维王朝的建立者伊斯玛仪

⊙ 查尔德兰战役（1514）

但奥斯曼帝国在伊斯马仪的坚壁清野政策前难以持久，无法在伊朗高原获得给养的塞利姆一世在 1514 年冬季被迫退回安纳托利亚。他虽然拒绝了伊斯马仪的求和，但也难以压制手下近卫军团的不满。于是在 1515 年 3 月，苏丹进行了又一次血腥清洗，以确保近卫军团忠诚于他。同时，苏丹认为萨法维王朝暂时失去了再战的能力，伊斯马仪本人也正面临国内涣散的危机，奥斯曼帝国和萨法维王朝的战争就此告一段落。

这一次的伊朗征伐，让塞利姆一世更加认识到了征服马穆鲁克王朝的必要性，马穆鲁克在这场战争中最终保持中立，也让苏丹维持补给线的企图变得格外困难。苏丹的算盘是：占领安纳托利亚东南部，打通前往叙利亚的道路，从而以安纳托利亚东南的帕亚斯（Payas）为支点建立起伊斯坦布尔到伊朗的补给线，并且切断从伊朗经阿勒颇向安纳托利亚输送货物的贸易通道，从两个方面对萨法维王朝加以打击。

这个计划的第一步在1515年得以实现，奥斯曼帝国占领了安纳托利亚东南的迪亚巴克尔（Diyarbakır），并且获得了当地的库尔德人的效忠。苏丹通过承认库尔德人的封建领主的地位和自主权，换取他们抛弃萨法维王朝转而改认奥斯曼帝国为宗主。1516年春，奥斯曼帝国的军队穿越安纳托利亚浩浩荡荡而来，他们最初的目标可能仍是萨法维王朝，但马穆鲁克苏丹阿尔 - 古里的“反应过度”令这场战争转移了方向。

在阿尔 - 古里看来，奥斯曼帝国本次的进军是可疑的，马穆鲁克也从来不相信奥斯曼帝国会对他们保持善意。其实，在马穆鲁克王朝松散的统治下，已经有不少人向塞利姆一世投诚，只要奥斯曼人在入侵后保留他们的统治地位和收入，就可以转而效忠。

出于这一考虑，阿尔 - 古里苏丹率领马穆鲁克军队向安纳托利亚进军。这恰恰触犯了塞利姆一世的禁忌，他重新考虑以后，决定放弃进攻萨法维王朝的计划，将矛头向南转向马穆鲁克。1516年7月，随着奥斯曼帝国的军队侵入马穆鲁克的领土，马穆鲁克在黎凡特地区的统治如雪崩一样瓦解了。8月20日，在叙利亚北部的马尔乔达比克（Marj Dabiq），马穆鲁克人一度占据了上风，在奥斯曼军队遭遇短暂挫折后，马穆鲁克的右翼大马士革总督阵亡，左翼阿勒颇总督凯尔贝伊（Khai’r Bey）要求苏丹放弃抵抗，这使战争的局势发生了逆转。马穆鲁克人的散漫成了致命伤，在战场局势出现异变的情况下，马穆鲁克人显得尤为脆弱，在纪律严明、装备更先进的奥斯曼军队面前一旦表现出崩溃的迹象，就会变成屠杀。马穆鲁克苏丹阿尔 - 古里一人的勇猛也无济于事，奥斯曼帝国赢得了这场关键之战的胜利。

其后的战争变成一边倒，奥斯曼人8月28日攻克了阿勒颇，9月27日已经挺进到大马士革。接替在马尔乔达比克阵亡的阿尔 - 古里继任苏丹的图曼贝伊（Tuman Bay II），于10月再度派遣军队从埃及出发试图援救加沙（Gaza），但仍在10月28日的汗尤尼斯（Yaunis Khan）接触战中被奥斯曼人击败。加沙的陷落，意味着埃及的东大门已经向奥斯曼人敞开。

从1517年1月11日开始，奥斯曼人将大批辎重和军队搬运过西奈半岛，这一工作仅仅用了5天时间，高效的奥斯曼军队震惊了埃及人。图曼贝伊在1月22日的里达尼亚（Ridanieh）战役中做了最后一次有组织的抵抗，但却陷入了奥斯曼人的包围而落败，战役再度变成了屠杀。数日后，开罗陷落，奥斯曼人占领了埃及的行政中心，图曼贝伊率领的马穆鲁克势力不得不成为游击队。

图曼贝伊的零星抵抗只持续了3个月，4月13日，被俘虏的图曼贝伊在伊斯坦布尔

⊙ 马穆鲁克苏丹阿尔-古里

被处死，这标志着马穆鲁克王朝的正式终结，奥斯曼帝国在埃及的统治确立。

奥斯曼帝国征服马穆鲁克，除了给帝国增加了大片新领土以外，还对帝国产生了重大的政治影响。马穆鲁克的灭亡，使帝国得以控制麦加和麦地那两大伊斯兰教圣地。同时，奥斯曼帝国把哈里发穆塔瓦基勒（Al-Mutawakkil III）带回了伊斯坦布尔，一种广泛传播的说法是，穆塔瓦基勒把哈里发之位传给了奥斯曼苏丹。实际上，奥斯曼帝国采取的是“挟哈里发以令天下”的策略，苏丹以哈里发和圣地的保护者的名义号令伊斯兰世界。奥斯曼苏丹从此在实际上成为伊斯兰世界最有号召力的领袖。

埃及的征服，也让马穆鲁克和正走入大航海时代的葡萄牙之间争夺印度洋主导权的斗争戛然而止。比马穆鲁克实力更为强大的奥斯曼帝国的入主埃及，使红海、印度洋西岸和地中海东岸的政治格局发生了巨变。尤其是作为东西方贸易中转站的亚历山大港落入奥斯曼帝国手中，为帝国控制东西方贸易通道、掌握地中海战略主动提供了便利。同时，帝国还可以以埃及为跳板，入侵阿尔及利亚和突尼斯，把帝国的疆域进一步拓展到非洲北岸，为其后的地中海争夺埋下了伏笔。

然而，奥斯曼帝国的统治并没有让埃及彻底洗牌，在帝国进军叙利亚和埃及的过程中，有大片的领土是因该领土的原统治者投诚效忠而获得的。阿拉伯半岛的贝都因部落、埃及的马穆鲁克势力都得到了保留，并且有着很大的自主权。只是在名义上，他们是奥斯曼帝国的臣子。这种相对松散的统治模式，在未来必定会给帝国制造很大的麻烦。

二、拿破仑袭来

拿破仑的埃及攻略开始于1798年6月，彼时，他刚刚获得了在意大利的成功。但是对于经历大革命后统治法国的督政府而言，拿破仑是一个潜在的威胁。这个通过在意大利的冒险获取名誉和财富的男人，毫不掩饰他对权力的渴望。拿破仑周旋于巴黎的政治社交圈内，正逐渐扩大自己的影响。在督政府中，除了巴拉斯（Paul Barras，1755—1829），几乎没有一个人希望这位土伦之战和意大利之战的英雄尽快离开巴黎。

⊙ 塔列朗

与此同时，拿破仑也在寻求离开巴黎的途径，此时的他和共和国的一位“不倒翁”塔列朗（Charles Maurice de Talleyrand-Périgord，1754—1838）一拍即合。塔列朗无疑是法国当时最精明的外交家，他在处理国内事务的时候也显得极其圆滑，而这场埃及冒险，正是这只老狐狸的杰作。塔列朗深刻地意识到，和法国为敌的英国，其命脉是海上贸易，一旦切断英国这个岛屿国家的海上贸易路线，就能直接威胁到英国的核心利益，迫使英国向法国让步。塔列朗向拿破仑阐述了他的主张，他认为必须控制住东地中海沿岸的区域，尤其是希腊、巴尔干半岛等奥斯曼帝国的欧洲领土，占领黎凡特地区，进而控制埃及。一旦占领埃及，就能切断英国通向印度的道路，而印度则是英国国王王冠上的明珠。

拿破仑对塔列朗的主张也极其认同。拿破仑的征服欲望显然不止于欧洲大陆，他在后来的 1803 年写给塔列朗的信中指出：“我们和英格兰的争端并不仅限于欧洲。”

拿破仑的北非政策也和他的对英政策密切相关，在他看来，只要通过占领沿海的贸易港口城市，阻止英国贸易船只驶入港口，就能从根本上切断英国人的贸易线。而地中海沿岸从北非最西端的摩洛哥到北非最东端的埃及，延绵万里的海岸线，都是法国人觊觎的对象，一旦控制住北非沿海，某种意义上就是控制了地中海。

以上的种种考虑，促成了拿破仑率领的这一次埃及冒险。但是拿破仑的埃及冒险仍有所顾忌，这一顾忌就是法国和奥斯曼帝国之间的传统同盟关系。

法土同盟开始于 16 世纪中叶，当时的法国国王弗朗索瓦一世（Francis I of France，1494—1547），在 1525 年的帕维亚（Pavia）之战中败给了神圣罗马帝国皇帝、哈布斯堡家族的查理五世（Charles V，1500—1558）。为了对抗统治庞大区域的哈布斯堡家族，

⊙“立法者”苏莱曼一世

弗朗索瓦一世采取“远交近攻”的策略，本着“敌人的敌人就是朋友”的原则，向正在中欧和哈布斯堡家族争斗的奥斯曼帝国发出了橄榄枝，而奥斯曼帝国苏丹苏莱曼一世也心照不宣，双方一拍即合。天主教的法国和伊斯兰教的奥斯曼帝国的结盟，在当时宗教影响仍然巨大的欧洲，是一件惹人侧目的事情。但对于法国来说，法奥同盟的意义极其重大，奥斯曼帝国可以帮助法国从另一个方向钳制住其在欧洲大陆的死敌哈布斯堡王朝；而在反法同盟的时代，奥斯曼帝国还能起到阻止北方的俄罗斯南下的重要作用，对于法国在地中海地区的利益来说，奥斯曼帝国是一道屏障，虽然这道屏障自苏莱曼一世去世以后日益孱弱。

现在，唯一的问题就是法国如何向奥斯曼帝国解释，作为传统同盟却入侵奥斯曼帝国统治下的埃及领土的行为。法国人给出的理由是：法国军队远征埃及是为了打击当地的马穆鲁克势力。

在获得法国督政府的东方军司令的任命后，拿破仑率领军队自土伦港出发，横越地中

⊙伊斯坦布尔金角湾岸景。远处山顶为苏莱曼一世建立的苏莱曼清真寺

⊙ 金字塔下的战役（路易-弗朗索瓦·勒热纳　绘）

海，开始了埃及征伐之路。拿破仑所率领的军队自5月19日出发，6月10日就占领了地中海重要的“十字路口”马耳他岛，然后运用巧妙的战略欺骗了纳尔逊率领的英国地中海舰队，于7月1日抵达了埃及的亚历山大港。

拿破仑的进军速度远超英国人的预料，仅仅不到1个月时间法军就从亚历山大港打到了金字塔下。7月24日，法军进入开罗，标志着法国人在埃及短暂统治的开始。

拿破仑在埃及的统治政策在于软硬两手。软的方面是通过开动宣传机器来论证法军占领的正当性，拿破仑甚至不惜亲自上阵，演绎“穆斯林的保护者”的角色，他走入清真寺参加礼拜，宣称自己是安拉所眷顾的人，而法国军队是奥斯曼苏丹的朋友。法军发布的公告宣称他们的目的是要惩罚马穆鲁克“篡权者”，以此和法国人所宣称的出兵埃及的理由相呼应。而硬的一手则是血腥镇压，拿破仑让法军和奥斯曼帝国军队组成联合的巡逻队，维持亚历山大港、开罗等大城市的秩序，对制造骚乱的反叛分子毫不留情地进行镇压。在此后一段时间，法军的镇压力度甚至到了血腥的程度，大批进入开罗的马格里布人仅仅因为没有合法证件就被当作嫌疑分子枪决，仅在1799年6月底，开罗一地就在3天中枪决了30多人。在埃及的近代历

⊙ 埃及马穆鲁克

⊙ 拿破仑在狮身人面像旁

史上，法国占领因此留下了血腥的记忆。

事实上，拿破仑的埃及统治政策确实向着“文明开化”的方向发展。从法国大革命时代开始，法国人就对古老的埃及充满了憧憬。这一次的埃及战事，拿破仑携带了一批学者随同前往，并且在行军途中发出了著名的“让驴和学者走在中间”的命令，将埃及研究的学者和军队的辎重一样严加保护。在埃及，拿破仑组织建立了科学和艺术委员会，并成立埃及研究院，破解古埃及象形文字的关键文物——现藏大英博物馆的罗塞塔石碑就是在这一时期为考古学者发现的。而1828年出版的囊括埃及历史、地理、经济、自然、矿产、社会、艺术等各方面的《埃及志》，更是说明了法国占领者在这一时期对埃及研究的深入。

⊙ 拿破仑在开罗

拿破仑当然不会仅仅满足于只占领埃及，许多研究者认为，拿破仑进攻埃及的真实目的并非在英国，而是在牵制俄国。俄国一直有南下的打算，而阻挡俄国南下的屏障就是奥斯曼帝国，但这个老牌帝国已经千疮百孔，怎么看都无法抵挡俄国的觊觎。对于拿破仑来说，如果能够让法国势力更加深入土耳其控制区域，而不是仅仅单纯维系住法国和奥斯曼帝国之间脆弱的传统结盟关系，显然更能扼制俄国势力的南下。一旦俄国占据了伊斯坦布尔，就意味着俄国或许能够沿着当年奥斯曼帝国入侵欧洲的老路，深入巴尔干，威胁中欧，对法国形成另一个方向的战略合围。

⊙ 罗塞塔石碑（现藏大英博物馆）

同时，拿破仑在埃及也面临着英国人的威胁，纳尔逊的地中海舰队在 1798 年 8 月 1 日于亚历山大港附近歼灭了法国舰队，这意味着在埃及的法国军队面临着和本土彻底切断联系的危险。而奥斯曼帝国在法国入侵埃及后，在英国人的鼓动下对法宣战，苏丹塞利姆三世（Selim III，1762—1808）派遣贾扎尔帕夏（Ahmad Pasha al-Jazzar）为指挥官，带领 1.2 万人的军队前往埃及，一路南下经阿勒颇、大马士革、耶路撒冷等地不断扩充兵员；另一方面，由穆斯塔法帕夏率领的另一支军队也在罗德岛蓄势待发。苏丹决定分两路进军埃及，一路沿着地中海东岸叙利亚一带一路南下，另一路自罗德岛横渡埃及的杜姆亚特（Damietta）一带登陆，两路军队的存在对埃及形成了合围的态势，这迫使拿破仑必须先发制人地采取行动。

⊙ 拿破仑的埃及之战

于是在 1799 年 2 月，拿破仑率领 1.3 万人离开了埃及，北上巴勒斯坦和叙利亚，法军

⊙ 拿破仑视察雅法的前线军医院（安托尼·让·格罗） 绘

的前锋已经占领了阿里什（Arish）。随后，法军横穿90多公里的沙漠区域，直趋今天巴以争端的关键地点加沙。下一步，拿破仑必须占领雅法（Jaffa）以打开进入叙利亚的通道，而在这座高墙巨塔守护的城市中，贾扎尔帕夏已经部署好了防御。急切的拿破仑在迫降不成后就发起了猛攻，经过3月3日至7日的猛烈进攻，法军轰开了护城塔，在城中展开了大肆屠杀，大约有4500名守军和城中平民被杀。这场残酷的雅法战役，背后除了拿破仑需要打开叙利亚通道的急切心情外，还有疾病的威胁，在7月酷热的天气中，鼠疫开始在埃及传播，很快连围城的法军也都感染上了。拿破仑虽然进行了安抚，但也深深感到此次战争的不易：法军兵员不足，孤军深入，补给不继，又遭遇瘟疫侵袭，都意味着这一次对巴勒斯坦和叙利亚的攻势基本已经到了强弩之末。

即便如此，拿破仑仍然硬着头皮前进，法军的下一个目标是阿克城（Acre）。从3月18日开始，法军正式包围阿克。然而，这一次的攻城战却并不像对雅法那样顺利。阿克位于今天的巴勒斯坦地区的北部，在十字军东侵的时候，它是天主教势力和伊斯兰教势力争夺的焦点。这座城市以易守难攻闻名，在第一次十字军东侵中，耶路撒冷王国国王鲍德温一世（Baldwin I of Jerusalem，1058？—1118）经过了几乎4年的围攻，才拿到了阿克城；而在1291年这个城市最终被马穆鲁克占领前，它是坚持到最后的十字军城市，占领阿克城是十字军东侵历史的结束。所以这一次法军的围攻，是5个世纪以后西方势力再一次试图从穆斯林手里夺取这一古老城市。

⊙ 西德尼·史密斯在阿克城

当然，拿破仑未能如愿，阿克城在经过整整3个月的围城后依然毫无陷落的迹象。而英军在西德尼·史密斯（Sidney Smith，1764—1840）的指挥下登陆协助土耳其人防御，他们为阿克城提供补给，并且以舰队炮轰的形式袭击法军的沿海补给线。拿破仑的军队因而面临在沙漠中冻饿而死的危险，5月10日，法军在绝望中做了最后一次攻城尝试，却被守军击退。拿破仑终于决定放弃这一次赌博，5月21日法军撤围返回埃及，结束了长达62天的阿克城围攻战。

这次失败的巴勒斯坦和叙利亚进攻战给拿破仑的埃及征服计划进一步蒙上了阴影，本已兵力捉襟见肘的法军在本次战争中死亡2200余人，其中有接近一半的人是死于瘟疫，伤员则达到了3300多人。而在1798年至1801年的法国占领期间，各种流行性疾病开始在埃及传播，大批法军因为感染瘟疫而出现非战斗减员。

就在法军还在舔舐叙利亚战争造成的伤口时，英国人已经决定给法国人的伤口撒盐了。在英国地中海舰队的支持下，驻罗德岛的穆斯塔法帕夏开始出击，2.5万人的土耳其军队搭乘英国舰只在埃及北部的阿布基尔（Abukir）登陆，直接威胁到了亚历山大港的安全。匆匆返回埃及的拿破仑顾不上休整，就指挥他的部队北上。拿破仑发出狠话，此行的目的是："攻击他们，并且杀死一切不愿投降的人。"拿破仑迅速集合了他所能集合的部队，共计7700人，而他们要面对的是多达1.8万人的奥斯曼军队。

幸运的是，穆斯塔法帕夏在7月14日顺利登陆并占领了阿布基尔后，并不急着进军开罗，这让拿破仑有了充分的时间发起反扑。7月25日，法军在海岸边和奥斯曼军队

⊙ 缪拉在阿布基尔战役中（安托尼·让·格罗） 绘

展开了遭遇战。由于国军海军无法靠近近岸的浅滩，奥斯曼军队得不到英国人的炮火支援，加上奥斯曼军队在登陆战中的虐俘行为激怒了法国人，法军在缪拉（Joachim Murat，1767—1815）的率领下发起了骑兵冲锋，一个穿插迂回就兜到了土耳其人背后，这直接导致了土耳其人的崩溃，穆斯塔法帕夏也做了俘虏。此役法军的损失只有 220 人，而土耳其人有 2000 余人阵亡，4000 余人溺死，1500 多人被捕。

⊙ 克莱贝尔遇刺

阿布基尔的胜利仅仅能让法国人在埃及的统治再续一会儿命，很快，拿破仑也要做出一个他一生中最重要的一个决定。拿破仑并非不知道法国在埃及已经陷入困境，在孤悬海外的领土上勉强维持，其结局肯定是被英国人和土耳其人联合逼迫投降或俘虏，这未免会给拿破仑的政治前途蒙上一层阴

⊙ 英军在亚历山大击败法军（1801）

影。正好，此时欧洲传来了督政府在与反法同盟作战中失利的消息，拿破仑自认为是找到了法国需要他的理由。8 月 18 日，拿破仑带着少数亲信出发，声称是前往尼罗河三角洲地带旅行。8 月 23 日，拿破仑一行偷偷驶离亚历山大。在整整 41 天的海上航行中，拿破仑没有遇见一艘前来阻挡的英国船只，他顺利地抵达了法国。1799 年 11 月 9 日（共和历雾月十八日），拿破仑发动政变，成为法国的执政者。

但对于法国东方军团的将士来说，拿破仑逃离埃及的举动是赤裸裸的背叛。被拿破仑授以东方军团指挥权的克莱贝尔（Jean—Baptiste Kléber，1753—1800）决定在法军彻底崩溃前，榨干埃及这片土地最后的剩余价值。1800 年 1 月 24 日，面对奥斯曼和英国两方面的威胁，克莱贝尔决定单独和奥斯曼帝国达成和平协议，规定埃及仍属奥斯曼帝国统治，法军在 3 个月内将安全撤离埃及。

法军的撤退之路却无比艰难，因为英国人不想看到法国和奥斯曼帝国和解，便从中不断作梗。法军撤离工作到 3 月仍然没有完成，从而引发了新的战争。英军和奥斯曼帝国再度迫近开罗。3 月 20 日，克莱贝尔集结了 1 万多法军，在赫里奥波里斯（Heliopolis）击败了奥斯曼帝国军队，重新在埃及稳住了阵脚。而此时在开罗等地爆发了大规模的反法起义，克莱贝尔用了1个月时间才把起义镇压了下去，4月26日重新占领开罗，但随后，他就在混乱的局势中被刺杀了。接任法国东方军团司令的梅努（Jacques-François Menou，1750—1810）并没有克莱贝尔那样的威望，法军在埃及的统治更岌岌可危。1801年3月，英土联军再度在埃及登陆，并威胁亚历山大港。梅努分兵前往防御亚历山大，却顾此失彼。6月27日，开罗失陷。8月31日，在亚历山大港坐困愁城的梅努被迫向英国人投降。法军被遣送回国，这标志着法国在埃及短暂的统治结束。

⊙ 最后一任法国东方军团司令梅努

三、强人的出现

法国的入侵和短暂统治，让埃及这个古老国度又回到了世界关注的中心。自从1517年奥斯曼帝国将埃及收归统治范围后，3个多世纪中，埃及一直是作为奥斯曼帝国的一部分而沉寂。法国人的入侵，实际上不仅仅是冲击了奥斯曼帝国在埃及统治的根基，也唤醒了埃及人的民族意识。法国人统治期间，极大地打击了埃及的马穆鲁克势力，同时开始提拔埃及人进入政府管理机构，有意识地向埃及人传播近代科技和欧洲盛行的司法、行政观念，使埃及人开始感触到世界发展的潮流。虽然法国人的所为是为了将埃及殖民化，在客观上却为埃及将来的发展打下了基础。举例来说，法国占领者将当时欧洲的印刷技术引入了埃及，设立了阿拉伯文的印刷机构，大量的印刷品不但宣传了法国的占领政策，也在一定程度上带来了新思想、新观念的冲击。

⊙ 穆罕默德·阿里

在这样的背景下，影响埃及的一位强人出现在历史舞台上，他的名字叫：穆罕默德·阿里

（Muhammad Ali，1769—1849）。

穆罕默德·阿里是阿尔巴尼亚人，在奥斯曼帝国所占领的色雷斯地区出生，父亲是一个烟草商人。在幼年丧父后，阿里随叔父生活，并在后者的帮助下进入了奥斯曼帝国的地方行政机构担任税吏。随后，他加入了帝国的军队，并且随军于 1801 年在阿布基尔登陆埃及。

在埃及这个古老国度，穆罕默德·阿里有了更多的施展才华的空间。他敏锐地发现，拿破仑走后的埃及正陷入权力的真空。奥斯曼帝国在这里重建统治的努力尚未完成，马穆鲁克势力已经分崩离析。这一切，都为一位新的强人的入主准备好了舞台。

穆罕默德·阿里的第一步是将他手下的阿尔巴尼亚军团团结到自己身边。他施展自己的社交手腕，拉拢了埃及当地的政治领袖奥马尔·马克拉姆（Umar Makram，1750—1822）等本土势力，在胡尔希德帕夏（Hurşid Ahmed Pasha）出任埃及总督以后，阿里得以出掌阿尔巴尼亚军团。他以小恩小惠笼络士兵，获得了军队的拥护，这为他夺取埃及奠定了基础。

阿里的下一步计划就是顺应埃及的民心，清洗马穆鲁克势力。如果把拿破仑入侵比拟为唐末黄巢起义的话，穆罕默德·阿里就是朱温，前者彻底打散了原本根深蒂固的传统势力，而后者则通过血腥的杀戮，将传统势力从肉体上彻底消灭了。对于埃及人来说，拿破仑走后，马穆鲁克势力的重返是一个潜在的“危险”，大部分埃及人不希望看到“旧时光重现”。穆罕默德·阿里抓住了埃及人的这一想法，又利用马穆鲁克势力内部的矛盾，先联合巴尔迪西贝伊（Bardisi Bey）排挤埃尔菲贝伊（Elfi Bey）；然后又煽动民众，驱逐了横征暴敛的巴尔迪西贝伊；并以对抗马穆鲁克无所作为为名，以群众力量轰走了胡尔希德帕夏。1805 年 5 月 13 日，穆罕默德·阿里成为埃及总督。7 月，奥斯曼帝国苏丹塞利姆三世被迫承认阿里的总督地位。

新总督阿里首先要面临的是英国人的觊觎，英国对于权力真空的埃及极其有兴趣。埃及，素来是东西方交通的枢纽。中世纪时代的欧洲，大部分的香料都来自埃及的亚历山大港，而香料则是从东方通过阿拉伯商人之手运输而来，在埃及进入地中海世界，牟取暴利。在印度逐渐占有核心利益的英国，迫切需要埃及作为通往东方的一个跳板；同时，占据埃及还可以让英国获得控制东地中海区域的良港，并且能作为进一步进军黎凡特地区乃至北上中亚、奥斯曼帝国的一个出发点，这样的战略地位对于英国这样的追求海权和殖民的国家来说至关重要。

另一方面，在法军撤出埃及以后，奥斯曼帝国和拿破仑恢复了同盟关系。拿破仑的

⊙ 亚历山大·麦肯齐·弗雷泽

死敌英国人就必须采取行动“惩罚”奥斯曼帝国，在帝国的领土埃及寻找“惩罚”，可以说是英国人试图“一举两得”的一次如意算盘。

1807年3月17日，英国的运输舰队突然出现在亚历山大港外的海面上，由亚历山大·麦肯齐·弗雷泽（Alexander Mackenzie Fraser，1758—1809）指挥的英军开始在埃及登陆，几乎是兵不血刃地占领了亚历山大港，封锁住了埃及通向地中海的要道。从这一天起，直到22日，英军不断增兵，在亚历山大港登陆的英国军队多达6000人。然而，听说了和英国人勾结的马穆鲁克贝伊已经死亡的消息后，英国人迟迟不动。即便是埃及当地的英国居民反复强调早日占领罗塞塔（Rosetta）以确保补给线的重要性，英军依然在坐失时机。而穆罕默德·阿里则迅速统一了埃及人的思想——先驱逐出入侵的英国人。

当英军开始采取行动进一步进攻罗塞塔时，阿里已经做好了准备。大批埃及军队从开罗出发，前往阻遏英国人的攻势。由威廉·斯图尔特（William Stewart）准将率领的2500名英军在前往占领罗塞塔的路途中，遭遇了埃及人的猛烈进攻。到4月20日，英军得到了埃及人自尼罗河而下输送来增援部队的消息后，斯图尔特仓促地下令撤退。由于传递信息不畅，大批撤退不及的英军成了埃及人的俘虏，斯图尔特损失了900人后，狼狈而退。

罗塞塔的大败迫使英国人不得不放弃了占领埃及的计划。阿里趁机提出要求英国人承认埃及独立于奥斯曼帝国，以换取他保证亚历山大港的英国人能获得补给，同时他还保证英国经过埃及通往印度的贸易航线的安全。英国人答应了，但对于埃及独立的承认英国人却不敢公开许诺，因为他们还不想看到奥斯曼帝国在此时分崩离析。

到了9月，英军继续驻守在亚历山大港已经失去了意义，且欧洲大陆的局势随着拿破仑的崛起而持续紧张。9月25日，弗雷泽率领的全部英军退却到了西西里岛，至此欧洲列强干预埃及的行动暂告一段落。

解决了外患的穆罕默德·阿里，接着就转过身来对着马穆鲁克残余势力继续开刀。1811年3月1日，阿里筹备了一场鸿门宴，他以其子率军远征阿拉伯的名义召集马穆鲁克头目到开罗的萨拉丁城堡（Cairo Citadel）集会，然后将他们全杀死在庆典上。这场血

⊙ 穆罕默德·阿里与他的幕僚

腥的集中屠杀彻底结束了马穆鲁克在埃及的历史。

完全掌握埃及的阿里开始了雄心勃勃的改革，他的改革从农业开始。清洗马穆鲁克，意味着阿里掌握了大批原本由马穆鲁克地主控制的土地，奥斯曼帝国统治下的包税制、宗教地产免税制也都已崩溃，这为埃及的经济近代化打下了基础。1809 年，埃及的新土地税法正式颁布：阿里政府把手中的土地分发给部分农民使用，并且收取税款；不宜耕种的土地则免税转让给军事贵族和官吏；耕地按照作物和耕作类型收取不同的税收。阿里尤其鼓励拓展耕地，并且引入希腊等外国资本、技术发展农业。当时，英国正处在工业革命时代，纺织业飞速发展，棉花的需求猛增，阿里适时地在埃及大力推广棉花种植，甚至为经济作物种植建设大型农业水利设施。阿里政府为农民提供种子、农具等，农民则以农产品抵税上交给政府，从而实现了农业上的“国家垄断”。大批棉花集中到政府手中，通过统筹管制出售换取经济发展的必需资金，当然这个过程和许多资本的原始积累一样，在埃及的贫困农民身上榨取诸多。

有了农业打底，阿里开始探索埃及工业化：一方面，结合埃及的经济作物种植优势，引进西方技术建设起纺织业、制糖业等轻工业；另一方面，作为军事强人起家的阿里着力发展军事工业，兵工厂、造船厂和火药厂拔地而起，为埃及接下来的军事发展提供了坚实的支持。但贫困落后的埃及在许多方面不得不依靠西方，这也为将来的败落埋下了伏笔。

有了硬件，阿里开始提升软件，首先是整顿旧制军队和扩充新军。阿里镇压了军队

⊙ 塞夫。埃及人称其为“苏莱曼帕夏”，他成为阿里得力的军事顾问

中既得利益势力的反叛，正式创办由法国籍军事顾问负责的阿斯旺步兵学校，并在埃及土著居民中招募新军以替代原本的马穆鲁克雇佣军。在这一过程中，出生于法国里昂的法国籍军官塞夫（Joseph Anthelme Sève，1788—1860）给予了他诸多协助，这位皈依伊斯兰教的原拿破仑帝国的军官成为阿里的得力助手。埃及又在亚历山大港建设造船厂，打造出了红海和地中海两支舰队。到1839年，埃及成为一个拥有23万多人的陆军、32艘船只的海军的军事大国，在军事实力上不但笑傲中东，甚至还可以和宗主国奥斯曼帝国分庭抗礼。

埃及势力的崛起是多方面因素共同作用的结果，首先是钻了欧洲大战的空子。阿里上台的1805年，恰恰是法国拿破仑称帝以后的第二年，欧洲各大国——英国、俄国、奥地利、普鲁士——都在为这个欧洲大陆上新崛起的帝国头疼不已，频繁的战争让欧洲殖民大国暂时无暇应付崛起的埃及；而在拿破仑战争告一段落以后，欧洲人又要应付法国大革命的余波，神圣同盟在欧洲到处行动，扑灭革命的火焰。阿里得以能借此运用欧洲人的技术和人才，比如埃及人的步兵学校、炮兵学校、医学学校等，就聘用了大批1815年拿破仑下台后失业的法国军人，以他们的丰富经验和技术来培育埃及的人才。

⊙ 法国人安东尼·克洛（Antoine Clot，1793—1868）。埃及称其为“克洛贝伊”，他协助阿里建立了医院和医学教育设施

其次是宗主国奥斯曼帝国的衰落。19世纪初的奥斯曼帝国面临着巨大的危机，与阿里统治前期同时的奥斯曼苏丹马哈茂德二世（Mahmud II，1808年—1839年在位）在位期间压力巨大，这位苏丹是通过宫廷政变上台的，在上台之初他就面临着加尼沙里军团数次叛乱的威胁。加尼沙里从15世纪开始逐渐掌握住了奥斯曼帝国的核

心权力，渐渐成为一个尾大不掉的既得利益阶层。这支军队在19世纪初的典型特点是外战外行，内乱内行。在对俄国的战争中，由于其内部的腐败，屡战屡败；而在内部只要有人触动他们的利益，他们就会群起而攻之。苏丹任命的大维齐阿朗达尔·穆斯塔法帕夏（Alemdar Mustafa Pasha）试图建立新军，加尼沙里果断发动叛乱，在1808年11月杀死了大维齐尔，令马哈茂德的军事改革胎死腹中，甚至其帝位也岌岌可危。到1826年，马哈茂德再度建立新军，并在6月15日以忠诚于苏丹的炮兵团血腥镇压了加尼沙里的再一次叛乱，并且对加尼沙里的残余势力进行跨省追捕，此次一举扫除了300年的积弊，苏丹终于可以放手自由地组建一支忠于苏丹的近代化新军了。但马哈茂德二世要做的事情仍然有很多：改革奥斯曼帝国的政府机构，打击官僚体制和贪污腐败；加强对行省的控制，削弱大贵族的传统势力；弱化宗教势力，增强苏丹的中央集权；在这其中，还要斡旋于对帝国虎视眈眈的俄国和不断挑唆帝国境内分离势力的西方大国之间。可以说，作为一个已经建国数个世纪的大国，奥斯曼帝国的积弊实在是太厚重了，并不是这一位励精图治的苏丹一朝一夕能够彻底改变的。

⊙ 马哈茂德二世

第三就是地区局势的变化。在19世纪初，奥斯曼帝国庞大的领土内部出现了足以影响后世的巨变。这种巨变无论对马哈茂德二世统治下的奥斯曼帝国，还是对穆罕默德·阿里统治下的已经进入半独立状态的埃及，都是一场劫难的开端。

四、希腊之殇

1821年的希腊独立战争是奥斯曼“帝国之癌”的开端，它揭开了这个庞大帝国土崩瓦解的序幕。而阿里统治下的埃及，在这场充满了热血也充满了阴谋的革命中，起到了极其重要的作用，这也为土埃关系的转折埋下了伏笔。

⊙ 19 世纪 30 年代的神庙绘画。图中真实地反映了当时帕特农神庙的景象——中间有一座奥斯曼风格的清真寺

希腊，是最早被奥斯曼帝国征服的地区之一。早在 1446 年，奥斯曼帝国就入侵了伯罗奔尼撒半岛，是时，奥斯曼人还没有占领君士坦丁堡。1453 年拜占庭帝国覆灭后，希腊人失去了最后的精神寄托，爱琴海诸岛和伯罗奔尼撒半岛北部相继被穆罕默德二世征服。1459 年，奥斯曼军队进入了古老的雅典城，在后来的雅典卫城帕特农神庙残骸中央，一度出现了一座清真寺（后来在希腊独立后对帕特农神庙的修复中被拆除)，到 1460 年，希腊已经成为奥斯曼帝国的一部分。

在奥斯曼帝国日渐衰落的背景下，对希腊的管辖也日渐松弛，地方官吏逐渐腐化。一个显著的例子是：1801 年至 1812 年间，英国的第七代埃尔金伯爵托马斯 · 布鲁斯（Thomas Bruce, 7th Earl of Elgin，1766—1841）通过贿赂，掠走了雅典卫城中的古希腊珍贵石雕，这就是现存于大英博物馆的埃尔金石雕。值得一提的是，埃尔金的儿子、第八代埃尔金伯爵，就是中国人熟悉的额尔金——第二次鸦片战争的英法联军统帅、洗劫圆明园的元凶，父子两代传承了文物洗劫的“事业”，确实是一段可耻的家族记录。当时的希腊，生活在土耳其人统治下的希腊人有自己的信仰——东正教，除了要向土耳其人缴纳税收外，其宗教、文化、经济生活相对自由。然而，土耳其人统治阶层的贿赂横行，敲诈勒索，让希腊人不堪其扰。特别是希腊人在长期的发展中，找到了适合他们的主要行业——航运和

⊙ 埃尔金伯爵托马斯 · 布鲁斯

⊙ 伊普西兰提斯越过普鲁特河

银行业，他们通过地中海贸易，和西欧国家维系着普遍的联系，也使西欧的革命思潮很快传播到了希腊。

就是这样的背景下，希腊的民族独立意识觉醒了，这种觉醒很快变为用武力争取民族解放的战争。1821年3月6日，希腊“友谊社”负责人伊普西兰提斯（Alexander Ypsilantis，1792—1828）率领革命者，越过普鲁特河（Pruth），在摩尔达维亚发动起义，揭开了希腊人武装斗争的序幕。虽然这一次起义很快就被镇压，但其火种却迅速传递下去。在其后的4月6日，伯罗奔尼撒半岛爆发了武装起义。起义迅速扩展到伯罗奔尼撒半岛全境及爱琴海诸岛屿以及中部希腊，惊慌失措的马哈茂德二世急忙派兵镇压，在这个时候，他才发现军队已难堪大用（马哈茂德消灭加尼沙里进行军事改革还在其后的1826年，此时镇压希腊起义的主力仍是已经腐朽到极点的加尼沙里等旧军队）。

更令奥斯曼人不安的是欧洲诸强的动向，特别是和奥斯曼人有着宿怨的俄国人。在拿破仑下台以后，欧洲诸列强在奥地利的维也纳举行国际会议，重划欧洲地图，并且彼此保证维持欧洲秩序。维也纳会议的《最后议定书》就保证了奥斯曼帝国对希腊的统治权。从维也纳体系的角度出发，希腊革命属于改变欧洲地缘政治的危险因素，必须进行镇压。因此，俄国作为当时的“欧洲宪兵”、维也纳体系下“神圣同盟”的领头者，显然应该站在奥斯曼帝国一方，坚决支持镇压希腊革命，恢复旧秩序。但俄国人自己却带着三分私心——一旦希腊人闹大，对奥斯曼帝国这个俄国南下的最大阻碍来说将是一次极大的打击。但是俄国人也不希望希腊人闹得太大，如果希腊革命进一步蔓延，又可能在欧洲各国引发出“革命的热潮”，这就不是维也纳体系的各强国所愿意看到的了。

⊙ 俄国沙皇亚历山大一世（1777—1825）。俄国在他的统治下，成为后拿破仑时代欧洲的“宪兵”

所以，俄国在私下里偷偷策划解决希腊问题的方案，特别是当1821年4月奥斯曼军队屠杀希腊东正教徒的事件发生后，俄国俨然以“希腊的东正教徒保护者”自居（在此后的巴尔干危机中，俄国不止一次故伎重演以这个身份插手中南欧事务），炮制希腊问题解决方案。在俄国人的方案中，希腊将被划分为

⊙ 身穿阿尔巴尼亚服饰的拜伦。参与希腊革命的英国诗人拜伦，被认为是英国浪漫理想主义的象征

三个公国，并继续向奥斯曼帝国纳贡，但在内政和外交贸易上维持相对独立。这显然是希腊独立运动者和奥斯曼帝国都不可能接受的方案，但却能为俄国未来势力渗透进入希腊提供便利。

英国一开始也在观望，但其后英国人就开始暗中向希腊独立势力提供协助，如诗人拜伦这样的有着自由主义思想和浪漫主义情怀的英国人，更是身体力行，跑到希腊去参与独立革命了。列强的介入让希腊的局势变得更为复杂，加上希腊革命的火焰已经蔓延至伯罗奔尼撒半岛，奥斯曼帝国不得不寻求援助了。

马哈茂德二世找到的救命稻草就是穆罕默德·阿里，埃及已经有一支相对强大的舰队，足以应付奥斯曼帝国在伯罗奔尼撒半岛和爱琴海诸岛扑灭希腊起义的需求。然而，穆罕默德·阿里却在犹豫，他深知希腊已经深陷入列强干预的旋涡，一旦他协助奥斯曼帝国镇压起义，就有可能冒着和英国、法国、俄国关系恶化的危险，这对埃及未来发展争取相对安定的外部条件极为不利。但是，轻易得罪宗主国奥斯曼帝国也并不明智，因为埃及的军事实力飞跃发展，已经引起了奥斯曼帝国的猜疑。在反复权衡后，穆罕默德·阿里决定取折中之法，同意派军队帮助苏丹占据伯罗奔尼撒半岛，条件是苏丹必须承诺阿里得到克里特岛、大马士革、的黎波里和叙利亚。1824年7月，阿里的儿子易卜拉欣（Ibrahim Pasha，1789—1848）率领军队跨越地中海，抵达希腊水域。次年，埃及军队占领了雅典。

⊙ 阿里和儿子易卜拉欣

在这种情况下，西方列强迅速行动起来，1827年7月6日，英国、法国、俄国签订了《伦敦条约》。该条约承认英、俄双方前一年在圣彼得堡签署的议定书生效，即支持希腊成为奥斯曼苏丹统治下的自治区域，主张由西方列强保护希腊，并派出联合舰队武力“调解”。这意味着西方大国正式开始介入希腊革命。

在这场联合干预中，英国、法国和俄国是各怀鬼胎。英法考虑到未来巴尔干的局势，不希望俄国在希腊的势力坐大，因此英国舰队司令科德林顿（Edward Codrington，1770—1851）的任务是尽可能避免削弱奥斯曼帝国的力量，迫使奥斯曼帝国接受西方的条件。而俄国人则希望狠狠打击奥斯曼帝国，为未来俄国人进一步插手巴尔干提供便利。不过，科德林顿并不是一个合适的谈判人选，他是一个纯粹的海军军人，缺乏外交经验。在希腊人接受暂时停战后，他的主要任务就是迫使奥斯曼帝国的军队也接受《伦敦条约》。

⊙ 英国舰队司令科德林顿

但这一任务却失败了。1827 年 10 月，英法俄联合舰队和土埃联合舰队在希腊伯罗奔尼撒半岛西南端一个名为纳瓦里诺（Navarino）的海湾中遭遇，科德林顿谴责易卜拉欣违背了《伦敦条约》要求的停战协议，他拒绝了奥斯曼舰队要求联军离开港湾的要求，并且威胁奥斯曼舰队如果敢对驶入港湾的英法俄联合舰队开火，就将被消灭。炮舰政策加上拙劣的外交手段，以及双方的互不信任很快令交涉失败。是时，英法俄联合舰队已经占据了战位，并且分配好了战斗目标：英法对阵敌左翼，俄军对阵敌中右翼。下午 1 时交涉开始，到下午 4 时，英法俄联军已经击败了土埃舰队。奥斯曼苏丹的地中海舰队不复存在，埃及海军的大部分家当也化为泡影，土埃联军的 78 艘舰船中，只有 8 艘能继续航行。而 3 国联合舰队并没有船只沉没，只有俄国“亚速号”（在本次海战中表现极其出色）等少数船只严重受损，死亡 181 人，受伤 480 人。而奥斯曼舰队却付出了 3000 多人死亡的代价。这是自勒班陀海战后奥斯曼帝国对西方国家海战最惨痛的失败，也彻底扭转了希腊革命的局势。

⊙ 纳瓦里诺海战

原本在奥斯曼帝国和埃及的联合绞杀下奄奄一息的希腊独立势力开始转守为攻，而因为纳瓦里诺海战失去了海军支持的土埃联军被迫转入防御。一盘散沙的希腊人在欧洲大国的干预下，出乎意料地成为打破维也纳体系的第一个胜利者。1828 年，俄国向奥斯曼帝国宣战，俄军很快逼近了伊斯坦布尔。英法为遏制俄国，促使奥斯曼帝国迅速和各方和谈。1828 年 9 月 14 日，土、俄签署《埃迪尔内合约》，奥斯曼帝国允诺在每年获取贡税的前提下承认希腊独立。1830 年 2 月，英、法、俄共同签订了《伦敦议定书》。随后，奥斯曼帝国接受该议定书，承认了希腊完全获得独立。

希腊独立虽然是希腊民族的一次解放运动，但是却打开了一个潘多拉魔盒。如果没有列强的干涉，希腊独立运动本身是不会成功的，因为希腊独立运动内部都是一盘散沙，各自为战，彼此之间还有很深的矛盾，这在埃及军队进入希腊以后就可以看出。如果不是列强干预，希腊独立运动最可能的结果就是被土埃联军血腥镇压。但纳瓦里诺海战和俄国对奥斯曼帝国的宣战彻底改变了历史，希腊人实现了“变不可能为可能”。这是一个“榜样”，巴尔干半岛上被奥斯曼帝国统治的诸民族——塞尔维亚、波斯尼亚、黑塞哥维那、黑山、保加利亚等在其后都把希腊独立运动作为自己的一个范例，从而揭开了欧洲火药桶巴尔干的盖子。列强则为了各自的利益，明里暗里扶植推动巴尔干诸民族的独立运动，又互相倾轧，使奥斯曼帝国的欧洲领土陷入了复杂的争夺中。在这其中，俄国和英法的矛盾显得尤其突出，他们在希腊独立运动中就对是否要彻底削弱奥斯曼帝国和争夺近东地区的主导权方面产生了深刻矛盾，这成为后来克里米亚战争的远因。奥地利和后来新兴的德国也趁火打劫，不断插手，使这一地区的局势日益复杂。在奥斯曼帝国逐渐衰落难以控制的情况下，巴尔干终于成为一个地区焦点。

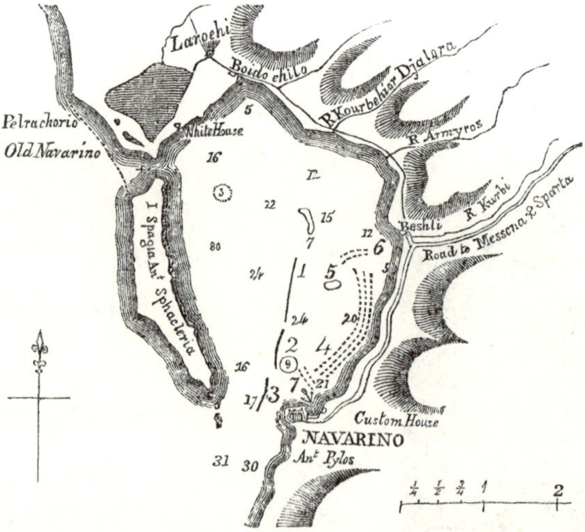

⊙ 纳瓦里诺海湾地形图

埃及援助奥斯曼帝国镇压希腊独立运动的代价也是高昂的，穆罕默德·阿里的海军建设成就毁于一旦。他不得不再起炉灶，重新开始，到 1839 年左右才得以重建埃及海军力量。这一次失败使阿里和宗主国奥斯曼帝国之间的矛盾开始激化，他们争论的焦点就是今天仍然战火纷飞的叙利亚。

五、土埃战争

穆罕默德·阿里对叙利亚垂涎已久，他的野心是建立一个不亚于当初马穆鲁克埃及的大埃及帝国——横跨埃及、苏丹地区、阿拉伯半岛的埃及帝国，为此，穆罕默德·阿里在埃及改革初见成效以后，就开始穷兵黩武。

阿里的第一步是协助奥斯曼帝国苏丹马哈茂德二世镇压瓦哈比（Wahhabi）教派的反叛，该教派由穆罕默德·伊本·阿卜杜拉·瓦哈卜（Muhammad ibn Abd al-Wahhab，1703—1792）创立，并且得到了阿拉伯半岛德拉伊耶（Diriyah）的酋长穆罕默德·伊本·沙特（Muhammad ibn Saud，？—1765）的支持。在瓦哈卜去世以后，沙特家族的第二代阿卜杜拉·阿齐兹（Imam Abdul Aziz bin Muhammad bin Saud）成为政教合一的领袖。在18世纪末到19世纪早期，沙特家族领导的瓦哈比教派迅速扩张，逐渐占领了阿拉伯半岛的诸多区域。1801年，他们占领了什叶派圣地卡尔巴拉（Karbala），并毁坏了卡尔巴拉的什叶派清真寺（瓦哈比派属于逊尼派）。随后，他们占据了半岛的汉志（Hejaz）地区，包括圣地麦加和麦地那。奥斯曼苏丹作为“圣地的保护者”，则必须站出来收回圣地，因为这几乎关系着奥斯曼帝国“哈里发”的统治正当性。但是，奥斯曼帝国在军事改革之前，几乎派不出可靠的军队前去镇压，而周边的巴格达、大马士革等地的奥斯曼总督也难堪大用。马哈茂德二世不得不求助于最接近阿拉伯半岛也是帝国境内最强大的一支地方势力——阿里统治下的埃及。

这正合阿里的心意。野心勃勃的阿里在1811年接受苏丹马哈茂德二世的要求，出兵进攻阿拉伯半岛，但这一次的战争却出乎阿里意料地艰难，即便埃及人使出软、硬两手，依然花费了1年时间才把瓦哈比派赶出了圣地。阿里又通过海路将军队大批运往阿拉伯半岛，甚至率军亲征，迫使沙特家族降服于奥斯曼帝国。然而在1816年，就在阿里撤回埃及的第二年，沙特家族再度举兵。阿里的儿子易卜拉欣担起了重新镇压的重任，他采取野蛮的烧杀劫掠的政策，对汉志的都城德拉伊耶采取了连续数个月断水绝粮的围困。最终，沙特家族的继承人阿卜杜拉·本·沙特（Abdullah bin Saud，阿卜杜拉·阿齐兹之孙）被擒获，后被押解到伊斯坦布尔处死。所谓的“沙特第一王国”至此灭亡，汉志和圣地也落入了埃及手中。

苏丹马哈茂德二世肯定不满意这样的结果，求助于埃及虽然是无奈之举，但也是“前门驱狼，后门进虎”的举措。对苏丹马哈茂德二世来说，圣地掌握在瓦哈比派手里和掌握在阿里手里不过是百步和五十步的区别。更令他忧虑的是，阿里的埃及正在继续对外扩张。

1820年，穆罕默德·阿里突然派遣军队南下尼罗河上游，两年以后在尼罗河支流汇合处，埃及人建立起了一座城市——喀土穆，这成为埃及人在苏丹的统治据点。1830年，埃及人任命了一位苏丹总督，正式标志着穆罕默德·阿里已经吞并了这个盛产黄金和奴隶的国度。一个南到苏丹、东到阿拉伯半岛、西到阿尔及利亚的庞大的埃及帝国，正在奥斯曼帝国的母体中孕育。

这引起了马哈茂德二世的警惕，虽然在镇压希腊革命时，苏丹允诺给阿里叙利亚、克里特岛等领土，但在埃及付出了一个舰队的代价后，却翻脸不认人，只答应给克里特岛。叙利亚这样的禁脔是苏丹无论如何都不会答应放手的，这惹怒了穆罕默德·阿里，他决定自己用武力夺取叙利亚，这就是所谓的“第一次土埃战争”。

或许埃及人自己都有点儿意料之外的是：这一次战争实在太顺利了。穆罕默德·阿里沿着当年土耳其人吞并马穆鲁克埃及的路线逆向而行，1831年10月埃及人借口追击叛乱分子，派遣规模宏大的3万大军，堂而皇之地杀过了西奈半岛，气势汹汹而来。拿破仑曾经陆续占领过的加沙、雅法相继被占领，阿克城也被包围。而土耳其人则显得有点儿反应迟钝，苏丹到第二年4月才下令革除穆罕默德·阿里及其子易卜拉欣帕夏的职务。但埃及军队已经在叙利亚势如破竹，4月14日易卜拉欣帕夏击败了1.5万人的奥斯曼帝国军队，并在随后的5月27日攻陷了阿克城。大马士革在随后的6月14日陷落，大批的叙利亚地方势力，如同当初从马穆鲁克埃及倒向奥斯曼帝国一样，从奥斯曼帝国宇下倒向阿里，足见奥斯曼帝国在叙利亚的统治基础是多么薄弱。在收服了大批“墙头草”以后，易卜拉欣前进到了安纳托利亚的门户胡姆斯（Homs）和阿勒颇，土耳其人在胡姆斯附近丢下4000多具尸体狼狈而逃，而埃及人只伤亡了百人。7月9日、17日和28日，胡姆斯、阿勒颇、安条克相继陷落，安纳托利亚不但向埃及人敞开了大门，甚至已经接纳了埃及人。

奥斯曼军队的不堪一击在意料之外，却又在情理之中。马哈茂德二世刚清洗了加尼沙里和其他旧军队，新军事改革打造的军队尚未形成战斗力。也就是说，穆罕默德·阿里凑巧碰上了奥斯曼帝国最薄弱的时间点，打了马哈茂德二世一个措手不及。

1832年12月，易卜拉欣率领大约2.7万人在安纳托利亚中部的科尼亚（Konya）遭遇了奥斯曼帝国5.4万人的大军，战场的大雾使奥斯曼帝国的人数优势尽失。易卜拉欣敏锐地察觉到了敌方左翼的漏洞，率领军队首先猛攻左翼，把敌人赶入附近的沼泽地。不明白发生什么情况的奥斯曼帝国主将大维齐尔拉希德帕夏（Reşid Mehmed Pasha，1780—1839）迅速赶到左翼，结果被埃及人包围并俘虏。群龙无首的奥斯曼军在大雾中陷入了混乱，很快就被人数少但更为精锐的埃及人各个击破。科尼亚的陷落，意味着埃及军队接下

⊙ 科尼亚。这座在第一次土埃战争中发生过重要战役的城市，今天以土耳其梅夫拉维教团闻名，而成为重要的旅游城市

来可以挥兵直指伊斯坦布尔。此时，恐慌的已经不止奥斯曼苏丹马哈茂德二世了。

西方大国为了维持住奥斯曼帝国，不让强盛的埃及成为奥斯曼帝国的替代物横亘在他们通向东方的道路上，使出了浑身解数。英国人首先跳出来，要求各大国"维护奥斯曼帝国的完整"；希望趁机除掉南进路上障碍的俄国人甚至主动出击，把舰队开进了博斯普鲁斯海峡，美其名曰为奥斯曼帝苏丹守护伊斯坦布尔。埃及军队在前进到屈塔希亚（Kütahya）时，就停下了脚步。穆罕默德·阿里不愿意在重大问题上随意和西方大国撕破脸，于是在占据优势的前提下，接受和谈。

⊙ 易卜拉欣帕夏

1833 年 4 月，埃及和奥斯曼帝国在列强的"调停"下签署了《屈塔希亚条约》。奥斯曼帝国苏丹撤销了对阿里和易卜拉欣的撤职令，承认埃及对阿拉伯半岛、克里特岛的管辖权，同时，将叙利亚和阿达纳（Adana）授予阿里，任命易卜拉欣为大马士革、阿勒颇等地的总督；埃及则承认奥斯曼的宗主权，并从安纳托利亚撤军。

就这样，到 1833 年从希腊独立战争的伤口中复原的埃及成为中东地区的大国，其领土南及苏丹，东到汉志，横亘在地中海世界和印度洋之间，军事实力超过了其宗主国奥斯曼帝国，成为令列强侧目的地区大国，也是列强觊觎的香饽饽。

《屈塔希亚条约》并不是一个“平事”的条约，而是一个“惹事”的条约。埃及没有达到脱离奥斯曼帝国的战略目的，奥斯曼苏丹也付出了大量代价。在事后便很快寻求俄国的协助，苏丹和俄国在1833年秘密签署了《温卡尔 - 伊斯凯莱西条约》（Treaty of Hünkâr İskelesi，又译《安吉阿尔 - 伊斯克利西条约》）。在条约中有秘密条款，俄国沙皇承诺和奥斯曼帝国实现军事互助，在奥斯曼帝国卷入战争时进行援助；作为回报，奥斯曼苏丹同意在战时向俄国舰队开放达达尼尔海峡和博斯普鲁斯海峡，并禁止他国舰队进入。这一条款自然让英国和法国十分不满，成为后来英法在奥斯曼帝国问题上向俄国发难并引发克里米亚战争的滥觞。

解开俄土亲密关系之结的关键在埃及，明眼人都看得出来，苏丹的这一次亲俄举动针对的是穆罕默德 · 阿里。在奥斯曼帝国有切身利益的英国立刻上蹿下跳地行动起来，要求阿里向奥斯曼苏丹让步，拒绝了阿里提出的独立要求，并建议阿里在保证埃及的世袭统治权的前提下，将其占领的其他土地归还给奥斯曼帝国。这显然是阿里所不能同意的条件。英国转身又和奥斯曼帝国签署了自由贸易协定《巴尔塔李曼条约》（Treaty of Balta Liman，1838年8月）：奥斯曼帝国给予英国人参与其境内贸易的自由，并且放弃特定产品的专卖权，允许英国人直接从奥斯曼帝国生产者手里收购；奥斯曼帝国政府对英国进口商品征收5%的关税，出口商品征收15%的关税，此外一律免除税收。这对正在进行工业革命的英国来说，是一次打入并掌握奥斯曼帝国市场的绝佳机会。而相对的，奥斯曼苏丹也获得了英国人的支持，使他有底气向埃及再度宣战。

1839年4月，奥斯曼苏丹马哈茂德二世正式宣布征伐埃及。阿里迅速派出易卜拉欣指挥军队在叙利亚组织防御，5月和6月，埃及军队在内兹卜（Nezib）两次击败了兵力占据优势的奥斯曼军队，很快又一次杀入了安纳托利亚。同时，奥斯曼帝国派出的舰队在中途转向，驶入了亚历山大港，投奔阿里。

7月，马哈茂德二世去世。奥斯曼帝国面临着十分严峻的战争局面，此时西方列强开始趁火打劫，打着维持地区局势的幌子，明目张胆地介入战争中。

英国是这一场战争中跳得最起劲的一个大国，英国人拉拢了俄国、奥地利和普鲁士3个大国，于1840年7月15日和奥斯曼帝国达成了《伦敦协议》。协定规定：埃及是奥斯曼帝国的一个行省，由穆罕默德 · 阿里家族世袭统治，同时给予阿里阿克城的统治权；埃及军队必须从其占领的诸领土克里特岛、叙利亚、汉志、阿达纳等地撤退；埃及必须效忠于奥斯曼苏丹，并在苏丹的法令下行事。列强同时允诺，如果阿里拒绝这些条件，列强将集体采取行动，行使武力干涉。

《伦敦协议》为阿里的帝国敲响了丧钟，1840年8月，在最后通牒无效的情况下，英国地中海舰队派出的查尔斯·纳皮尔（Charles Napier, 1786—1860）准将率领舰队轰炸贝鲁特。9月，俄国、奥地利和奥斯曼帝国舰队配合英军，在贝鲁特登陆。同时，易卜拉欣的叙利亚统治引发了叙利亚民众叛乱，迫使易卜拉欣撤出了叙利亚。英国和奥地利舰队继续南下，围攻亚历山大港，原本支持阿里的法国考虑到自身利益，也不愿意和英、俄、奥、普诸强同时开战。阿里坐困愁城，被迫屈服。

⊙ 苏丹阿卜杜勒·迈吉德

1841年1月，奥斯曼帝国苏丹阿卜杜勒·迈吉德一世（Abdülmecid I，1823—1861）在列强的敦促下发布命令，要求穆罕默德·阿里将帕夏职务传给家族成员，允许阿里保留苏丹地区的统治权，裁减埃及军队至1.8万人，禁止埃及在未经允许的情况下建造军舰，埃及必须每年向奥斯曼帝国纳贡。7月，英、法、俄、奥、普等国再度和奥斯曼帝国签署《伦敦条约》。该条约将《温卡尔-伊斯凯莱西条约》中俄国取得的利益取消，禁止任何外国舰队进入博斯普鲁斯海峡和达达尼尔海峡。英法在这一次奥斯曼帝国和埃及之间的战争中成为最大的获益者。

而这场战争的最大输家无疑是埃及，穆罕默德·阿里丢失了除了苏丹地区和阿克城以外所有占领的领土，退守埃及，埃及改革的成果也毁于一旦。在阿里以后，埃及已经失去了对抗奥斯曼帝国的能力，也同样失去了抵抗列强觊觎的能力。

六、苏伊士运河闹剧

后阿里时代的埃及掌控在穆罕默德·阿里家族的后裔手中，但也摆脱不了奥斯曼帝国的束缚。埃及先后由易卜拉欣、阿巴斯·希里米（Abbas Hilmi I Pasha，1812—1854）和穆罕默德·赛义德（Muhammad Sa'id Pasha，1822—1863）三位帕夏统治，到1854年赛义德接替埃及总督时，一起即将影响埃及的重大事件发生了。

在15世纪末开始的欧洲大航海运动中，欧洲人为了寻找绕过近东地区前往东方的

⊙ 赛义德

新航路，进行了多年的探索，其中由葡萄牙航海家达·伽马发现的、绕过非洲南端进入印度洋前往印度和东方的航线，被认为是最具有经济效益的。但逐渐掌握世界经济主导的欧洲人不满足于此，随着奥斯曼帝国的逐渐衰落，一个更有效益的方案浮出水面——在地中海和红海之间的苏伊士地峡开凿一条运河，可以大大缩短通向东方的道路，这也是欧洲列强对埃及这片土地孜孜以求的原因。

首先把苏伊士运河方案付诸实施的是法国人，在这个运河方案中，法国人至少有三大优势。

第一是法国人在苏伊士运河计划中起步较早。早在拿破仑占领埃及期间，法国人就对红海和地中海之间的区域进行了广泛测绘。虽然测绘结果引向了错误结论，但毕竟为后来的建设提供了丰富数据。法国人还借所谓传教的便利，对苏伊士地区进行反复考察，组建苏伊士运河研究会，探索开凿运河的可能性，积累了丰富的经验。

第二是法国和埃及有着传统的良好关系。在拿破仑撤出埃及以后，阿里改革所依赖的技术、人才和资金大部分来自法国，法国资本早已经渗透了埃及的许多领域，这为苏伊士运河的投资奠定了基础。

第三是法国人和埃及的宗主国奥斯曼帝国拥有良好关系。法国早在16世纪就和奥斯曼帝国形成了一个“跨宗教信仰”的传统同盟关系，以共同对抗哈布斯堡王朝的神圣罗马帝国。而在19世纪，法国在奥斯曼帝国的影响力不断扩大，尤其是法国皇帝路易·波拿巴掌握权力后，致力于恢复法国在近东的权益。法国在“圣地保护”问题上，打着“天主教徒保护者”的旗号，向东正教国家俄

⊙ 19世纪的苏伊士运河

国发难，争夺以耶路撒冷为中心的黎凡特地区。同时，和英国联合，在奥斯曼帝国的海峡问题上共同对抗俄国，发动了1854年的克里米亚战争，成功削弱了俄国对奥斯曼帝国的影响。另一方面，从1839年开始，奥斯曼帝国开始了大改革的坦齐马特（Tanzimat）时代。在苏丹阿卜杜勒·迈吉德及其继任者的主持下，奥斯曼帝国开始对军事、政治、法律等各个方面进行改革，改革既促进了奥斯曼帝国的“续命”，同时使大批西方资本进入帝国，控制了帝国的铁路、银行、码头、矿产。其中，法国的技术指导在改革中起到了很大的作用，这使得法国人拥有了对奥斯曼帝国政府施加影响的能力。

在这样的背景下，1854年11月，一个叫斐迪南·德·雷赛布（Ferdinand de Lesseps，1805—1894）的法国人拿着苏伊士运河方案到了埃及，谒见新任总督赛义德，希望获得后者的支持。

⊙ 雷赛布

雷赛布出生于法国凡尔赛，他的家族是法国显赫的外交家族。他早年曾被派遣往意大利、葡萄牙等地历练，从1828年开始，他来到突尼斯和阿尔及利亚，从此和非洲结下了缘分。在其后的1832年，他成为法国驻亚历山大港的副领事。在埃及任上，他开始致力于开凿苏伊士运河的事业。

雷赛布凭借自己在埃及的人脉关系和三寸不烂之舌，加上他和新总督赛义德良好的私人关系，很快说服了赛义德。埃及在11月30日就决定给予雷赛布特许权，授予雷赛布建立公司开凿运河的权利，并主张埃及有权否决公司成立过程中影响经营策略的变动并提名负责人。实际上，这一特许将苏伊士运河的开凿权利给了一个私人公司，并不涉及埃及和法国政府之间的官方关系。

但这一特许让英国人坐不住了，在英国看来，授予雷赛布公司特许权，无疑是把苏伊士运河让给了法国；法国在不久的未来，将借助运河垄断相当一部分的东西方交通。这一大口香饽饽平白无故地被宿敌法国吞了，这让英国人眼红不已。但由于当时英法正共同在克里米亚对抗俄国，不好意思和法国盟友公开撕破脸，于是英国人私下运作，要求奥斯曼苏丹拒绝批准这一合同。

在这样的情况下，雷赛布又亲自去了伊斯坦布尔，一方面面见大维齐尔雷希德帕夏（Mustafa Reşid Pasha，1800—1858），希望这位协助苏丹推动改革的重臣给予协助；另一方面也面见英国驻土大使斯特拉福德（Stratford Canning, 1st Viscount Stratford de

Redcliffe，1786—1880)，希望获得英国的谅解。此时，拿破仑三世也看到了苏伊士运河的巨大商机，法国政府从一开始的不干预政策转向积极投入。正寻求安定局面的奥斯曼苏丹决定两不得罪，采取拖字诀静观英法之间的博弈。

就在英法在伊斯坦布尔互相扯皮的时候，埃及方面却加快了脚步。埃及总督赛义德相信雷赛布的方案对埃及有利，一旦运河开通，埃及的获利能为未来埃及摆脱奥斯曼帝国的统治提供帮助。所以，埃及人迅速和雷赛布确认了运河公司的预算表。到1866年，埃及已经和法国人就工程用地、淡水渠等转让达成了协议，并且允许公司雇佣埃及劳工施工；同时规定，苏伊士运河公司拥有运河99年的运营权，从运河通航日开始计算。苏伊士运河公司同时获得了运河周边两公里土地的采矿权，并享有免税权利。在运营期间，运河公司可以向过路船舶收取不高于10法郎的税，其收益的75%归属运河公司，埃及政府能分润15%，剩余10%归属运河建设者所有。

1857年，苏伊士运河海运公司正式成立，开始向全世界抛售股票，法国和埃及分别买下了运河公司52%和44%的股票。1859年4月，在英国反对、奥斯曼帝国尚未批准的情况下，苏伊士运河强行动工建设。法国政府协助雷赛布通过劳工法令，强行征发劳工；工程十分原始，劳工必须用锄头、铁锹等工具甚至直接用双手挖掘；施工环境的恶劣、沙漠酷热和疾病流行，导致了12万埃及人在10年的施工中死亡。到1879年11月，北起塞得港、南到苏伊士的苏伊士运河正式通航，使得西欧航船前往印度洋的航程缩短了至少5500公里，这是一个划时代的事件。

⊙ 英国首相狄斯累利。他在英国占据苏伊士运河方面有很大的功劳

有趣的是，开通苏伊士运河的雷赛布还是世界上另一条重要的交通命脉——巴拿马运河的首先开凿者。1879年，雷赛布从哥伦比亚政府手里拿到了运河开凿权。1881年成立了法国巴拿马运河公司进行开凿，然而在开凿过程中，因为经营不善，公司内部贿赂成风，在1889年宣告破产。此时，运河只开凿了三分之一。而看到商机的美国人趁机廉价收购公司股份，1914年完成了巴拿马运河工程。这一工程同样血泪斑斑。

苏伊士运河的开通，并没有给埃及人带来想象中的巨大利润，相反，埃及因为运河开凿而陷入了财政危机。在整个运河工程中，除了提供人力，埃及还为购买运河股份、挖掘淡水渠、回收利权、购买土地等多方面开支支出了1680万镑，这对本来就财政捉襟见肘的埃及政府来说是雪上加霜。到1875年，埃及总督伊斯梅尔（Isma'il Pasha，1830—1895）被迫把名下的公司股份转让，英国首相狄斯累利（Benjamin Disraeli，1804—1881）以敏锐的眼光看到了其中的商机，于是他甚至不等国会批准就果断出手向银行家借款买下了这部分股份，因此英国后来逐渐成为苏伊士运河的最大股东。埃及为他人作嫁衣裳，因为苏伊士运河的风波，进一步遭到了西方资本的渗透。

七、最后绝唱

苏伊士运河成为压死埃及这头骆驼的其中一根稻草。事实上，埃及在后阿里时代，已经一步一步在殖民地化的道路上越走越远。埃及的农业从阿里时代开始就走上了单纯经济作物的经营道路，棉花种植完全沦为正在工业革命的西方市场的“奴隶”。至于埃及的工业，片面发展军事工业，兼及纺织、制糖等轻工业，技术和资金上完全仰赖法国和英国。埃及的对外贸易，被卷入西方的自由贸易市场，逐渐成为资本主义世界体系的一部分。在这些因素的作用下，埃及成为一个财政破产的国家。

⊙ 赫迪夫伊斯梅尔

在这样的情况下，埃及总督（或者称“赫迪夫”，Khedive，又译赫底威）伊斯梅尔延续其祖父阿里的扩张政策，除了继续向欧洲列强举债建设近代化事业以外，他还入侵埃塞俄比亚，并协助奥斯曼苏丹镇压起义，仍然试图从另一个方向恢复阿里的“帝国梦”。这些好大喜功的活动进一步加深了埃及的财政危机。到1876年，在英法的主导下，埃及政府对债务进行了核算，总债务达9100万镑，埃及人要花上65年才可以全部还清。1878年，埃及组建了由欧洲人为主体的新内阁，这成为埃及的实际执政者。在这个内阁中，掌握财政的是一个英国人，掌握公共工程并兼管铁路和邮政的是一个法国人，政府各部门大批任用外籍人员，被称为“欧洲人内阁”。

欧洲人内阁的出现，标志着埃及开始走向半殖民地化。而在随后，法国血腥征服了

⊙ 奥拉比

阿尔及利亚，入侵突尼斯，埃及近邻开始遭受西方殖民者的侵略。埃及的下层军官和部分开明人士开始酝酿民族运动，以挽救埃及即将到来的民族危机，而他们的代表人物是艾哈迈德·奥拉比(Ahmed ‘Urabi，1841—1911)。

早在1879年，埃及就诞生了“祖国党”，这一民族主义党派宣扬“埃及是埃及人的埃及”，后成为领导埃及独立运动的核心。而在欧洲人内阁统治下受到不公待遇的中下层军官成为祖国党的中坚力量，他们是最早接受西方教育的埃及人，也是掌握埃及军事力量的人物。其中，当时还是中校的奥拉比因为善于演说鼓动，积极为下层军人争取权益，而逐渐成为祖国党的领袖人物。1879年11月，奥拉比被选举为祖国党主席。

1881年1月，奥拉比联合祖国党主要人物，向赫迪夫穆罕默德·陶菲克（Muhammed Tewfik Pasha，1852—1892）发起请愿，要求撤换侵犯军队权益的陆军大臣。2月1日，奥拉比在陆军部被诱捕，愤怒的军人冲进陆军部，把奥拉比营救出来。陶菲克见众怒难犯，只好暂时同意罢免亲英的陆军大臣，同时酝酿将奥拉比手下的军队调离开罗。9月9日，奥拉比领导军队发动“兵谏”，迫使赫迪夫同意改组内阁。1882年2月，埃及的民族内阁组成，奥拉比在内阁中成为陆军大臣，也成为埃及民族运动事实上的领袖。

⊙ 陶菲克像

奥拉比的反西方民族主义主张引起了英国的不安，同时，失败的陶菲克也向英国人和奥斯曼帝国苏丹提出了援助要求。1882年5月，就在民族内阁执政仅3个月的时候，陶菲克公开宣称奥拉比等人是“叛乱者”。英国和法国舰队出现在亚历山大港，开始尝试武装干涉埃及民族运动。英法舰队提出解散民族内阁和流放奥拉比的要求。

此时，所有的压力都转到了奥斯曼帝国一方。

作为埃及的宗主国，是接受陶菲克和英法的诉求，出兵平定“叛乱”；还是借机回应奥拉比“效忠苏丹”的声明，借机敲掉素来看不顺眼的阿里王朝。苏丹阿卜杜勒·哈米德二世（Abdul Hamid II，1842—1918）反复权衡，6月，苏丹特使抵达了埃及，表面上是调停，实际上苏丹正举棋不定。因为一旦支持奥拉比，就意味着苏丹支持在领土内推翻总督的行动，这并不有利于苏丹的统治，如果阿拉伯半岛、叙利亚等地群起而效仿，局势就不是苏丹所能控制的了。何况奥拉比的口头效忠并不能让苏丹信服，接下来，奥拉比要做的很可能是脱离奥斯曼帝国寻求埃及的独立。而如果支持苏丹素来讨厌的陶菲克，也可能会让英法势力进一步渗透入埃及，也会让苏丹有失去埃及领土的危险。既然两者都有危险，苏丹就寻找了一个折中的方法，他想邀请奥拉比远离埃及来伊斯坦布尔，从而把这个事件平息下去。

⊙ 阿卜杜勒·哈米德二世。因为其任期内曾血腥镇压青年土耳其党的民主改革，被称为“血腥苏丹”，后被青年土耳其党人废黜

阿卜杜勒·哈米德二世的踌躇却并没有持续多久，因为英法都不能允许苏丹再多做考虑。到7月，奥斯曼帝国被迫决定，他们站在陶菲克一方，宣布奥拉比为“叛党”。

7月11日，英国舰队突然炮轰亚历山大港。其后，英国人在亚历山大港登陆，仅仅两天时间，这座埃及的门户港口就宣告失守。后阿里时代的埃及早已经不能和列强一战，奥拉比只能以“圣战”相呼吁，希望奥斯曼帝国统治下的叙利亚、汉志等地群起响应埃及革命。而赫迪夫陶菲克则逃到英国军舰上，公开宣称英国人的行动是协助埃及“平叛”，这意味着埃及统治者开始和侵略者相勾结，联手镇压国内的民族运动。

奥拉比在亚历山大港附近构筑防线，切断了亚历山大港和开罗之间的联系，试图把亚历山大陷落的影响降到最低。但他无法说服所有人认识到运河区的重要性，因为埃及内部已经因为赫迪夫陶菲克的举动而乱成一团。就在埃及人无所适从的时候，英军迅速在8月19日从塞得港一路南下直达苏伊士，彻底控制住了运河区。

运河区的彻底失陷意味着埃及与阿拉伯半岛的联系也被切断，埃及已经成为孤岛。8月，英军从运河区越过沙漠地带向开罗进军。到9月14日，击败奥拉比防御力量的英军占领了开罗，奥拉比等人被迫投降。陶菲克在英国领事和英国军队的护卫下，回到开罗重

⊙ 被英军逮捕的奥拉比

新担任赫迪夫，埃及的阿里王朝在短暂下台以后复辟。

奥拉比在英国人操纵的法庭上慷慨陈词，指斥作为元首的赫迪夫叛国投敌。因为惧怕奥拉比在埃及人心目中的巨大声望，英国人决定将他流放锡兰（斯里兰卡），19年以后奥拉比才得以回国。

1882年的埃及革命遂成为埃及历史上一道重要的分水岭。此后，英国人对埃及进行了长期的军事占领；同时，在此后的埃及政坛上，虽然埃及名义上是由赫迪夫和内阁大臣进行统治，而实际上，操纵一切的是英国驻埃及的高级代表及英国人安插在埃及政府中的各种“顾问”“总监”。整个埃及政府随英国代理机构的指挥棒而动，这意味着埃及实际上已经脱离奥斯曼帝国，沦为英国的殖民地。到1914年，埃及正式成为英国的保护国。

对于奥斯曼帝国来说，失去埃及是一件有得有失的事情。奥斯曼帝国在整个埃及革命期间，拒绝出兵协助陶菲克，采取旁观的态度，乃是由于奥斯曼帝国内部对奥拉比有着同情的心理，而埃及局势的变动，也令奥斯曼帝国的邻近省份叙利亚、汉志等地产生了波动。出于稳定的需要，苏丹不得不做出对埃及不做大举动、竭力减小埃及事件的影响的决定，并且反复强调奥拉比对抗奥斯曼帝国法理上的地方领导人赫迪夫的举动是不合法的。但帝国的这一举动，进一步推动了埃及周边省份的离心力。另一方面，英国获得埃及，使得英国人控制了这一东西方的枢纽，为其后继续蚕食阿拉伯半岛和苏丹地区奠定了基础。而奥斯曼帝国的“得”则在于在这一事件中继续获得了列强的支持，列强继续承诺“保持奥斯曼帝国的主权完整”，这对于政权摇摇欲坠的奥斯曼帝国来说，是一剂安慰剂。其实是列强看到了奥斯曼帝国在维系近东地区稳定上的巨大作用，才竭力地维持这个帝国不倒。

在埃及历史上，除了古老的王朝外，被希腊化马其顿和托勒密王朝统治了300余年，被罗马帝国和拜占庭统治了600余年，被阿拉伯帝国统治了300余年，被法蒂玛王朝、阿尤布王朝、马穆鲁克王朝这3个王朝相继统治了500余年，而在奥斯曼帝国的治下，从1517年被征服，到1882年埃及成为英国的殖民地为止，共有365年。这虽然不是埃及历史上最长的被统治时间，但是却对今日埃及和今日中东产生了不可估量的深远影响。

堑壕战

——索姆河战役的血色回忆

作者：刘萌

引子

2016年7月5日，为纪念索姆河战役爆发一百周年，艺术家杰里米·戴勒和英国国家大剧院共同发起了一场大规模的重演纪念活动。当日，1500名身穿一战军服的志愿者出现在英国格拉斯哥街头，让人仿佛一瞬间穿越回了一战现场。这些志愿者每个人都带着卡片，并将这些卡片分发给路人，卡片上写着在索姆河战役中死去的战士的名字和去世日期。他们的行动重新唤起了公众对逝去已久的战士们的关注，但一百年过去了，在泥泞的堑壕中奋战的身影已经逐渐模糊……

不久前，我们战死沙场，
我们曾经活着，
感受过黎明和傍晚的霞光，
我们曾经为人所爱，
现在我们却长眠于战场。

一、综述

堑壕的起源难以精确查考，不过，应该可以追溯到公元前的时代。近代战术理论开始重视堑壕的用途，则是在18世纪由法国的沃班将军提出了攻城战术理论。沃班将军提倡的攻城战术理论，把堑壕称为“对抗壕”，主要是用在围攻敌人城堡的时候，挖掘堑壕来保护士兵，然后逐渐向城墙推进。虽然说理论的发展较为滞后，但实际在野战中，堑壕的应用已经相当成熟。例如，19世纪中叶的美国南北战争末期，南北联军就曾挖掘堑壕对峙；1905年的日俄战争中，在冬天两军也曾构筑阵地互相对抗，是非常标准的堑壕战。不过，从19世纪末到20世纪初这段时期，“攻击万能”论十分盛行。虽然在列强中，英军的“教范”（1905年刊行）曾经提及可以构筑堑壕来大幅强化部队的防御力，但整体来说，当时的战术理论都不太重视防御。

第一次世界大战爆发之后，敌对双方的军人才发现堑壕的可怕，只派步兵朝着“正确布置机枪阵地的堑壕”突击，无异于集体自杀。在战争开始时，大多数军队都认为这将是

⊙ 日俄战争时期的俄军堑壕，可见其较为原始的结构

一场短暂的战争，双方都想使用拿破仑时期的战略和战术。一些骑兵单位被火车送到了前线，他们的指挥官根本没有想到骑兵在密集的火力面前是毫无办法的。而这些骑兵中的大多数人从来没有上过战场。开战后只过了两个半月，战线就陷入胶着状态，双方都拼命地挖掘堑壕。堑壕贯穿比利时与法国境内，一直向北抵达北海海岸，两军数百万官兵都将会命丧在这个巨大的绞肉机内。刚开战时，德军左翼的第6集团军曾在蒙拉什到萨尔之间构筑堑壕阵地，那时的堑壕只不过是在地面上挖掘出浅浅的土沟，士兵如果站立起来，上半身就会暴露在外。1914年9月，德军右翼停止进攻，开始在埃纳河北岸的台地上构筑堑壕阵地，一开始也是相当简易的构造。不过，德军在一次又一次阻挡住协约国攻势的过程中，堑壕的结构也日益精密，最后演变为貌似现代抽象艺术作品的死亡迷宫。

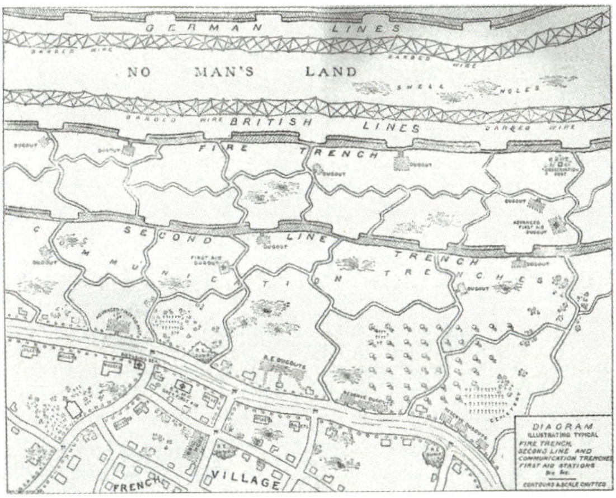

⊙ 1917年西线的一处英军堑壕阵地图，是名副其实的“死亡迷宫”

尽管堑壕的构筑方式分为英式、法式、德式等不同类型，但基本构造是差不多的。依照《教范》，正规的堑壕必须是深3米、宽2米的壕沟，按照英军的做法，最底部要设有排水沟，排水沟上面要盖上成排的名为“踏板”的排水板。挖掘壕沟时，挖出的泥土都装进沙包里，堆在堑壕的内侧与边缘上，一方面可以防止土石崩落，另一方面可以阻拦爆炸产生的冲击波。除非是特别高大的士兵，否则一般官兵们即使直立行走，也不会被敌军发现。由于第一次世界大战的堑壕挖

⊙ 1916年索姆河前线一处英军堑壕内景，可见在内墙挖出的台阶和堑壕底部的木制踏板

得相当深，士兵要想对敌方阵地射击，必须踩在内墙挖出的台阶上。此外，堑壕内还有用沙包堆成的肘垫，士兵可以靠在沙包上向外射击。肘垫的下方还挖掘出可以收纳弹药箱和手榴弹箱的坑洞，即使长时间作战，也能随时补充弹药。堑壕内墙靠友军的这一侧，同样用木板、铁皮或沙包来增加强度，避免土石崩塌，不过法军经常使用树木树枝编织成内墙。

堑壕并非只有一条，而是由好几条互相平行的壕沟组成，壕沟与壕沟之间挖有交通壕，堑壕各处还设有很多警戒哨和机枪阵地、臼炮（迫击炮）阵地互相支援。主壕沟、交通壕以及其他壕沟都是锯齿状设计，借此孤立入侵堑壕的敌军，还能避免敌军扫射时一下子杀死壕沟内的所有守军。第一线的堑壕前方还会铺设带刺铁丝网（barbed wire），起初使用的是民间常用的铁丝网，到了一战中期则进化为弹簧状的“鼓式”铁丝网。但就像上文中提到的那样，各国的堑壕还是会有一些不同的地方，比如说英式堑壕多半是由单纯的平行壕组合而成，结构比较简单。在战争刚刚开始时，英国使用了一种由三个平行堑壕组成的堑壕系统，这三个堑壕由一些交通壕连接起来。交通壕与前方堑壕的连接点是至关重要的，一般在这里都修有坚固的工事。前线堑壕内只有少量守卫部队，这些部队只在清晨和傍晚进入堑壕。70码至100码之后是支援堑壕（或称转移堑壕），当前线堑壕遭受轰炸或炮击时，里面的守卫部队就可以撤到这里。300码至500码之后是预备堑壕，里面有另一支部队，这支部队在前方堑壕被攻下后可以进行反击并夺回它。在炮火得到改善后，这种堑壕系统就迅速过时了，但是在前线某些特定地区，支援堑壕还是被保留下了，它现在的功能就是吸引火力，这样前线堑壕和预备堑壕就不会遭受太大破坏了。为了达到这个目的，战士们会将支援堑壕点上火，这样看起来就会像有人在那里。当时也建造了临时堑壕，当准备发动一次大规模进攻时，前方堑壕附近就会出现

⊙ 对一战西线战场某处的空中拍照，可见壕沟都是锯齿状设计

几个临时堑壕，这些堑壕里的步兵将会随前方堑壕内参加第一波攻击的士兵一起进攻。还有一些无人的临时堑壕延伸到了无人区里。士兵可以通过它们执行多种任务，比如在敌军铁丝网附近监听敌人动静或发动奇袭。当一个堑壕有一部分凸出到了无人区内时，一个突出部就形成了。面对突出部的敌军堑壕叫作“凹陷部”。大块的突出部对里面的士兵来说是很危险的，因为它容易三面受敌。

相比较之下，德式堑壕则尽可能使用混凝土予以强化，机枪座有混凝土碉堡来保护。德式堑壕阵地更像是经过精心设计的迷宫，连战线的后方都设有拦阻壕和铁丝网，可将敌军逼入交叉火力网中一举歼灭。除此之外，堑壕内还设有官兵的营房、厕所和急救站等各种支援设施。在前方堑壕后面几千米，通常有至少两个部分完成的堑壕，在前方士兵撤退时它们就会被用到。德国人经常挖一些多余的堑壕系统，在1916年的索姆河战役中，德国人挖了两个完整的堑壕系统，它们相距1公里，而在1公里之后还有一个部分完成的第三个堑壕系统。多个堑壕系统使协约国军队几乎不可能发动决定性的进攻。如果第一个堑壕系统的一部分被敌军占领，防守方就会从第二个系统挖一条通道到第一个系统中没有被占领的部分继续防御并抵抗。

⊙ 交通壕中的第22步兵营（加拿大）士兵。照片拍摄于1916年7月的法国前线，这个交通壕的两侧均使用沙包和木板加固

德国人的防御工事建造得非常出色，他们建造的掩蔽处和据点位于地下深处，防炮弹并且空气流通，因为德军比他们的对手更想战略性地撤退到一个准备充分的防守位置。

⊙ 一处德军堑壕。通常，德国人的防御工事建造得非常出色，重要位置均使用混凝土加固

⊙ 德军堑壕中的一处掩体特写，图中的士兵属于第26（后备）师

他们还首先采用了“深层防御战略”，即在几百码宽的前线交战区中修建一系列孤立的阵地，而不是一个连续的壕沟，每个阵地都可以为它的相邻阵地提供炮火支援。虽然进攻方可以在阵地间自由移动着躲避，他们还是会遭受防守方的纵射。英国人最后也采用了相似的工事，但是德国于1918年发动“春季攻势”时，它们还没有建造完成。这次攻势证明，即使英国人的工事已经建造完成，它们也不会起到多大作用。

敌对双方的堑壕之间的空地称为“无人区”，在不同的战场之间它的宽度也不同。在西线战场上，无人区一般宽为100码（1码=0.914米）至300码，但在维米岭战役中只有30码。在1917年3月德军撤退到兴登堡防线以后，无人区的宽度增加到了1公里以上。在加里波利之战中的澳新军团战场上，双方的堑壕相距只有15米，在这里士兵们连续不断地向对方堑壕投掷手榴弹。在东线战场和中东战场上，双方需要占领的土地面积很大，生产弹药、混凝土和铁丝网的工厂距前线也很远，所以欧式堑壕战并没有在那里出现。在阿尔卑斯山中，壕沟被修到了海平面以上3900米高的地方。这些壕沟必须要适应山上崎岖的地形、坚硬的岩石和多变的天气，有许多壕沟是位于冰川中。整条战线都由层层堑壕阵地组合而成，例如英军就把前线区域、战斗区域、后方区域这三层统称为“堑壕防御线”。

⊙ 西线英军的“堑壕防御线”

在堑壕内进行防御作战的士兵们就生活在堑壕之中，与其他战争一样，一战中士兵的最大杀手就是疾病。堑壕里的卫生条件很差，环境极度恶劣，使得“战斗之外的伤亡”大幅增加。许多士兵都遭受过寄生虫病和相应细菌、病毒的感染，知名的如西班牙流感、痢疾、斑疹伤寒，霍乱等。极差的卫生条件也使堑壕中充斥着真菌，士兵们因此会患上“堑壕嘴”和“堑壕足”。这些疾病都在官兵之间快速蔓延。另外一个主要杀手是寒冷，冬天的堑壕温度经常在零度以下，而士兵们又没有足够的衣服穿。还有参战双方都无法立即安葬死者，这导致堑壕的卫生状况进一步恶化。在前线变更之前，无人区内的尸体一直无人拖回，而在前线变更之后，这些尸体则已经变得无法辨认了。在有些战斗中，比如加利波里的尼克山谷之战，士兵们的尸体直到战后才被掩埋掉。战争结束以后，人们在耕地或建筑挖掘地基时仍然会发现新的尸体。当时的战地医疗还很落后，救命的抗生素还没有被发现，相当轻微的伤也可以因感染和坏疽而置人于死地。德军腿受过伤与胳膊受过伤的士兵分别有12%和

⊙ 梅西讷战场上阵亡德军的尸体

23% 死亡，主要的死因是感染。美军伤亡人数中的 44% 因为坏疽而死亡，在这些人中，有一半是头部受伤；在腹部受伤的士兵中，只有 1% 活了下来。一战中有 75% 的伤者都伤于炮火，炮弹弹片造成的伤害通常比子弹造成的伤害严重。炮弹弹片会将一些灰尘带进伤口，这很可能会导致感染。这些因素意味着，一个胸部中了炮弹弹片的士兵的死亡率为胸部中子弹的士兵的死亡率的 3 倍。炮弹的爆炸还可以通过引起脑震荡而致死。除了生理上的伤害，炮火还会造成心理上的伤害。长时间的炮击经常会导致士兵休克，而这在当时还没有被完全地了解。当时管这个症状叫作“弹震症”，现在通常叫作“创伤后压力心理障碍症”，人们对它了解得更多了，虽然还不是完全了解。

一旦开始下雨，堑壕内顿时就化作一片“泥海”。在反复不断的战斗和等待之后，不断有士兵出现精神问题，难以集中精神防守堑壕。所以，除非有大规模作战计划，否则部队与部队之间每隔半个月就要进行一次轮换，好让前线部队撤退下来休养生息。在没有战事的时候，堑壕内的生活是非常枯燥的，官兵们在等待即将到来的战斗时，还得思考如何消磨时间。当然，若是发起大规模攻势，就没有所谓的“无聊”可言。至于平常战情不那么紧张的时候，还是常会发生小规模的突袭，敌军也会不断朝着堑壕可以目视的区域发动炮击。要是有哪个不怕死的家伙把头伸出堑壕，就一定会遭到敌军的狙击。一战以前，只有极少数的狙击步枪配备有瞄准镜，狙击手只能借助机械瞄准具来射击。但是机械瞄准具在光线不好的情况下不管用，因此德国方面率先给招募来的狙击手和运动步枪射手发放了附有望远瞄准镜的步枪，主要是让他们在黎明和薄暮时实施精确射

⊙ 堑壕阵地的无人区内以填充干草的马皮作为掩护的德军狙击手，他们的存在沉重地打击了协约国士兵的士气

击。在德军启用了狙击手之后，因胸部和头部中弹而伤亡的英军与法军士兵越来越多，他们在经过较长时间后才认清这不是因为敌军偶然命中的或自己误射的，而是德军狙击手造成的。根据当时的报告，德国方面所取得的战果使占据堑壕的英法军队精神紧绷，士气严重低落。所以，尽管生活无聊透顶，但还是每天都和死神为伍。

堑壕中最为忙碌的就属专门的堑壕挖掘部队和工兵部队了，他们必须持续地向敌方阵地挖掘堑壕，与此同时，他们还得破坏敌军的渗透地道，简直像是不见天日的鼹鼠。挖掘堑壕有三种标准方法：地面式、延展式和隧道式。地面式，即人站在地面上向下挖掘，这种方法最有效率，因为它允许一大群人同时挖掘。但是，用这种方法挖掘堑壕的人们需要暴露在地面以上，因此它只能在安全的时间及地点，比如在后方或夜晚使用。延展式，即从壕沟的一端向外挖掘。挖掘壕沟的人不会暴露，但是这种方法只允许一个或两个人同时挖掘。隧道式，类似于延展式，只不过在挖掘时，壕沟上方还有一层“屋顶”，它在建造完成后就会被去除。英国的壕沟建造指导说，450 个人在夜间用 6 个小时的时间能挖掘长 250 米的壕沟。在壕沟建造完成之后，它还需要经常维护，以防止天气或炮火减低它的强度。在法兰德斯战场上，双方的堑壕都出现了许多问题。加拿大军队的堑壕出的问题最多，因为他们占领的都是一些低地。在大部分低地中，地下水层都位于地下 1 米左右的深处，这就意味着在这里的任何一个壕沟都会充满水。因此，法兰德斯的许多“壕沟”实际上位于地面以上，胸墙和背墙是由沙袋（里面实际上是黏土）构成。一开始，胸墙和背墙都是这样建造的，但是后来的壕沟取消了背墙，这就使后方堑壕内的士兵在前方堑壕被攻占以后可以向前射击（与其说是壕沟，反倒更像长城）。

到了一战中期，“毒气”这种新型武器对士兵的生命造成了极大的威胁。士兵们即使在站岗放哨的时候也得戴上防毒面具，而毒气消散之后，仍有部分毒气会残留在坑道或是堑壕中地势较低的地方，一不小心就会丧失性命。战争开始之初，17 岁的学生斯图亚

⊙ 法兰德斯战场上的加拿大士兵，注意其后面的水坑

⊙ 法兰德斯战场的一处堑壕，积水使得双方士兵苦不堪言

⊙ 正在享受补给品的加拿大士兵。注意这处“堑壕”实际上位于地面以上，胸墙和背墙由沙袋垒成

特·克劳特便参军入伍，两年后他目睹了索姆河战役的血腥与惨烈。克劳特回忆说：“埋葬尸体通常是不可能的。通常情况下，会把战斗中阵亡士兵的尸体用炮架运回来，但尸体越来越多，根本运不过来。我们面对的是成百上千的尸体，不仅有我们的，还有德国人的尸体。太阳照在被毒气毒死的士兵的尸体上，经常将肿胀的尸体变成蓝色，与海蓝色差不多。随着毒气排出，尸体像木乃伊一样干瘪，保持着死前的姿势，有坐着的、跪着的，绝大多数是趴在或者躺在地上。”

克劳特还回忆道：“大量尸体被遗弃在堑壕里，乌鸦啄食尸体的眼睛，老鼠爬到尸体上面。这些老鼠个头很大，胆子也大得要命，它们对尸体并不陌生，肆意侮辱践踏。在我们经常作战的阵地，尸体成为堑壕的一部分。”

堑壕战最基本的战略就是坚守住自己的堑壕，并且尝试绕到敌人后方发动进攻。这种战略一般都以消耗战为主：即将敌人的资源和兵力消耗干净而收场。但是某些雄心勃勃的指挥官还是想要通过一次决定性的战役来获得胜利，例如英军总司令道格拉斯·海格将军就一直尝试着使用骑兵来突破敌军防线。但两个主要的堑壕战战役，即1916年的索姆河战役和1917年—1918年的法兰德斯战役，在战役开始之前都被认为会很快结束，但是它们都变为了代价巨大的消耗战。许多人对堑壕战的印象都是——一群群手里端着装有刺刀的步枪的士兵，站成一排冲向无人区内密集的敌军火力（就如同斯蒂芬·伟斯曼回忆的那样）。这种战术在战争早期确实是标准的战术，但是它成功的例子却很少。更常见的战术是，士兵们在夜间通过一个深入无人区内的前哨发起冲锋，而无人区内的带刺铁丝网在那之前就会被剪断。1917年，德军首先使用了渗透战术，即使用小规模装备精良且训练有素的步兵通过攻击敌军防线的薄弱环节来深入敌人后方，但他们能够前进的距离仍然受制于补给和通讯。

⊙ 一队英军士兵正端着上了刺刀的步枪，跃出己方堑壕冲向无人区。在战争初期，步兵密集队形冲锋曾经是一种常用的战术，但损失非常巨大

炮火在堑壕战中发挥着重要的作

用：第一，杀伤敌军士兵并破坏敌军防线；第二，掩护己方步兵。在战争初期，炮兵在进攻时会先集中攻击离己方最近的敌军阵地，在这个阵地被炮击之后，远处的敌军第二条防线就会被炮击。在这个战术中，步兵经常得不到掩护，因为他们无法跟上炮击的进度。这就造成了后来的慢速推进的炮击（即“徐进弹幕射击”），运用这种战术步兵就可以紧跟着炮火前进了。在战斗中，夺取目标阵地只是成功了一半，只有守住目标阵地才是赢得了战斗。进攻方在推进时，携带的不仅有武器，还有加固堑壕的工具：沙袋、铲子、铁镐和铁丝网。在夺下堑壕后，进攻方就会立即加固堑壕并准备击退敌人的反击。德军很注重在失去阵地后立即组织起反击，这个战术在1917年给他们带来了极大的伤亡，因为英军限制了每次推进的距离以更有效地防守夺下的阵地。进攻方在堑壕战中最主要的问题就是通讯不可靠。当时的无线电通讯刚刚开始发展，所以当时可用的通信手段有电话、旗语、信号灯和信鸽。这几种通信手段都需要较长的时间，因此有许多堑壕战役都是由连级和排级指挥官指挥的。

德军“暴风突击队”及其典型的作战模式。“暴风突击队”在1918年的春季攻势中大显神威，注意他们携带的掘壕工具、MP18冲锋枪、火焰喷射器和大量手榴弹

在战争中，参战双方都在摸索着打破堑壕战僵局的方法。当新诞生的布尔什维克政权退出一战之后，德国就有能力从东线抽调部队来支援西线了。这就使德军能够从防线中抽调出一些士兵，并按照新的战术来训练他们。在一战后期，德军建立了一些精锐步兵突击部队——暴风突击队（Stormtrooper）。突击队员们装备了一些轻型工程器械、轻机枪（或冲锋枪）、迫击炮、火焰喷射器和大量手榴弹，向敌军防线的薄弱环节进行渗透或正面突击，在突破敌军要点（例如重炮阵地）后继续向前推进，然后由后续部队打扫战场。另外，德军还意识到高层长官制定的详细计划在实战中是没有用的，所以他们让基层指挥官来进行计划。这些战术在1918年德国发起的春季攻势中是非常成功的。此外，原本平静的堑壕战在坦克出现以后就被大大改变了。除了为士兵提供了装甲保护之外，它还提高了机动能力。尽管在一开始并没有多大用处，坦克还是在西线沉重地打击了德军的士气。其

街道上正在进行反坦克作战的德军士兵。作为突破堑壕战的尝试，英军坦克的出现打破了战场的平衡，但由于当时技术条件的限制，并不能像后来一样成为战争的决定力量

笨重的德军 A7V 型坦克。在一战中，坦克的任务非常明确——突破敌军堑壕

中，美军在打破僵局方面起了主要的作用。约翰·潘兴将军认为堑壕战代价巨大且毫无用处，所以他命令士兵对敌军堑壕发起直接进攻和奇袭。在一战的最后一百天里，英军终于突破了德军的防线，他们开始使用步兵与坦克及空中支援来将德军赶回德国。除此之外，坑道爆破也是一种迅速突破敌军堑壕阵地的有效方式。双方都进行了大规模的坑道爆破以求突破，但还是受到地形和诸多自然条件的限制。

所以，堑壕生活只能用“悲惨”来形容，除了待在堑壕内，就是发起大规模攻势去送死，因此官兵们都把堑壕视为“人间地狱”。

一处阵亡将士的墓地

二、武器

1. 刺刀

刺刀大约于 16 世纪出现，其英文名称来自 17 世纪法国巴约讷（Bayonne）的一场农民争执。当时的农民将小刀插入来复枪枪口内，用以袭击敌人。此发明便因其出现地而命名为“Bayonet”（刺刀）。在远东地区，根据明代书籍《兵录》记载，子母鸟铳都附有塞管式铳刀一把，当时已经组成了使用火枪的枪兵队，因为火枪为单发射击，在

越出堑壕冲锋的加拿大士兵，注意其步枪上的英联邦军队制式刺刀

李-恩菲尔德步枪和刺刀

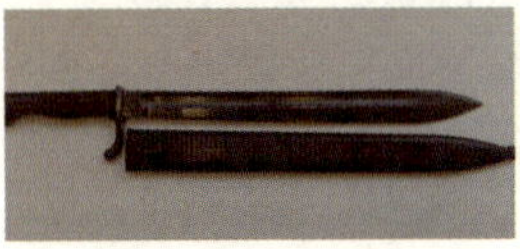

德军 S98/05“屠夫之刃”式刺刀

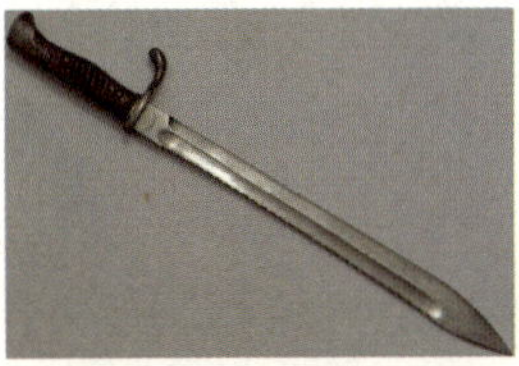

外形狰狞的锯齿版“屠夫之刃”刺刀，注意其锯齿开在刀背上。为了宣传的需要，协约国刻意夸大了这种刺刀的杀伤力

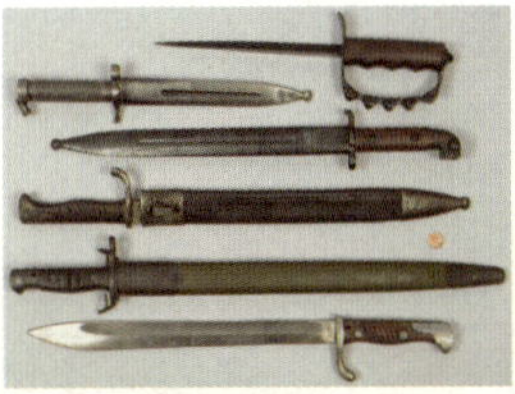

战争中德军使用的各类刺刀和堑壕刀

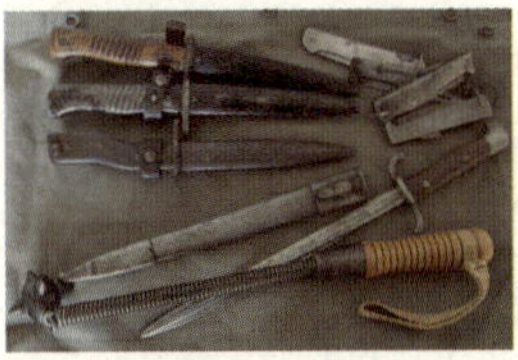

自制刀具、折叠刀与金属狼牙棒，这些武器更适于堑壕内的近战肉搏

射击与射击间容易受到敌方步兵与骑兵的突袭。在面对突袭时，仅有剑作为武器的火枪兵太过于无力，因此当时的火枪兵身旁常有手持长矛的矛兵负责保护。装备有刺刀的火枪兵将可以单独面对敌方的步兵与骑兵，从而得以挪出空间将矛兵训练为火枪兵，编制出全员皆为火枪兵的部队，大幅度提升战斗力。刺刀外形分为用于刺击的锥形与类似生存刀外形的剑形。起初使用的是将刺刀把柄塞在火枪枪管内的填塞式安装法，但安装状态无法填弹是其最大的缺点，而向敌突刺后又难以从敌体内拔出也是它严重的问题。

到了 18 世纪时，插座式（Socket）刺刀出现，是由火枪枪管的右方横向突出的类型，这是因为当时的火枪为前装式，为了进行装填弹药时不会干扰之故所致，这种刺刀因此也被称为横肘式（Elbow Style）。后装式枪支发明后，则在枪口下方设置刺刀专用卡榫，虽然仍有使用锥形，不过大多为剑形，也有无论斩击还是突刺皆可做到的形状。在枪支有效射程短而发射间隔长的 18 世纪，刺刀突击在各地的战场产生了相当惊人的效果。

但 19 世纪以后，因为连发枪支的普及，刺刀突击时也将产生相当大的伤亡，仅以近距战斗的一员作为陆上作战的一个形式而已。如日俄战争这样发生大规模白刃战的状况，刺刀的使用仍然有其效果。

但在第一次世界大战中，虽然初期有刺刀突击这样的作战方式，在机枪登场后防御火力爆炸性增加，正面的刺刀突击不但伤亡惨重，也难以突破阵线。在一挺机枪可以阻止一个大队突击的时候，所谓的刺刀突击可以说是集体自杀。各国装备的刺刀类型也稍有不同，英军士兵装备的是 21 英寸（53 厘米）长的刺刀，这种刺刀的长度过长，并且在近战中难以发挥有效作用。但是，在混战中刺刀比步枪更安全，步枪可能会误伤友军。英军的统计显示，只有 0.3% 的伤员伤于刺刀，但是挨了刺刀的士兵的死亡率较高。而且白刃战可以在敌军中引起恐慌，并促使他们撤退或投降。在前进时，刺刀还被用来解决路上的敌军伤员，这不仅节省了弹药，还减少了后背受攻击的概率。德军士兵一般都使用S98/05“屠夫之刃”式刺刀，这在开阔地上是一种很恐怖的武器，但是与英军刺刀一样，它在被安装到步枪上后就很难在堑壕里使用。但并不是所有“屠夫”都带有锯齿，其刀身有普通型和锯齿型两种设计，只有后者才在刀背上开设锯齿。但它并非是用来杀伤敌人，而是给军官佩戴使用（锯齿刀在德国习惯上是作为一种权力的象征），其性质更多地属于一种“仪仗”武器而非实用兵器。而且这种锯齿齿尖向前，加上为了适于劈砍，刀前部较大，并不适用于刺杀，多数情况下，这些刺刀都是作为手持工具使用（“屠夫”的锯齿在对付木质电线杆方面确实效果明显）。

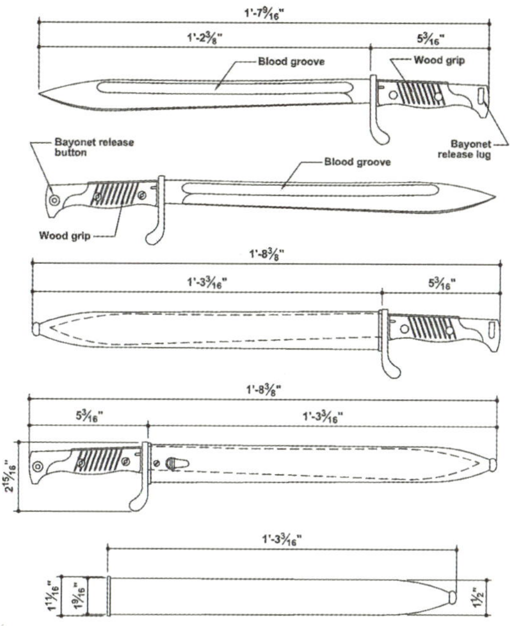

⊙ “屠夫之刃”刺刀各部分的尺寸

锯齿版的“屠夫”早期是提供给工兵部队使用的，在广泛装备专业性更强的锹、斧头和锯后，这些锯齿刀仍然被保留着供军官佩戴。另一个能证明锯齿刺刀真实用途的有力证据是，其生产数量大约只有标准型的5%，如果单纯为提高杀伤力而设计，这个比例会更大一些。不过，“屠夫”刺刀的锯齿还是使它成了宣传战的牺牲品。英法的宣传机构不断地刻意渲染德国锯齿刺刀的威力及它所造成的可怕伤口，以这种武器的“非人道性”来印证其使用者的残暴。在这种宣传下，甚至是德军士兵，也开始对这种说法信以为真了。但即便这是真实的，盟国也只是“五十步笑百步”而已，因为一战期间英军和比利时军队也装备有锯齿，甚至连永久中立的瑞士也有，只有宣传得最卖力的法国没有。所以法军士兵们扬言，他们将用“以其人之道还治其人之身”的办法，杀掉所有被发现使用这种锯齿刺刀的德国俘虏。为稳定军心起见，前线的德军官兵们开始换用普通刺刀，或是自行将刀背上的锯齿磨平。不过，大多数锯齿版的“屠夫”刺刀仍得以保留，其中很大一部分逃过了《凡尔赛和约》的管制，在1930年德国重整军备后，还曾用来装备后勤部队。值得一提的是，军阀张作霖的东北军也曾使用过进口的这种刺刀。除此之外，许多士兵都更喜欢使用短柄铲子或其他挖堑壕的工具来代替刺刀。他们会将铲子的边缘磨锋利，这样它们就与刺刀一样有用，而且较短的手柄也使它们更易于在狭窄的堑壕内使用。在堑壕战中，由于士兵们经常得不到足够的装备，前线的堑壕中就出现了士兵们自造的武器，比如短木棍和金属狼牙棒，还有各种堑壕刀，甚至是指关节金属套。随着战争的发展，士兵们也得到了更好的装备，因此这些自造的武器就被弃用了。

2. 机枪

机枪可能是堑壕战最显著的标志，它给人留下了一个一排排士兵被呼啸的子弹扫倒的印象。德军在战争之前就很注重机枪的使用，在1904年已经有16个步兵单位配备了机枪。这些单位隶属于猎兵，即轻装步兵营，它们的机枪手都是步兵中的精英。英军的每个步兵营配备有1挺马克沁机枪，德军每个营配备有6挺，俄军配备有8挺。而直到1917年，美军的每个步兵单位才有了至少1挺机枪。

1916年，索姆河战场上的英军机枪手

1915年以后，MG 08/15成为德军的制式机枪。在加里波利和巴勒斯坦，同盟国一方的奥斯曼帝国派出了步兵，但操纵机枪的却常常是德国人。英军的高层指挥官对机枪并不怎么感兴趣，他们认为机枪太笨重，而且机枪会让士兵们更想要防守而不是进攻，因此英军配发机枪的时间要在德军之后。英国陆军元帅道格拉斯·海格曾经在1915年说过："人们对机枪的评价过高了，每个营配备两挺就已经比他们所需要的多了。"这个想法给英军带来了惨重的损失。1915年，英联邦机枪团开始了训练，其中表现最好的是加拿大士兵，在法国长官雷蒙德将军的指导下，他们首先使用了区域封锁和间接瞄准技术（这很快就被所有协约国部队采用）。为了生产足够多的机枪，美国的公司签下了生产维克斯机枪的合同。

手持MG08式7.92毫米机枪的德军士兵。这种机枪可以用两脚架、弹鼓供弹，作战灵活性超越了同时期的其他机枪

到了1917年，英军的每个连都配备了4挺刘易斯机枪，这大大增强了他们的火力。重机枪在

堑壕中的位置是经过精心计算的，因此一挺重机枪射出的一串子弹可以打到敌人的胸墙或铁丝网上的缺口，它还可以被用来攻击距离很远的壕沟。负责重机枪的移动、保养和补给的一般有 8 名士兵。

3. 手榴弹

手榴弹成了堑壕战中首要的步兵武器。参战双方都很快地训练出了专门的手榴弹兵。手榴弹使士兵能够间接地攻击敌人，也不会将自己暴露于敌军火力之下，而且手榴弹不需要步枪那样的精度。德军和奥匈军在战争一开始就装备了大量手榴弹，主要型号是 24 型柄式手榴弹（Stielhandgranate 24）。但是自 1870 年就废除了掷弹兵且没有参加过包围战的英军，却几乎没有装备任何手榴弹，所以士兵们必须利用手中一切可得的东西自造爆炸物。到 1915 年后期，英国“米尔斯”卵形手榴弹已经得到了广泛的应用，而到了战争结束时，英军一共投掷了 7500 万颗手榴弹。

⊙ 投掷英国“米尔斯”卵形手榴弹的美军士兵

4. 迫击炮

迫击炮打出的炮弹会在升入高空后落到一个相当近的地方，这被广泛地用于骚扰敌人前方堑壕，并能在发动一次袭击之前炸断铁丝网。1914 年，英军总共发射了 545 发迫击炮弹；而在 1916 年，他们共发射了 650 万发。英军用的是斯托克斯式堑壕迫击炮，它是现代迫击炮的前身。这种迫击炮虽然重量轻，但易于使用，并且由于炮弹底部的推进药而拥有很高的射速。在发射时，士兵只需要把炮弹从炮口滑进炮管里就行了，推进药碰到炮管底部的撞针后会自动引爆。

德国使用了一系列迫击炮，最小的是发射“菠萝”榴弹的榴弹发射器，中型的堑壕迫击炮被称为“布雷器”。而重型迫击炮会将一枚战斗部重 200 磅（90 千克）的炮弹发

⊙ 正在装填 58 毫米堑壕迫击炮的英军士兵，注意其炮弹要远远大于迫击炮的口径

⊙ 即使是很小的堑壕迫击炮，也可以发射较大的炮弹

⊙ 一群德军士兵和240毫米超口径重型迫击炮（Ladungswerfer Erhardt），注意其巨大的炮弹

⊙（右图）正在装填的英军斯托克斯式堑壕迫击炮

⊙ 英军的2英寸堑壕迫击炮。它还可以发射球状的炮弹，尽管这种炮弹的射程很近，但装药量大，可以炸出大量弹片

⊙ 一队德国和保加利亚士兵携带着一门轻型迫击炮

射到 1000 码以外，但是它的炮弹飞得很慢，因此敌军就有时间躲进掩体（与后文中爱德华·格伦迪宁的回忆相同）。

5. 野战炮

就像空军支配着现代战争一样，炮兵支配着堑壕战。在进攻时，步兵如果冲到了提供支援的火炮射程以外的话，是很难完成任务的。除了轰炸堑壕内的敌军以外，火炮还可以使炮弹在己方步兵周围爆炸，这样敌军就无法靠近。双方还可以打一场炮战，即双方的火炮互相朝对方火炮射击。火炮一般发射的是破片或高爆弹头，在战争后期还有毒气弹。英军是第一支使用铝热燃烧弹的军队。火炮一般有两种：加农炮和榴弹炮。加农炮的炮口出速高，弹道平直，常常发射破片弹头来切断铁丝网。榴弹炮弹道较高，弹头最后会以接近垂直的角度与地面碰撞。口径最大的野战炮一般都是榴弹炮，德国的“大贝尔莎”420 毫米超重型榴弹炮重 20 吨，可以将 1 枚 1 吨重的炮弹打到 10 千米以外。现代火炮的一个重要特征就是液压式制退器，这意味着火炮在每次发射后不用再重新瞄准。火炮在对目标发射前，需要对观察员确认的已知标的物进行射击来归零，以提高其准确度和精密度，但是在归零射击的过程当中会被敌人发现并让其提高警觉。到了 1917 年末，火炮已经不需要在射击前进行归零，在后方完成归零的火炮可以在进入前线阵地后展开炮击。

⊙ 1916 年，索姆河前线，法军的一门重型列车炮

⊙ 一战大炮的代表之一——奥匈帝国使用的斯柯达 280 毫米重炮

⊙ 著名的“大贝尔莎”420 毫米超重型榴弹炮

⊙ 一处德军炮兵阵地

⊙ 一处英军后方炮弹堆放场

6. 带刺铁丝网

带刺铁丝网是一种防御型的金属丝，上面布满尖锐的刃口，刃与刃之间亦有相同的距离。这类丝网价格低廉，常用来保护墙内的财产，也是第一次世界大战里堑壕战的重要防守设备。

若一个人或一只动物经过带刺铁丝网时，便会遭受到皮肤上的痛楚，严重者更会受伤。带刺铁丝网的制造十分简单，只需要几条固定铁丝网的栅柱，然后再利用例如订书

⊙ 正在前线搭建带刺铁丝网的英军士兵。就算是一个不熟练的制造者，也能够很快完成构造

⊙ 密布的带刺铁丝网是一战堑壕战的象征之一

机之类的工具，即可完成构造。就算一个不熟练的制造者，也能够很快完成制造。带刺铁丝网在减缓敌人的速度方面具有决定性意义。如果没有它，快速前进的步兵（或骑兵）就很有可能在短时间内冲到已方机枪与火炮的面前，而被铁丝网阻碍的敌人则更有可能被机枪或步枪消灭。李德·哈特认为，铁丝网和机枪是夺取无人区的几大障碍中的两个。为了避免出现伤亡，双方一般在夜间放置铁丝网。

⊙ 铁丝网拒马掩护下的德军士兵

三、回忆一：刺刀

斯蒂芬·伟斯曼于1914年4月响应国家号召入伍参军，在这之前他是一名普通的德国医学院学生。因为有这个背景，他在刚加入第29步兵师的时候就成为一名下士，不久后便晋升为医务军官。纳粹掌权之后，他移民英国，在哈利街开办了一家诊所，成为一名成功的妇科医生。一战爆发的时候，德国征召了80万士兵，这里面几乎没有职业军人。在这80万士兵中，有1万人被称为“一年服役志愿者”，他们大部分是学生或高学历者。医学院学生只需要当半年的步兵，表现合格的话在下半年就可以成为军医，然后晋升为医务军官。

⊙ 战争初期的法国，正在列队前进的德军士兵

以下是伟斯曼的回忆：

1914年2月，正在医学院读书的我接到征兵通知单，命令我在清洁身体并去除虱子之后前往巴登弗赖堡的一个步兵团报到。4月1日，我正式参军，随后历经了4个月艰苦的军事训练，成为团里一名合格的士兵。直到这时候，我们

还都不知道战争就要临近了，对战争是个多么恐怖的东西也一无所知。1914年8月1日，接到总动员令的时候，我们身上还穿着鲜艳的蓝色或红色的制服，不得不马上更换成灰色的野战服。8月4日凌晨2点，我们举着火把赶往弗赖堡，一路上大家都沉默不语，没有音乐，没有歌声，更没有想象中的战争狂热气氛。总共75磅重（约68斤）的行李和装备压在我们每个人的肩头，让人喘不过气来。我们靠一座非常不稳定的浮桥摇摇晃晃地跨过了莱茵河，抵达埃尔德斯镇的时候，天几乎还是黑的，前方是一大片森林。这个镇子位于米卢斯，我们称之为米尔豪森。当时，整个世界都注视着北部战线，也就是德军入侵比利时的那段战线，大部分战斗也都发生在那个地方。除了法国总参谋部之外，没人知道一个完整的法国集团军——法国第1集团军正准备攻入阿尔萨斯，横跨莱茵河并席卷德国南部。我们钻进小镇前的森林，只见无边无际的森林中林木茂密，整个德军第29步兵师都隐藏在里面。树冠上飞来一架孤零零的法国侦察飞机，但他显然没有发现任何东西就返航了。法国军队攻入了米尔豪森，这么轻松就获得了胜利让他们始料未及，接着就大肆庆祝。他们到处张贴彩色的宣传海报，上面写着“胜利属于光荣的阿尔萨斯解放者”，但实际上，米尔豪森完全是说德语的德国人居住的地方。法国人继续欢庆着胜利，喝得酩酊大醉。他们甚至不愿意在通往镇内的必经之路上安插哨兵。

⊙ 堑壕中的法军士兵

8月10日凌晨4点，我们离开隐蔽处，排成一列纵队小心翼翼地穿过玉米地，当时的玉米秆已经有一人多高了。在行军过程中，我们没有发出一丝响动，在沉默中潜入了米尔豪森镇。我们发现，镇内的法军士兵一部分喝醉了，一部分睡着了，只有阿尔卑斯山地兵还保持着警惕，对我们造成了一点儿阻碍。法军撤退得太快了，实际上让我们追之不及。一开始我们发现了大量被法军士兵扔掉的毛毯，然后又发现了被法军遗弃的大衣、背包和皮带，皮带上挂着的弹药盒都装满了子弹。最后，我们找到了筋疲力尽的法军士兵，他们躲在谷仓里或干脆就坐在路边，只等着成为俘虏。

法国第7军一直撤退到处于贝尔福法军营地的重炮射程之内。我们带着战俘赶奔一个名为阿尔特基克的地方。在我们赶到之前，有两个德军轻骑兵中队一直在这里阻击撤退的法军，挡住他们达10个小时之久。我们在阿尔特基克的一家工厂内安置下来，急行军带来的疲倦让我们很快入睡。可就在酣睡正香的时候，外面突然枪声大作，一瞬间，我们全都被惊醒了，赶紧端着枪冲了出去，朝着子弹飞来的方向开火还击。后来才知道这场闹剧的起因是一位德军哨兵发现了一处光源，对其进行盘问却没有得到应答，他就朝着那处光源开了枪。子弹击中了墙壁，不巧的是墙壁后面驻扎着另一个德军连，该连的哨兵误以为遭到了敌军进攻，也开火还击。在黑夜里，这两个德军连就像疯子一样互相对射。造成这一事件的元凶，也就是那处光源，其实是一位助产士去给人接生，因为天太黑，手里拎了一盏灯。

⊙ 1916年的一幅澳大利亚海报。协约国发动宣传武器尽全力丑化中欧强国同盟，而且卓有成效

第二天，我们乘着运牛的卡车继续行军，这些卡车每辆可以塞进去48个人或28个人和6匹马，我们就这样被带到了斯特拉斯堡。另外一个法国集团军已经对从斯特拉斯堡到洛林的战线发动了进攻。从车上下来，晕头转向的我们就不得不立即投入战场，对法军发起反攻。战斗异常激烈，我们的损失非常惨重。我所在的营的部署区域有一个砾石坑，我们把伤员都运到那个砾石坑中，不久后，又不得不把阵亡战友的遗体也搬到这个坑里。夜幕降临之后，我们冒着猛烈的炮火撤退到莱茵—美因运河。但很快法军就又一次撤退了，我们再次追击他们。在战场上，我走近一位受伤的法军士兵，他用流利的德语向我要水喝，告诉我他在战前是柏林一所学校的学生。进入一个村子后，我们总算可以歇口气了，全连200多人脱下沉重的背包，拿着自己的饭盒在野战厨房前面排队领吃的。正在这时候，枪声像爆豆一样响了起来。敌人从四面八方向我们开火，厨师和他的战友很快就被打死，我们连也有很多人受伤或阵亡。我们冲进向我们开火的屋子里，只发现一些穿着蓝衬衫、看上去像是无辜农民的人。但随后我们搜查了整座房子，找到了因为不断射击还发烫着的步枪。我们派出在村外警戒的巡逻队大约

⊙ 猛烈开火的英军大炮

⊙ 越壕攻击的德军小分队

有 20 个人，他们听见枪声赶忙转过身来，却突然看见 30 多个骑自行车的人从村里冲出来，疯狂地奔向下一个村子。巡逻队拦住了他们，发现他们穿着老百姓的衣服，但每个人都背着一杆步枪。看到巡逻队用黑洞洞的枪口对准自己，这些骑自行车的人放下了武器，乖乖地做了俘虏。后来，我看到他们被押解到了军事法庭，最后很可能被全部处决了。这次事件之后，我们管这类偷袭者叫“法国狙击队”。德军最高统帅部命令我们抓人质以保障自己的安全。通常来到一个法国村子或小镇，我们会先把村长或镇长和该地的头面人物抓起来，直到被占地安全警察接管为止。解决这个事件之后，我们又继续漫长的行军。

我们不敢脱下自己的靴子，因为脚很肿，一旦脱下就再也穿不上了。我们来到一个小村子，村长过来找我们的连长，他央求连长命令我们不要砍掉孩子们的手。这显然归因于他听到的关于德国军队暴行的流言蜚语。起初我们对此感觉很可笑，但当听到其他更多诸如此类对德国军队无中生有的中伤后，我们都觉得很愤怒。在英国的持续封锁下，德国已经连一盎司油脂都没有了，我们接到命令，每一匹不适合服役的马和任何一只其他动物都要用于榨油。我们不得不从这些可怜的动物身上一盎司一盎司地获取油脂，主要用于制作肥皂。这时候，英国，尤其是英国报纸听到了这个消息，他们立刻就到处宣扬这些屠宰场、加工厂从英国和法国战俘身上提取油脂，这让我们非常厌恶。

⊙ 手持上好刺刀的步枪准备冲锋的法军士兵

我们继续进军，再次坐上了运牛卡车，这次是要把我们带去进攻安特卫普要塞。在前往安特卫普的途中，我们攻入佩罗讷，穿过瓦朗谢讷和杜埃，直达多佛海峡附近的产煤区。在这里，我们开始挖掘一些小型堑壕和狭长散兵壕。不久后，我们把这些堑壕连起来，后来形成了从北海直到阿尔卑斯山的堑壕体系。我们的堑壕位于拉巴塞附近，前方是一个砖厂。法军把砖厂里的砖聚拢起来，垒到像房子一样高，还在那些房子的屋顶部署了机枪，以阻止我们接近他们的阵地。有一天，我们接到命令去攻占这些砖垒阵地，唯一可行的方案是在白天光照充足的情况下发动一次突然袭击，这个方案得到了上级批准。我们从密布在自己阵地前的带刺铁丝网中剪出一条曲折的小径，在正午时分发起了总攻。我们沿着小径跑出去大约100码的时候，法军机枪开始猛烈射击，子弹像雨点一样打过来、这火力如此可怕，以致我们受到相当惨重的损失。军官高喊着命令，让我们趴在地上寻求掩护。没人敢抬起他的头，因为当时法军机枪手正朝着所有会动的目标开火。屋漏偏逢连夜雨，这时候英军大炮也向我们开了火。军帽、胳膊、大腿、内脏乃至整个尸体都被炸得四处纷飞，看起来炮火要把我们都撕成碎片了。突然，敌军的枪炮奏鸣曲一下子全都停止了，整个战场笼罩在一片沉寂中。和我躲在同一个弹坑的家伙问我：“我纳闷他们在干什么呢？”“没准儿在喝下午茶。”弹坑里另外一个人回答。第三个人说：“别傻了，你知道我看到了什么吗？”我们蹭到弹坑的边缘，小心翼翼地往外看，只见在破碎的砖堆之间，走来一名举着红十字旗帜的英军士兵，他挥了挥手，后面跟着的担架队就慢慢地向我们走过来，一路搜救我们的伤员。看到这些，我们都站起身来，虽然仍都沉浸在对死亡的恐惧中而说不出话，但不约而同地帮助英军担架队把伤员运回我们的堑壕。一个小时后，一位英军军医走过来，仍然举着红十字旗，他通知我们休战两小时，以让我们捡回战友的遗体。英军在这次战斗中表现出的慷慨让我终生难忘，我必须说一下这件事发生在1914年圣诞节前不久。

⊙ 掩体中的德军士兵，注意他们的步枪已经上好了“屠夫之刃”刺刀

拉巴塞附近堑壕纵横交错，我们躲在狭长的散兵壕里面，前方不远处就是法军堑壕。由于不断挖进挖出，我们已经不知道主堑壕在哪里，也不知道哪边是前方堑壕，哪边是后方堑壕。有一天，我们接到进攻命令，去突击一个法军阵地。

我冲进了堑壕，身边左右都是我的战友，正在这时，一名法军下士突然挡在我的面前，我俩的步枪都上好了刺刀。有那么一会儿我感到死亡的恐惧猛然袭来，但一转眼的工夫我就意识到，如果我比他慢的话，肯定会丢掉性命。所幸的是我比他更快。我拨开他的步枪，一个突刺，将刺刀送入他的胸膛。他仰面倒下，用双手捂住伤口，这时我在他的肚子上又刺了一刀，感觉就像刺破了一个皮球。鲜血从他的嘴中汩汩涌出，他的眼神逐渐变得涣散，死去了。当时我感觉很不好，几乎要呕吐。我的膝盖在不断地颤抖，坦白地说，自己觉得很愧疚，那时候我是一名下士。我的战友们对堑壕中发生的事情泰然自若，其中一位对自己用枪托砸死一名法军而津津乐道；另外一位活活勒死了一个上校，一名法军上校；还有个战友用他的铁锹敲碎了敌军的脑袋。他们都是和我一样的普通人，一个在战前是有轨电车售票员，一个是旅行推销员，还有两名学生，其余是农民，他们都曾经是从未想过要伤害任何人的普通人。究竟是什么让他们变得如此残忍？还记得那时候我们被告诫说，好士兵要能不假思索地杀死敌人，从不把敌人当作人类看待。面对敌人的那一刻，若他眼中是跟自己一样的人类，那么他就永远当不成好士兵了。但我多么希望我眼前的这具尸体，这个死去的法国士兵在面对我的时候举起双手投降，那样我就可以不用刺死他了，那样我就可以和他握手，说不定会成为最好的朋友。或许他只不过像我一样，是一个贫苦家庭出身的男孩儿，不得不在战场上搏命，不得不用刺刀这种最残酷的武器去杀死一个跟他无冤无仇的人。对我来说，他只不过是一个穿着外国军服、说着外语的人，或许父母还健在，有一个美满的家庭，我这样想到。在夜深人静的时候，我多次在睡梦中惊醒，浑身被汗水浸透，我忘不了敌人倒下时的眼神。我试着说服自己：如果不是我比他快，那么我将会是什么下场；如果我没有先于他把刺刀捅进他的肚子，我将会怎么样。是什么让我们这些士兵互相刺穿对方、互相掐死对方、互相像疯狗一样撕咬？是什么让我这个与他们没有个人恩怨的人，同他们战斗到底，直至死亡？我

⊙ 正在进行刺刀训练的德军士兵

们毕竟还将自己称作是文明人，但在目睹了这场真实战争中数不清的残酷景象之后，我们曾经最引以为傲的文明外衣也被纷纷剥落。从远处互相开火射击、投掷炸弹可以不带有个人情感，但是在能互相看到对方眼白的时候，用刺刀去杀死一个人，这对我的信念和内心感受是一个巨大的冲击。

⊙ 一战德军“兄弟连”，注意其携带的长柄手榴弹

1915年6月，我负伤了。一枚炮弹在我身后爆炸，一些弹片击中了我，其中一枚嵌进了我的骨盆。我被带到后方一所野战医院进行手术，不久后，又被转移到圣康坦的基地医院。在那里，他们发现我除了有点儿瘀伤外，身体完好无损，因此几周后我已经准备好回到前线去。我只期望着成为步兵军官——那时候被称之为“一张通往来世的快车票”——因为一名步兵中尉在堑壕中的生命不是以月来计算的，而以天或周来计算。但他们发现我是一名医学院学生，我因此就被调派到医疗队，并被委任为一名少尉（相当于英国军队的实习军医）。

1916年7月，索姆河战役打响。整整7天7夜，我们都在被大炮不间断地轰击。不论是白天还是晚上，轻重炮弹都在砸向我们，防炮洞崩塌了，把我们活埋在了里面，我们不得不把自己和战友们从土里挖出来。有时候，我们发现战友

⊙ 索姆河战役。英军发动了超大规模的步兵突击，但在德军的优势火力下损失极为惨重

们有的已经窒息而死，有的则被砸成了肉泥。整整7天7夜，掩体中的士兵变得歇斯底里起来，我们迫切想要离开相对安全的深层掩体，冲到外面去战斗。甚至连掩体内的老鼠都变得歇斯底里了，它们为了躲避外面可怕的炮火，也溜进了我们这个脆弱的避难所。7天7夜，我们没吃的、喝的，只有不间断的炮火。一发发炮弹落在我们头上，然后英军就冲到了我们阵地上方，我们一感觉到英军炮火延伸到了远处的预备阵地，德军机枪手就从掩体中爬了出来。他们眼睛通红，眼窝深陷，身上沾满了阵亡战友淌出来的鲜血，只想向英军倾泻愤怒的子弹。这些机枪给英军造成了极大的损失，据他们估计，在索姆河战役开始的前10分钟就有整整1.4万人阵亡。德军的损失也很大，我们团失去了75%的有生力量，在前线仅仅待了10天就不得不后撤整补。继英军之后，法军也对战场上的突破口展开了总攻，但由于德军阵地上的火力如此猛烈，机枪子弹和重磅炮弹交织成一道道火网，几乎没有一个法军士兵能到达我们的阵地上。总攻开始后不久，德军就派出一支巡逻队去看看发生了什么，他们发现法军堑壕中除了伤员和尸体外空无一人，在阵地表面到处都是烧得焦黑的人体碎块，散发出可怕的、甜甜的煳味。法军的攻势暂停后，我爬出掩体，目睹了这个地狱之景。在余生之中，我永远也忘不了当时战场上的气息——那是名副其实的人类屠宰场的气息，呜咽的风声夹杂着成千上万伤员的呻吟和哭声，就像地狱中的饿鬼一齐被放了出来——这就是属于索姆河的审判日。法军估计这一天他们伤亡了10万人。

⊙ 索姆河战场航拍照片

1918年4月，也就是德军在法兰

⊙ 德军机枪阵地

⊙ 冲向德军阵地的法军士兵，可见双方接战的距离非常近

德斯发动攻势的大约1周之前，我隶属于一个步兵暴风突击营。当时我们正对葡萄牙师展开总攻，我接到的任务是要建立并发展一个前线急救站。葡萄牙人并没有给我们带来多少阻碍，我们抓了他们不少俘虏，但仍然有一些人跑得比我们进军的速度还快。在梅维尔附近，我走进一所被我们完整俘获的英国野战医院，在那里我看见了这些年来首次见到的丰富医疗材料，还有那些我们一无所知的先进设备。在这些东西当中，我还发现了一些装满手术手套的盒子。那时候，德国医生都不得不光着手动手术，他们不得不光着手伸入化脓或严重污染的伤口。唯一能清洁双手的东西是一种砂肥皂，这种砂肥皂是由三分之二的砂子和三分之一的肥皂组成的。但是在这里，我发现了成千上万双橡胶手套。我赶忙出去找到一辆弹药车，他们刚从前线返回，正处于空车状态。我想把这些装满手套的盒子交给他们，让他们运去后方。就在我出去的这几分钟时间内，就看见医院里有一大批德军士兵正在玩弄这些橡胶手套，他们往手套里吹气，然后让手套飞起来，就像气球一样。当我是一名弗赖堡广场的军营学员的时候，就已经学会了如何喊命令，这次便派上了用场——我命令他们立即离开医院，从而挽救了这些橡胶手套。除此之外，我还在一堆东西里发现了绷带，真正的绷带！要知道，当时的德国陆军和德国医生手中连一条绷带都没有！我们当时用废纸缠绕在战士们的伤口上，可想而知这能顶住多久。这些纸片很快就在血水中溶解了，就像战士们用纸编织的军大衣一样，因为那时候我们已经没有棉花了。我们只能用一种纤维素敷住战士们的伤口，因为我们甚至都没有纱布了，仅有的一点儿纱布也都浸泡在血水中了，不得不洗了又洗，消毒了一遍又一遍，直到完全化作了碎片。这就是战争末期的短缺。

⊙ 1918年，德军士兵的单兵装备

战争开始的时候，德国军队和英国军队一样，都没有抗破伤风的抗毒剂。当我们穿过一个村子的时候，发现一所野战医院前面铺着一层厚厚的稻草，几乎能没过膝盖，我们不得不过去检查，因为这些稻草可以用来铺在运送枪支和弹药的车中来减小震动。这些震动对感染破伤风的士兵来说也是致命的，会引起可怕的抽搐。根据统计数据显示，在战争初期的法国战场，高达1%的士兵因感染了而最终死于破伤风。

四、回忆二：国王

爱德华·格伦迪宁在1913年入伍，加入英军的时候还是一名17岁的公司职员。1915年2月，他作为一名二等兵在法国的舍伍德森林前线服役。从1916年开始，他转入文职单位，并且被晋升为下士。

以下是格伦迪宁的回忆：

⊙ 泥泞堑壕中的英军士兵

1915年秋天，当战线较为平静的时候，我们以4天为周期在前线执勤——4天在前线执行常规任务，4天离开前线——当然，离开前线的这4天，我们也有海量的辛苦工作要做。有一天当我们从前线撤下来的时候，突然接到命令（当时我们跟往常一样身上沾满了泥），要求我们把身上的泥浆清洗干净并且清理好所有武器装备，因为明天有一位级别相当高的人要来视察。命令中没有说明这个大人物到底是谁。

当晚，我们把自己收拾得非常干净整洁，第二天早晨就出发了。我们一路行军，走了大约10到15英里，来到一个小山谷，有一条公路从这个山谷的底部延伸开去。很多其他部队都已经集结在这里，每支部队都被分配好了位置。我们在自己的位置上等待着，过了大约3到4个小时，有什么事情发生了，人群开始骚动起来。终于，从公路上驶来一支指挥车队，其中，从轿车下来不少高级军官，他们下车后紧接着就骑上了自己的战马。我看到一名勤务兵举着一面小型的皇家旗帜，相信他前面的人就是英国国王乔治五世。乔治五世骑着高头大马，穿着笔挺的白色军装，胸前的勋章闪闪发亮，身前有3排或4排骑手，周围也有3排或4排骑手，把国王围在中间。然后，他骑着马穿过公路，对公路另一侧的军官说了些什么，应该是阅兵式开始的信号。按照布置，从阅兵式开始一直到结束，我们都要把军帽紧紧地贴在上好的刺刀上，还要一

⊙ 集结在一处阵地的英军士兵

边挥手致意，一边欢呼。我们齐声高喊着“嗨、嗨、万岁”，这时候，只见乔治五世的马突然暴跳起来，把国王一下子甩到了地上，而且看样子摔得不轻。看到这个情形，自然，我们第二声“嗨、嗨”没有能喊出来。这真是一场失败的阅兵式。你们应该能想象得到当时有多混乱，在场的高级军官们见状都匆匆跳下马，赶去帮助国王。他们把乔治五世扶了起来，最后我们看见他被送入一辆不知道是战场救护车还是指挥车里，那辆车一溜烟就开走了。

英国国王乔治五世。他在视察前线的时候从马背上摔下来，骨盆严重受伤

1915年9月24日至25日夜间，我所在的步兵营奉命转移到后备堑壕。到了目的地我们才发现，这些简陋的堑壕与德军宣传的所谓“霍亨索伦堡垒”大相径庭。在转移的过程中，我们遇到了多支英军骑兵中队，他们在此地集中，看起来像是大规模进攻的预兆，因为明天我们在德军的步兵防线上打出的任何缺口，骑兵都可以加以利用。我们整晚都没有睡觉，因为甚至在我们抵达之前，友军大炮的弹幕射击就已开始了，密集的炮声如雷鸣一般，让人无法入眠，我们在这个交通壕（后备交通壕）里面挤作一团。这是一个漫长、沉闷和悲惨的夜晚，有些战友在哭泣，有些在祈祷。但实际上，我们都是乐观主义者，都希望能够挺过去。炮击一减弱，上级就给我们发下大定量的朗姆酒，你想喝多少就有多少，同时还下达了要求我们随时准备出击的命令。当然，战场上所说的“随时”通常是一段非常长的时间，而且是一段非常非常难熬的时间。我确信，实际上是在2个小时之后，我们才接到出击的明确命令。在那之前，我们还被发放了2个基数的额外弹药。尽管我们的皮质弹药包都已经是满的了，所以我们每个人都携带着异常沉重的弹药。我们向上爬出这段堑壕，其中一些战友幸运地找到了梯子，但很多人只能使出吃奶的劲儿往上爬。很快我们就发现，自己挑选的通道上到处都是尸体，他们都是在今天早上的那次袭击中被打死的，还有不少受伤的士兵试图爬进弹坑以求得到一点儿庇护，结果死在了那里。一开始我们前进的200到300码，敌人的火力还不算很强，可当过了这个距

英德两军以白刃战争夺堑壕的场面

堑壕中的德军机枪手

离，他们却突然以猛烈的机枪火力扫射我们，这些机枪火力大部分来自我们右手边的一个矿渣堆。我们只能趴在地上等了又等，因为我们知道，这时候如果继续前进的话，会付出相当大的代价。但我们当中还是有20个人成功地冲到了德军堑壕边上，由于我军大炮的轰击扫清了堑壕外围的铁丝网和雷区，他们几乎没有遇到任何障碍。但是当我们接近敌军堑壕护墙的时候，却发现后面的堑壕几乎毫发无损，仍然保持完好——看起来好像是堑壕良好的外形成功地抵御了这次炮击，德军显然是挖堑壕的高手。

我们往堑壕里看了看，只见至少有6名德军士兵向后跑到他们的某条交通壕中隐蔽起来，那些交通壕通往德军的后方。我们向德军叫骂了几句，就跳下了堑壕，那些带着卵形手榴弹的人往每一个防炮洞中投了弹，爆炸声此起彼伏。大约20分钟后，我们满意地确信这条堑壕中的德军都已经撤走了。不久后，我们接到了继续进攻的命令。不用说，这时德军的机枪火力更加凶猛了，但是我们离德军的第二道堑壕已经很近了——我觉得甚至都不到100码了。现在看来，德军的第二道堑壕已经差不多被炮火夷平了，只剩下一连串防炮洞，尽管这条堑壕曾经的一些护墙还随处可见。

占领德军堑壕后，正在进行加固的加拿大士兵。占领敌军堑壕只是初步的胜利，关键是要守住堑壕

我们跳进了第二道堑壕，但随即就发现这里太浅了，不能为我们在前方德军的火力下提供足够的防御。我们不得不手忙脚乱地挥舞着挖壕工具加深这段堑壕。但只能一个人在下面埋头挖堑壕，另一个人在堑壕上方开火还击，然后换班进行。从这时起，我们没有接到进一步的命令，也不知

⊙ 1915年，第一次埃纳战役中德军在恩河旁挖掘的堑壕

道我们对德军侧翼的进攻到底开始了没有，但我们至少在这里平静地待了两个小时，之后才发生了新情况。

两个小时之后，德国人发现了我们的位置，他们用机枪朝着我们据守的护墙和堑壕外的人猛烈扫射。同时，他们还用重型堑壕迫击炮轰击我们，这种迫击炮弹爆炸产生的弹片很多，但大部分都落在后面很远的地方爆炸，没有对我们造成什么威胁。紧接着，敌人的15磅炮也开了火，我们管这种炮的炮弹叫“飞砰弹”，每一发可以炸出一个直径达到1码、深度达到约12~18英寸的弹坑。但是你如果离这种炮弹的爆心有2码或3码远，也会没事，因为爆炸的冲击波都向上飞到空中去了。但有一发“飞砰弹”直接命中了我们的副排长和一名下士所在的堑壕，恐怕他们全都被炸死了。

几个小时过去了，天色逐渐变得昏暗，这时候我们听见从后方传来嘎吱嘎吱和窸窸窣窣的声音，不知道发生了什么事。过了很长一段时间才看清，原来是一支特遣队赶来接替我们继续守卫这段堑壕。这股强大兵力的到来让我们如释重负，这是一天中最让人开心的事了。我们单独防守的时候，每个人需要守住长达10码的堑壕，他们则每隔1英尺或2英尺就有一个人。关键的是，这些生力军还转达了对我们的命令：要求我们撤退到舍伍德森林的集结地，并在那里重新集合。

后来我们才知道，那天我军从占领的德军阵地全线撤退，就好像我们是一群绵羊被人赶回来了似的，这看起来有点儿难以置信。从团里的担架队我们看到了这个问题的答案，这些担架队员曾经是团里军乐队的乐手，即便如此，也已经无法应对这样巨大的人员伤亡。虽然被自己人抛弃

⊙ 1916年，索姆河战场上的英军士兵正在进行转移

了，但相当多的人暂时还活着，他们痛哭流涕，乞求着要点儿水喝。当我们经过的时候，这些伤兵拽着我们的腿不撒手。一个大块头用他健壮的胳膊环抱住我的双腿，不让我走。我拔出水壶上的软木塞，水壶里装着热水，递给他喝了几口。这时我后面突然有人高喊："继续前进，继续前进，我们都快要与前面的队伍失去联系了，再磨磨蹭蹭我们会迷路的！"这句话深深地刺伤了我，即便在多年以后，那个大块头伤兵的乞求和那句喊声依然在困扰着我。是的，这毫无疑问是一次可怕的经历。我们当中那些仍然还活着的人会明白自己有多么幸运。

五、回忆三：堑壕

哈里·帕奇，1898年6月17日出生于英国，直到他100岁的时候才说出了自己的战场经历。以下是他的回忆：

我有个哥哥，是英军的一名普通士兵。当大战爆发的时候，他正在非洲，后来成为皇家工程部队的一名军士长，他参加了世界大战并在蒙斯（比利时西南部城市）受伤。自那以后，他们就让他待在英格兰本土，做一名教官。他再也没能回到战场，却经常跟我说起堑壕里的生活。听到这些之后，我不想去打仗，但我知道这由不得我。很多人不知道什么是战争，当他们到达法国的时候才如梦初醒。

堑壕大约有6英尺深、3英尺宽，充满了泥浆和积水，如果你足够幸运的话，能弄到个挡泥板。你不得不在堑壕内供射击用的踏台上睡觉，炮弹炸出的碎片就在你身边飞来飞去。堑壕里面非常肮脏。自从1917年6月的第2周来到法国，直到当年12月23日我在炮火中受伤后离开法国，没有洗过一次澡。这期间，我从未穿过一件干净的衣服。当我们这些伤员回国路过鲁昂的时候，他们扒下了我们的每一件衣

1917年9月，前往前线的途中，在弹坑中小憩的加拿大第22步兵营士兵

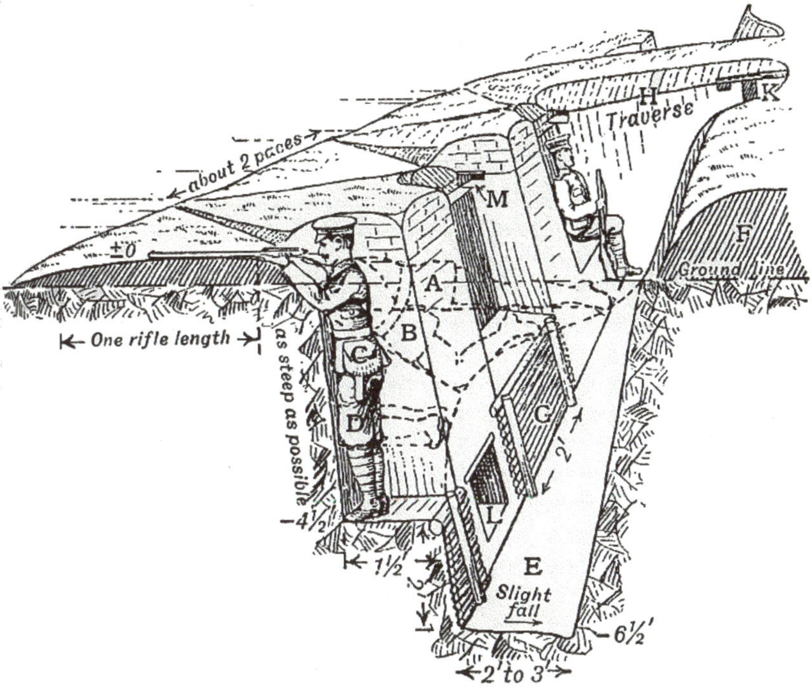

⊙ 堑壕结构示意图，注意射击踏台

服——背心、衬衣、裤子，然后把所有的衣物统统烧掉，这是唯一能摆脱虱子的方法。每只讨厌的虱子都有它们自己爱咬的地方，都会造成不同的瘙痒，它们会让你发疯。我们经常把背心穿在外面，以减轻虱子的叮咬。如果你敢露出光线的话，就点一支蜡烛，翻遍背心上所有的缝隙，把它们全烧出来。这些小恶魔还会在你衣服的缝隙里面产卵，一旦你把背心穿在里面，明天这些虱子就又会爬满你的全身，这就是堑壕。

你绝不敢在堑壕上方露头，否则会被狙击手打死。你得借着堑壕潜望镜往外看，在炮弹爆炸的火光中，我只看见堑壕外有两三只流浪狗，正为争夺一块饼干而打得不可开交，它们在为活下去而战。这时我突然想到，好吧，外面是两只争抢狗饼干的动物，它们像我们一样挣扎着求生，为活下去而战。我说："我们是两个

⊙ 1916 年 7 月法国前线，加拿大第 22 步兵营在他们泥泞的堑壕内

⊙ 凡尔登战役中，在战壕内观察外部情况的法军士兵

⊙ 1916 年 7 月，加拿大第 22 步兵营在他们的堑壕内，注意有一位士兵躺在射击踏台上

文明国家——英国和德国，我们又在干什么呢？我们在这么糟糕、肮脏的堑壕里相互杀戮，也是为了活下去吗？到底是为了什么呢？这糟透了的一天是为了 18 便士的军饷吗？”

上级把用陶罐装着的朗姆酒发给我们。有很多人不喜欢朗姆酒，不爱喝这东西，但它至少可以让你觉得暖和一些。堑壕里的生活，嗯……你可以想象一下：沿着走廊走出自己的屋子，在屋外的草坪挖条壕沟，6 英尺深、3 英尺宽，在壕沟底部灌上水和泥。你坐在壕沟里，靠在一边睡觉，也不管它是潮湿还是干爽，是热得像火炉还是冷得像冰窖，而且整整 4 天你都要坚持在那里。这就是堑壕的生活条件。

如果有人对你说，他要上前线，但一点儿也不害怕——那他就是个骗子。你从到战场的第一刻开始就会感到害怕，而且你永远猜不到危险会从何而来。我的意思是，在堑壕里你觉得很安全，如果你能一直伏下身形，敌人的狙击手就会看不到你，但是你永远猜不到敌人大炮的炮弹是否会在身边爆炸，而你正好挡住了全部弹片。嗯，就是这样。

⊙ 德军士兵与他们捕获的老鼠，鼠患一直是困扰堑壕生活的一大难题

⊙ 1916 年 12 月，一名英军士兵正在从军队发放的标准酒罐中畅饮朗姆酒

你待在哪段堑壕，哪里就是你的前线，你不得不一直盯着德军那边。你不敢离开那里，不敢，我想你如果私自离开，有些人确实那样做了，就会被当作懦夫立即枪决。但弹震症却是另外一回事——在战场上我没见过一个未经历过弹震症的人——那种感觉有点儿像你已经站到了梯子底部，但是突然就不能动了，它会带走你所有的力量。一个军官经常下来枪毙那些人，因为他把他们都看成了懦夫。但实际上这些人并不比你我更懦弱，他们只是不能动了，这就是弹震症。直到战争末期，他们才承认这是一种疾病。但在战争初期——他们并不这么看，你表现出这种病，就会被枪毙，就是这样。有相当多的人因为被当成懦夫而被处决，现在该是为他们正名的时候了……判决应该被推翻，他们不是懦夫。

一战中英军的公发朗姆酒罐和酒杯。很多回忆者都提到，这是英国陆军的一种重要补给品

堑壕里的老鼠跟猫一样大，它们成帮结队，为了活下去，任何能咬到的东西都要啃上一口。如果你没有看住，它们会咬你的鞋带，还会啃任何一种皮革。睡觉的时候，你用一张毯子盖住脸，这时就会听到这些该死的东西在你身上跑来跑去的声音。疲惫不堪的时候，你可以坐在射击踏台上打个盹儿，但最多也就这样了。早晨7点半进入战斗待命状态，你会面临一次检查。晚上的最后一件事也是一次检查，你不得不在这些检查的间隙睡觉。

可能你曾经听说过一些关于“无人区”的事情，或许是从各种军事刊物那里

正在清洗食材和准备食物的加拿大士兵，其所在的堑壕显示出经历过激烈战斗的迹象——被炮弹炸塌

1916年6月，阿尔芒蒂耶尔东南部的堑壕内，一群来自澳大利亚第2师的士兵正在整理衣物，注意其由沙包垒成的墙壁和地上的木制排水踏板

了解的。是这样的，军官通过他的望远镜一看：状况良好，没有英国人在那儿，那就开始攻击吧。首先用步枪向那个区域射击，其次用刘易斯机枪在堑壕上方扫射，然后我们躲进堑壕，留下几挺刘易斯机枪在掩体的射击孔中继续扫射。这套程序是因为如果德军观察哨发现了我们，就会把我们的精确位置传给他们的炮兵。那些地方多半会遭到半打重磅炮弹的轰击，如果你还留在原处，炮弹就会落到你头上。

有一件事我永远不会忘记。当时我们正在烂泥中爬行，不能站起来，因为一个敌人的狙击手正盯着我们。我遇到一个康沃尔郡人，他一定来自A连或B连，这两个连是突击连，在我们之前行动。我们则属于C连和D连，负责支援。我遇到的这个康沃尔郡人从肩膀到腰部被弹片完全撕开，暗红色的内脏流了出来，跟地上断裂的带刺铁丝网绞在一起。一枚子弹只能把你打出一个洞，但榴霰弹的弹片会把你撕成碎片。他就躺在血泊之中，当我们靠近的时候，他说："打死我吧。"这个要求超出了我们所能承受的范围，但就在我们掏出左轮手枪准备开枪之前，他就死了。我陪伴了他生命中的最后几秒，然后就眼睁睁地看着他死去了。现在我仍然能回忆起在帕斯尚尔和在庇利金看到的景象——躺在地上的伤兵苦苦哀求你的帮助——但我们没有知识、没有设备，也没有时间去帮助他们。在战场上，我失去了所有对英格兰国教的信仰。那个康沃尔郡农夫临死的时候，只说了一个词"母亲"，一行泪水从他沾满血污的面颊流淌下来。我觉得，这不是绝望的泪水，相反，这是因为惊讶和喜悦的哭泣，尽管当时我也不能见母亲一面，但我觉得他的母亲一定在另一个世界张开双臂迎接他，他知道了这一点，而我刚好见证了这一幕。从那天直到现在——我已经快106岁了，我还是能

⊙ 冲锋的英军士兵，其中一名已经中弹倒地

⊙ 索姆河战役中，一群来自皇家爱尔兰步枪团的士兵在交通壕内，他们隶属于英军第8师第25旅

永远记住他的泪水，永远记住——死亡远非是结束。你拥有了一段记忆，这段记忆在你大脑中所占的区域有一个茶杯那么大。这段记忆能把我带回 80 年或 90 年前，就算我死了，这段记忆也会以别的什么形式继续存在。这就是我的观点，死亡远非是结束。

我从来没见过鲍勃（哈里的朋友，机枪手）用他的刘易斯机枪杀过人。如果他用那把枪的话，就会离地面大约 2 英尺开火，这样他只会伤到敌人的腿。他尽可能不杀死他们。一次战斗中，一个德国兵端着上着刺刀的步枪向我冲了过来。他没有弹药了，要不然会直接开枪打死我。很快他就冲到我面前了，我不得不撂倒他。首先，我开枪击中了他的右肩，他立即就扔掉了步枪，但还是继续冲过来。我觉得，他是想尽可能把他扔在泥里的步枪捡起来，虽然这是毫无用处的。但不管怎么说，他还是继续冲向我。为了我俩的安全，我不得不再次撂倒他。我不想杀他，他是一个我不认识的人，我不懂他的语言，也不能和他对话。这次我的子弹击中了他的脚踝和膝盖。他倒了下去，用德语对我说了些什么，天知道他说的是什么意思。但对他来说，战争结束了。他将会被担架手抬到医院治疗伤口，然后会被送去战俘营。战争结束后，他将回国和他的家庭团聚。这件事发生 6 周以后，那个德国兵的一名同胞拽动了一根大炮的拉火绳，他发射的炮弹炸死了我的 3 个亲密战友，也炸伤了我。如果我是在 3 个战友牺牲之后遇到的那个德国兵，我会毫不犹豫地杀死他的。那是在晚上，我们正在从前线回去的路上。当时我们已经占领了德军的前沿阵地和支援阵地，从支援阵地返回，必须沿德军的旧防线走，路上不得不穿越旧防线的无人区。正走在无人区的时候，一枚炮弹突然飞了过来，速度非常快，令我们猝不及防。这发生在一片开阔地上，那枚炮弹就在我们几个中间炸开。和我同行的 3 个战友当场阵亡，我也受了伤。9 月 22 日晚上 10 点半，是我永远失去他们的时刻。这是我的纪念日。

⊙ 防炮洞中的英军士兵

停战的那天，你会想起成千上万死去的人。他们是为了什么白白地死了？今天再也不会有这样的堑壕战了，再不会有了。今天你们有内燃机，像你这样的人可以开着车到处走，还有更先进的，坐上飞机飞行也

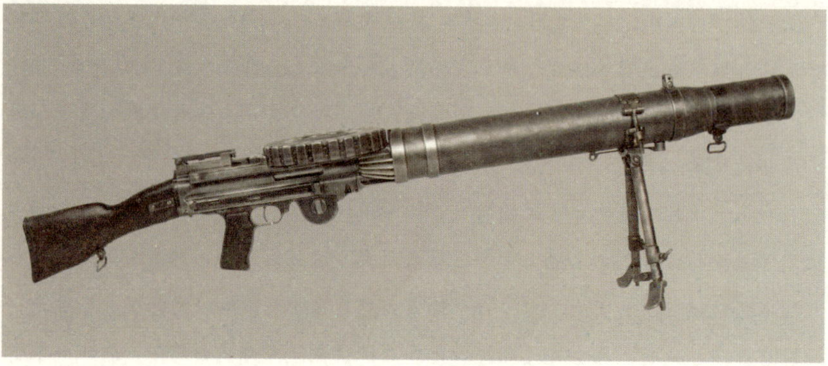

⊙ 刘易斯机枪，注意其独特的弹盘

不是难事了。今天，堑壕被人认为是不好的东西。他们抱着机枪跳进堑壕——这就是故事的结尾，再也不会有堑壕战了。

被击中的时候，你是不知道的，你不会听到子弹或者炮弹击中你。当时只见火光一闪，我就倒下了，被一股冲击波吹倒了。我自认为有足够的战场常识，看见自己出了很多血，我想必须把战地止血包掏出来……我一定是晕过去了，不知道在那里躺了多久。等我醒来，发现自己已经在一所急救站里面了。我在战场上自己缠上的绷带已经不在身上了，伤口已经被清洗过，换上了干净的绷带。可能是在我的伤口周围涂上了某种消毒剂，可恶的虱子对我的血躲得远远的。

第二天一整天我都躺在那儿，医生过来对我说："你能看见自己身上的弹片……这肯定是一枚跳弹。"医生说的没错，这个弹片似乎埋在我体内较浅的地方。医生接着说："你想让我把这个弹片取出来吗？"我问："你用多长时间能取出来？""在你说'好的'之前就能取出来，但急救站一点儿麻醉药都没有了，我们得把麻醉药用在比你伤得更重的人身上。"他说："如果我取这个弹片，你最多也就和现在一样疼。"弹片留在体内真是太疼了，所以我说："好的，那就开始吧。"4个壮汉过来压住我，2个人压住胳膊，2个人压住腿。然后就感觉到手术刀切开了我的伤口，医生

⊙ 堑壕中的澳大利亚士兵

⊙ 一战的西线，士兵被炮弹弹片击中的一瞬间

的手指伸了进去，搜出了那个弹片。几个小时后，医生过来看我，他问：“你想要这个弹片留念吗？”“把它扔掉。”我说。此后我再也没见过这个东西。

8年以后，在白金汉宫我见到了那位医生的儿子，他仍然是一位医生。他告诉我说，如果那个弹片再深入四分之一英寸，就会切断一条主要动脉。嗯，就是这样。

躺在我隔壁病床的伙计说：“如果医生在桌子上的那个本子上写了些什么，那个绿色的本子，你就能回老家了。”我并不相信他说的话，但几个小时之后，就有人过来叫我的名字和编号。随后我就离开了急救站，被红十字会的卡车载往鲁昂。在鲁昂的一所医院，我们洗了个澡，驱除了身上的虱子，他们烧掉了我们脱下来的所有衣物。从这所医院就能看到停泊在码头的医院船。换上新衣服后，我们离开医院，被带到医院船上，可直到晚上都没有出航。有一个传言是说，敌军的一艘潜艇正在海峡出没。第二天晚上，医院船才缓缓驶离码头，平安抵达了南安普顿。我曾以为自己或许会被送到野战急救站总站，没想到竟然会被送回国。事实上是由于伤员激增，超出了急救站的能力，为了空出床位只能把我们遣送回国。

重新回到前线后，我被编入E连，这个连兵力雄厚，足有1000人。我们很不喜欢这个连的一个军官，在战争中他经常擅自带我们离开防线，让全连陷入危险当中，我们很不喜欢。中午最热的时候，他想让整个E连列队进行刺刀训练，而这时候战争已经结束好几个月了。军士长打开我们营房的门时，有人朝他扔了只靴子。他回去后马上向上级汇报了这件事。随后，那个讨厌的军官来了。我们干脆告诉他不会出去列队。他扭头就走了，但很快就又回来了，从连部叫来大约30个人跟在他后面。他

⊙ 1916年8月7日，蒂耶普瓦勒，威尔特郡团正冲向敌人阵地

⊙ 分发补给品的幸福时刻。但总的来说，堑壕中很缺乏食物，士兵们不得不在单调的饭菜或是在饥饿中面对战争的恐惧和身体的疲惫

面对着我们，掏出左轮手枪并扳开击锤。大家都一言不发。营房里所有人都在他的射程内，但那天早上我们很累，所以我们不会去训练。就这样，大家都沉默着。这时候，外面的士兵也纷纷回到他们的营房，他们集中了自己手头的弹药，端着枪冲进来，再次要求军官取消训练的命令。这家伙是个上尉，是由士兵晋升为军官的。他见状就从营房走出去，紧握着扳开击锤的左轮手枪，对我们喊道："我要枪毙了那个带头说不去训练的人！"这时候，那30个连部士兵正好赶到，他们之中有人喊道："你要敢那么做，我们现在就干掉你这个同性恋。"这个军官把左轮手枪扔在地上，便逃得无影无踪了。我们都参与了这场兵变。

一位从本土赶过来的陆军准将先听到了那个军官的一面之词，然后他说："我想听听弟兄们怎么说。"有20名或30名参与兵变的士兵来到准将的掩体，把实情告诉了他。他们说："我们不想参加刺刀训练，这是鉴于血淋淋的教训，我们中的一些弟兄曾经在训练中被刺刀刺伤。"这件事的结果是：除了打扫营地之外，再也没有训练了，这样我们只在身体上劳累一点儿。那个讨厌的军官被调到别的地方工作，我们再也没见过他，那是一个我们够不到的、该死的好工作。

我想说的是，战争中的牺牲是不值得的。没有一场战争配得上那些牺牲。没有一场战争配得上两三个生命的逝去，更不用说成千上万。不值得的……第一次世界大战，如果你深入剖析的话，是什么？只是一场家族内部争吵而已，这就是起因。第二次世界大战——希特勒想统治整个欧洲，仅此而已。我们已经有了恺撒和他的儿子、拿破仑、希特勒和他的追随者……

⊙ 激烈的近距离战斗，注意照片中间的英军士兵手持着刘易斯机枪

他们造就了那些死在血泊之中的人，不用这种方式，数百万个生命就会得救。这些都是不值得的。

我的卧室对面有一扇窗户，窗户的上方有一盏灯。现在当员工走进这个房间的时候，就会点亮那盏灯。如果我正半睡半醒，会觉得那灯光就像是一枚炮弹爆炸时的闪光。这闪光让我回想起了一切。80 年来，我从未看过一场战争电影，也从来没有讲过这些，甚至没和我的妻子讲过。最近 6 年来，我住在这个养老院。这 6 年里我一直在为你们讲述第一次世界大战。正如我说的，第一次世界大战已经成为历史了，早就不是新闻了，你们还是忘了它吧。

六、回忆四：死神

以下内容摘自 1916 年一名法国外科军医的日记，详细描述了一位受伤的士兵在索姆河战役后的幻觉。这些日记记录的日期为 1916 年 10 月，它属于巴波姆附近的第 11 基地医院首席外科医生和心理专家科特梅勒克医生，这个医院主要负责对索姆河战役中受伤士兵的诊治。科特梅勒克医生在战争中牺牲后，他的遗物被送回了家乡，在遗物中有一本战地日记，里面描写了他感兴趣的事物和一系列的素描图。经过研究发现，这些东西被不同的商人出售了很多次，最后在 1980 年落到了一位历史学家手中。之后这位历史学家开始研究这些材料，并且出版发行了关于科特梅勒克医生的生平和一些奇怪的发现。这些日记的原本仍然在历史学家的手中，他发布了日记的副本和其中一些素描图的扫描版。

⊙ 凡尔登战役期间，堑壕内的法军士兵

科特梅勒克医生的日记，激发了我们对 213 号伤员马赛尔 · 拉扎尔本人和他的故事的强烈兴趣：

1916 年 10 月 9 日

213 号伤员：第 151 步兵团的马赛尔 · 拉扎尔少尉，被炮弹炸伤。战前，拉扎尔是德努沃（位于尼斯）的一位著名艺术家。他被人从战场上直接抬下来交与我照顾，当时有一枚炮弹差点儿炸死了他。考虑到拉扎尔的双腿所受的严重创伤，他表现得很冷静。他对我说的第一句话是“就是他”，我以为他指的是那个把他从战场上抬出来的士兵。拉扎尔少尉手下的其他人都被炸得粉碎，他们的生命永远定格在了末日般的炮击时刻。

1916年10月10日

对213号伤员的双腿进行了截肢——由于嵌入了大量弹片，已经引起坏疽。

1916年10月12日

213号伤员对他失去双腿的事情看起来并不知情或者说漠不关心，也从来不过问他何时可以恢复健康或什么时候能够回家。反而，他开始重复说一些话，诸如，“其他人……他把他们撕碎了”——“他们无法阻止他”——“他过来找我了”。我认为伤员拉扎尔正在经历常见的创伤后幻觉，也就是说，他用自己创造的噩梦来解释他的战场经历。这些幻觉让伤员脱离现实，但是，一旦消退的话，伤员就会遭到混杂着作为幸存者的负罪感和震惊感的心理冲击。如果他一直陷入这种状态，我将会申请把他转到精神病区。

1916年10月19日

今天，213号伤员说：“一只手持着长柄大镰刀，一只手抓住你，把你举离地面。另一只手用长长的手指慢慢地切割你的身体，最后一只手把你尖叫着的头颅从身体上扯下来。”

1916年10月20日

一位护士发现213号伤员在他的床单和（敷在断肢上的）管型石膏夹上正画着什么。护士拿起他的铅笔，他对护士道歉，眼神清澈而坚定。护士告诉我说，虽然她对213号伤员的行为感到困惑，但她觉得自己好像在跟一个神智正常的人交谈。他渴望作画的举动启发我产生了一个想法。如果拉扎尔能够通过他所能找到的最自然的方式、通过他的艺术才能来表达自己，他或许可以很快

⊙ 战争绘画《死去的士兵》

地驱除幻觉。

1916 年 10 月 21 日

今天早上，我带回一摞素描。这些画作精密而且协调，不是一个精神异常的人所能画出来的。画作的主角都是一个怪物：这个东西很魁梧，头部是一个空洞的人类头骨，长着四只肌肉发达的胳膊，长长的手指像蜘蛛腿一样尖。他的胸部有一副沉重且华丽的战甲来保护，腰以下是黑色的皮质腿甲，膝盖的铠甲上雕刻着怒吼的狮子，钢索护腕覆盖在他长长的手腕上，其中一只胳膊还挎着弯曲的、闪闪发光的长柄大镰刀。这些画作还展示了这个怪物是如何移动的。他所到之处，只留下一条在危险的战争中腐烂的毁灭之路——钢盔、生锈的武器、死亡士兵的破烂军服——围绕在他脚下的，还有工业化战场的垃圾和那些曾经是父亲和儿子如今却已经逝去的人的、残缺不全的尸体。画作里描绘尸体堆积的地方都涂上了真正的血液。我注意到 213 号伤员的指尖流血了，他用铅笔尖锐的笔尖刺破了自己的手指，把鲜血涂在了画作上。

在一幅素描中，这个怪物正用自己其中的一只手臂抓着一名士兵的身体，另一只手臂则抓住这名士兵深埋在钢盔中的头部，就好像放在一个盘子里向我们展示一样。这个怪物用沉重的皮靴踩着其他士兵们的尸体，他们被这个巨大而又沉重的骨架碾碎，流淌出鲜血。这个怪物浮现的笑容使得他弯曲的下颚张开得更大，而他空洞的眼窝似乎变得更深邃了。再明白不过了，这个怪物就是死神。

作为一个医生，我得把这个叫作严重的创伤后幻觉。但是 213 号伤员的严谨和执着，让我迟迟不能确认这一判断。通常，只有思维健全的人才能绘制出这么复杂精密的画作。要么是我低估了他的精神状况，要么就是他完全毫无疑问地在讲述一个事实，个人来讲，我也不知道该相信哪一种判断了。

1916 年 10 月 22 日

凌晨 2 点，吓坏了的夜班护士告诉我说，从 213 号伤员的房间里传出一阵令人毛骨悚然的尖叫声，还有嘎吱嘎吱的咬碎东西和刮削东西的声音。但是当我进入那个房间，却并没有发现任何异常，213 号伤员看起来像是在熟睡中平静地死去了。

虽然马赛尔 · 拉扎尔现在已经去世了，但是他留下的表达强烈情绪的画作深深地扰乱了我在平静夜晚的睡眠。这些画作比我在这场战争中目睹的任何场景都恐怖，它们挑战了我对精神健全的定义。我把拉扎尔的这些画作打包装到一个小

⊙ 德国画家的名作《堑壕战》。曾经在纳粹统治时期被禁止，画作展示了残酷的战争场面

手提箱中并邮寄回家里。我打算在战争结束后再仔细思忖它们的真正含义，如果现在这样做的话，一定会令我脆弱的神经陷于危险的境地。战报证实，拉扎尔所在的整个排都在炮火袭击中阵亡了，他是唯一的幸存者。但是，对于战场上发生的事情，拉扎尔本人却有不同的故事。他确信，有个类似人类骸骨的怪物，长着四只胳膊，还有瘦骨嶙峋的长手指。这个怪物折磨并且把他的战友们撕成了碎片，"一只手举着长柄大镰刀，一只手将你抓离地面，用另一只手的刀刃般的手指将你慢慢开膛破肚，用最后一只手将你的灵魂从身体内撕扯出来"。

是不是拉扎尔正在经历的创伤后幻觉，混杂着他想要消除一段可怕记忆的潜意识？他对长柄大镰刀的描述和神话中的"收割者（即死神）"非常相似，这在那时是一个众所周知的形象。拉扎尔的灵魂把这个形象放入了他的幻觉世界中，是代表他目睹了毫无意义的惨烈死亡，还是意味着这一切都是真实的呢？

……

历史学家按：

从日记上看，尽管在一开始科特梅勒克医生对拉扎尔在幻想中做的画感到怀疑，但很快就几乎相信了他的故事。医生曾经想把拉扎尔送到精神病区，但最后并没有这样做，而是允许少尉把他所看到的都画下来。看到这些素描之后，科特梅勒克出人意料地确定"这个怪物就是死神"。在阅读科特梅勒克医生其他日记的时候，我不得不承认他是一个理智的医生，不是那种在小说中寻求刺激或者轻易相信一个超自然幻想故事的人。但事实上，他允许拉扎尔继续"胡思乱想"，这有点儿超出了我的理解范围。我只能猜测，在战争的重压之下，任何人都容易和现实脱节。难以解释的是，这里有什么东西能一直吸引着医生，让他不能把注意力从拉扎尔身上移开。日记中引用的这些素描草图是拉扎尔的诸多画作之中仅存的，描绘了拉扎尔谈到的那个怪物，还有他所说的战场上的情形。当我第一次直面这些画作的时候，就清晰地感觉到了它们带来的震撼，注意到了这一系列素描上错综复杂的暴力场景——这具骨架参差不齐的下颚，碾碎士兵头颅的瘦长手指，这些可怕的、令人不安的细节，活生生地跃然纸上。它们看起来非常匆忙，给人一种压迫感，但仍能详细描绘出让人不舒服的细节，就好像拉扎尔的手被他的狂热和恐怖的激情所疯狂地驱动着。正如医生在日记中诠释的，这毫无疑问就是死神。拉扎尔在参战之前是一名艺术家，他有着杰出的艺术才能，有能力以创作这样的插画为生，战前他就已经声名鹊起了。表面上看，他似乎在画作里表现了神话中的死神。然而，在我们的研究中，并没有发现任何与拉扎尔疯狂的想象力相近的东西。拉扎尔用独一无二的视角去捕捉细节元素，要么是他拥有极强的想象力，要么就是他看见了真实的场景。

⊙ 惟妙惟肖的场景模型，堑壕中，近在咫尺的德军突击队员和英军士兵

尚无证据能表明这些画作与科特梅勒克医生的遗物一起被寄回了他的家乡，所幸的是仍留有一张清晰的原稿，颇具讽刺意味的是，这张“笔触干净、构图专业”的素描竟然是画在了从弹药箱拆下来的木板上。这幅画在 1950 年的某个时候被人发现，先是拍成照片进行展示。但收藏它的奥地利博物馆随后就关闭了，所有藏品都被转到法国的奥尔赛博物馆整理归档。该博物馆的内部人士称，关于这幅画目前的下落他们也没有明确答案——或许已经消失在了时间的长河里，但却为我们提供了这幅画作的多幅档案照片。

在读完了生动的日记，又亲眼看到了画作之后，尽管有更好的解释，我还是明白了为什么科特梅勒克医生开始相信 213 号伤员的故事。拉扎尔令人心惊胆战的故事通过他留下的视觉遗产表现了出来，激发了后人探究的兴趣。

⊙ 堑壕内作画的法军士兵，四周都是带刺铁丝网

七、后记

笔者在整理上述堑壕战历史的过程中愈发地感到，人类的每个渺小个体与浩瀚的历史之间竟然可以产生如此重要、丰富的联系，尤其是对于第一次世界大战这样的悲剧性事件来说。人们对一战的认识只能基于非常有限的资料和一些零星的名字，相比之下，研究二战的资料就丰富翔实得多。但如果没有第一次世界大战，也就不会有希特勒在 1918 年后成为“德国的救世主”，那么第二次世界大战也就无从谈起了。人们如果没有对 1914 至 1918 年这段历史的正确认识，也就无法正确理解人类在 20 世纪所经历的种种政治和社会巨变。

⊙ 1917 年，伊普尔，行走在森林废墟中的英军士兵

但是，让现今的读者与这段历史建立起直接的、便于理解的联系也不是容易的事。我希望借助本文带来一点儿新意，借助那个年代普通士兵的回忆，将一战堑壕战的历史更加生动地展示给读者，从而使读者更加形象地认识那段历史，因此本文对战争的讲述完全是以亲历者的第一人称视角进行。

在人类历史上，第一次有数百万的士兵被当作“战争资源”投入了这场旷日持久的杀戮，他们中的每个人所能提供的信息只能是片面的、带有个人观点的片段。但从这些“20 世纪灾难之源”的点滴侧面，仍能从中看到战争中普通士兵的内心感受和他们真实的生活场景。

⊙ 历经轰炸和炮击后的伊普尔城，化为了一片瓦砾

⊙ 希特勒（下排左一）在索姆河战役中大腿受伤

同室操戈

——英格兰与苏格兰的千年恩怨

作者：赵恺

楔子：诸王时代——早期不列颠群岛的征服者们

距今1.2万年前，影响北半球的“末次冰期”逐渐归于终结。一度覆盖整个英伦三岛的冰雪开始消融，人类的活动也由此频繁出现在了不列颠群岛之上。[1] 借助冰雪消融、万物复苏的契机，手持着旧石器时代晚期复合工具的先民们逐渐填满了整个英格兰和威尔士的蛮荒之地。掌握了人工取火技术的早期人类开始在英国各地建造原始房屋。1823年，英国牛津大学的地质学教授——威廉姆·巴克兰德，在威尔士南部的高尔半岛发现了英国最早的人类墓葬。由于墓坑之中发现了红赭石粉和象牙饰品，因此考古学家一度称死者为“帕维兰红粉佳人”，但最后经确认这具遗骨主人的性别为男。

⊙ 爱尔兰大角鹿的复原图

这一时期不列颠群岛的先民们依旧以渔猎为生，但随着荒原被茂密的森林所取代，原先体态庞大的大象和犀牛逐渐绝迹，为了追逐奔驰于密林中的爱尔兰大角鹿[2] 等较小的动物，弓箭这一人类具有跨时代意义的发明在不列颠群岛逐渐被广泛运用起来，并在日后的演进之中成为当地居民的招牌武器。

约在公元前3000年左右，泰晤士河沿岸出现了用土梗围起的原始村庄。而另一种至今用途存疑的人工建筑群也在英格兰南部如雨后春笋般涌现，那就是至今仍矗立于伦敦西南100公里的索尔兹伯里平原之上、以“巨石圆阵”而闻名的石林。在整个英格兰地区，类似的石林总计发掘出980余处之多，其具体用途存在着“集体公墓”“部落医院”“祭坛圣地”等多种说法。而古代先民如何将重达数吨的蓝砂岩从南威尔士开凿下来，并运抵英格兰最终打造成石柱的过程，更是令人匪夷所思。因此自“巨石圆阵”被发现以来，便一直有好事者将其与超自然力量联系在一起，各种玄之又玄的传闻更是多如牛毛。

---

① 1935年，英国考古学家在距离伦敦18英里的肯特郡斯旺斯科姆村一所教堂的砾石坑中，发现了距今约20万前的早期智人遗骨，从此不列颠群岛的第一批定居者被命名为斯旺斯科姆人。这是不列颠群岛的人类活动遗迹之一。

② 爱尔兰大角鹿：是曾广泛分布于从爱尔兰至贝加尔湖的巨型大角鹿，因为在爱尔兰泥煤田发现了数百件保存良好的化石而得名，一般认为于距今7700年前左右灭绝。

⊙ 至今仍用途存疑的巨石圆阵

一般认为，石林的建造者来自北非。约在公元前3000年至公元前2000年间，身材短小、皮肤稍黑、头颅狭长的北非移民经伊比利亚半岛进入欧洲大陆，并通过在今天法国北部布列塔尼半岛的定居点逐渐向不列颠群岛渗透。由于其曾长期盘踞伊比利亚半岛，因此欧洲史学家普遍称其为“伊比利亚人”。由于没有充足的证据可以证明，伊比利亚人是否拥有高超的航海技术，因此有史学家认为连接不列颠群岛和欧洲大陆的陆上通道在公元前1000年之前仍未被海洋淹没。

在漫长的新石器时代，创造了璀璨农耕文明的古伊比利亚人无疑是不列颠群岛南部的主宰。但宏伟的巨石阵究竟是古代天文台的遗迹还是显赫家族的墓地，对于其建造者而言已经毫无意义了，因为在公元前500年左右，一群金发碧眼的“侵略者”闯入了古伊比利亚人的家园，他们便是发源于阿尔卑斯山脉地区的凯尔特人。早已习惯了田园牧歌生活的古伊比利亚人自然不是向来以好战而闻名的凯尔特部落的对手，只用了短短数百年的时间，凯尔特人便成功地用自己的叶形剑将古伊比利亚人数千年的文明积累荡涤一空。

从至今仍广泛流传于爱尔兰等地的凯尔特神话之中，世人不难窥见其“强取胜于苦耕”的民族特性。而伊比利亚人并非是凯尔特人疯狂扩张的唯一受害者，公元前390年前后，凯尔特人洗劫了仍处于襁褓之中的罗马文明；公元前279年，凯尔特人首领布鲁图斯

⊙ 布鲁图斯洗劫宙斯神庙的想象图

率军攻破希腊人倚为长城的温泉关，并亵渎了奥林匹亚山上的宙斯神庙。

自诩为“不败勇者”的布鲁图斯最终在与希腊人的战争中因伤重而死，他所纠集的大军也随即陷入了分裂，满载着战利品的凯尔特人返回了他们在欧洲的主要聚居区——高卢。而这段历史在后世英国御用历史学家——蒙茅斯的杰佛里所撰写的《不列颠诸王史》中，竟然成了所谓“特洛伊后裔”布鲁图斯领导遗民的“出希腊记”。

现实中死于马其顿的布鲁图斯，在《不列颠诸王史》中带着从希腊讹诈来的金银和美女一路扬帆经由地中海来到了法国北部，并大言不惭地将凯尔特人征服不列颠群岛说成是月之女神狄安娜的指引。只是不知道在罗马神话中改名为“朱庇特”的宙斯先生，会做何感想。

在与当地被称为“高卢人”的凯尔特部落的多次交战之后，布鲁图斯虽然“屡战屡胜”但仍“不忍多杀”，于是毅然决定“转进”与高卢一衣带水的海岛，并因自己的名字将其命名为“不列颠”。这个一看就是以讹传讹的故事却折射出有趣的历史现实，在好勇斗狠的凯尔特诸部之间，英伦三岛不过是欧洲大陆上失败者的避难所，而“不列颠”之名虽然与布鲁图斯关系不大，却的确源于凯尔特部落“布里吞”的音转。

蒙茅斯的杰佛里虽然生卒年龄不详，但大致生活于诺曼王朝统治时期。作为一个受过系统神学培训的天主教修士，蒙茅斯的杰佛里除了在《不列颠诸王史》中改头换面地加入了大量希腊神话、圣经故事的经典桥段之外，更为了迎合诺曼贵族崇尚武力、热衷征服的阅读偏好，将凯尔特人统治下的不列颠描述为西欧霸主。正如《不列颠诸王史》中，“月之女神”狄安娜向布鲁图斯许下了所谓“那里是你和你的族人合适的住所。对于你的后代来说，它将是另一个特洛伊。一个源自你祖先的伟大民族将在那里诞生，整个世界都会臣服在他们脚下”的神谕那样，不仅高卢地区任其“七进七出”，连号称“永恒之城”的罗马也数度沦陷于不列颠人之手。

但随着叙事的深入，蒙茅斯的杰佛里很快便体会到了“造谣一时爽，圆谎忙断肠”的痛苦。毕竟，在凯尔特人洗劫罗马之时，布鲁图斯尚未出世。而恺撒对高卢和不列颠的征服却是世人皆知的历史，一时无法自圆其说的杰佛里只能在《不列颠诸王史》中这样写道：“我不再描述他（指征服罗马的不列颠诸王）在那里（罗马）做的其他事情和他最后的死亡，因为罗马的历史学家会讲述这些内容。如果我自己要描写这些事件，本书将过分冗长，而且再一次涉足其他人的研究领域，我就会偏离自己本来的意图。”这可谓是最为无耻的“春秋笔法”。

⊙ 罗马军团在多佛海岸抢滩登陆

事实上，不列颠的统治者从未征服过罗马，倒是公元前 55 年一位来自罗马的执政官率领着他的百战之师出现在了高卢北部沿海。这位名为尤利乌斯·恺撒的罗马贵族此时已经征服了大半个高卢，并在这一年的夏天深入了日耳曼人的领地，解除了来自侧翼的威胁。后世诸多英国学者从经济、政治等方面赋予了恺撒这次远征以非凡的意义，但事实上，从军事的角度而言，恺撒首先考虑的是切断英吉利海峡两岸之间凯尔特部落的往来，因此在公元前 55 年的远征之中，恺撒仅派出了两个罗马兵团，区区 1 万人。

公元前 54 年的春季，恺撒再度发动了对不列颠的跨海远征。经过一个冬季的准备之后，恺撒手中已经拥有 800 艘战舰和运输船，足以运载其高卢军团的半数（5 个兵团，总计约 2.3 万步兵和 2000 骑兵）。而据说不少非军事单位的船只也如影随形般地跟着恺撒的舰队，这些私人船只主要为罗马的商人和奴隶主所有，他们如同鲨鱼闻到血腥一样，能希望能从恺撒的军事胜利中分到一杯羹。

恺撒第二次远征不列颠的登陆地点，史学家向来有着不同的看法。但根据恺撒本人的说法，虽然事先选定了更为有利的登陆地点，但由于风暴的影响，罗马舰队最终被迫仍在前一年的登陆点——多佛附近再次登陆。这一次罗马人几乎没有遭到对手像样的阻击，而根据抓到的俘虏口供，不列颠的凯尔特人本已经布防完毕，但看到海上驶来的舰队数量，便吓得逃离了海岸，躲到地势较高的地方组织防御了。这使得罗马人有充分的时间在海滩上建起了堡垒，以保护锚泊在岸边的船只，登陆工作进行得相当顺利。

虽然一场风暴再度摧毁了罗马远征军的锚地，但恺撒依然决定孤军深入。而在顺利横

⊙ 不列颠的战车曾一度令罗马方阵步兵颇为头痛

渡泰晤士河之后，恺撒随即遭遇了一个难缠的对手——由部落首领卡西维罗尼斯所指挥的战车部队。以方阵为主的罗马步兵，对于这种高机动性的武器显得很不适应。

恺撒本人曾对不列颠人的战车运用有着详尽的表述："在车战开始时，不列颠人驾着战车遍地而来，同时投掷标枪。一般说来，狂奔的战马和车轮的嘈杂声，足以使士兵惊恐万状，溃不成军。等马队冲开一个缺口之后，他们便从战车上跳下来徒步作战。同时，战车的御者向后稍退，把战车摆到合适的位置上，使他们的主人在寡不敌众的时候，能够顺利地退到自己的阵线中去。他们就这样把机动部队的灵活性同步兵的稳定性结合起来，而且经过每日训练，达到了非常熟练的程度。即使在陡峭的斜坡上，也能控制住奔驰若飞的战马，能迅速勒马停蹄，或转辔而去。他们能沿着车辕跑动，跳到车轭上，然后像闪电一般回到车里。"

不过卡西维罗尼斯也存在着自身的软肋，和大多数凯尔特部族首领一样，他在外交手腕方面乏善可陈。虽然在《不列颠诸王史》中，蒙茅斯的杰佛里将不列颠凯尔特人联盟的分裂，归咎于一位名叫安德罗格乌斯的贵族和卡西维罗尼斯的私人恩怨。但从理性分析的角度来看，以自然经济为主的凯尔特人根本无法支撑一场旷日持久的战争。而罗马远征军

⊙ 罗马军队的纪律和战阵往往令凯尔特人在正面交锋中溃不成军

虽然在不列颠战车的袭扰下疲于奔命，但仍可以在固守滩头阵地的情况下，通过不断劫掠的方式削弱凯尔特各部族。因此，在发现无力拔除罗马军队在多佛海岸的桥头堡后，卡西维拉努斯不得不选择与罗马议和。而此时的恺撒也不得不抽身返回欧洲大陆，去镇压再度爆发的高卢人起义。因此经过一番折冲樽俎之后，恺撒选择了撤离不列颠。

尽管恺撒对不列颠的远征并未征服这个海岛，但那些在他身后垂头丧气地走过罗马大街的不列颠战俘，还是足以令恺撒吹嘘自己的功绩。而在此后近一个世纪的光阴之中，罗马人都选择了止步于英吉利海峡以南。除了罗马内部围绕共和与帝国之争所引发的一系列战乱之外，不列颠之所以免于遭受入侵，更仰赖于高卢和日耳曼地区的“蛮族”与罗马军队之间的反复拉锯。

最终将不列颠纳入版图的是罗马帝国的第四任皇帝——克劳狄一世。作为“暴君”尼禄的养父，罗马帝国对克劳狄一世的施政水平评价不高，甚至宣称其所发动的远征不得人心：“士兵们一想到要到已知世界之外去打仗，就感到愤愤不满。”但承平日久的不列颠群岛却由于分裂而无力抵抗入侵，为此西方史学界不得不将克劳狄轻松征服不列颠群岛南部的胜利归功于帝国军中“能够轻易地武装泅渡最湍急河流”的日耳曼雇佣兵，认为是他们“射人先射马”的战术瓦解了不列颠精锐的战车部队。

⊙ 波狄卡女王起义

罗马帝国对不列颠的统治残酷而血腥，凯尔特人的武装抗暴更是此起彼伏，其中最为著名的莫过于公元 61 年波狄卡女王所领导的起义。波狄卡本是与罗马帝国关系密切的爱西尼王国的王后，她的丈夫生前曾留下遗嘱，将王国统治权上交给罗马皇帝尼禄，但是前来接收的罗马军队却大肆劫掠。在“世袭财产被夺走，皇亲国戚沦为奴隶”的情况下，波狄卡终于忍无可忍，率领 8 万起义军横扫当时被称为伦丁尼的伦敦周边地区，不仅诸多罗马移民和商贾成了刀下之鬼，连赶来镇压的帝国正规军——第九兵团都被打得溃不成军。

但随着罗马帝国驻军的陆续集结，波狄卡及其起义军随即土崩瓦解。在此后长达 400 年的统治之中，罗马帝国军事和经济的优势不断渗透，最终令不列颠南部沿海地区成为罗马帝国驯服的产粮区。而在以高地为主的北部地区，即便是强悍的罗马帝国正规军，贸然

⊙ 消失在浓雾中的罗马帝国第9军团成了西方历史小说和影视剧的热门话题

深入也往往会遭遇片甲不还的惨败。公元117年，罗马帝国第9兵团便消失在了苏格兰的浓雾之中，成为附会万千的旷古之谜。

此事极大地刺激了罗马皇帝哈德良。在公元121年巡视整个帝国的旅途中，哈德良亲自授意不列颠驻军沿边境修筑贯穿整个不列颠蜂腰部的防御工事，这条防线史称“哈德良长城”。尽管哈德良的养子安东尼曾一度将罗马帝国在不列颠的统治向北推进了100公里，在更为狭窄的克莱德河与佛斯湾之间修筑了“安东尼长城”，但是在苏格兰部落汹涌的反扑之下，罗马帝国的统治区域很快便龟缩回了哈德良长城之内，于是这段全长116公里的边墙便成了所谓“文明”与“野蛮”的分野。而不列颠南部的原住民也逐渐习惯了现有的生活秩序，直至日益腐朽的罗马帝国在蛮族入侵的浪潮下逐渐崩溃。

⊙ “哈德良长城”和不列颠的罗马驻军抵抗凯尔特人进攻的想象图

为了绕过哈德良长城，居住于苏格兰和爱尔兰的凯尔特部族——皮克特人，泛舟入海从两翼展开登陆。而随着日耳曼部落涌入一海之隔的高卢行省，公元407年罗马帝国的驻军在一位名为君士坦丁的贵族指挥之下有序地撤离了不列颠。在罗马皇帝所谓“各个行政区应该设法自卫”的敷衍之下，不列颠当地的罗马化居民又苦苦挣扎了数个世纪。在“野蛮人把我们赶向大海，大海又把我们赶向野蛮人”的无助之中，不列颠人开始联合自保，后世著名的“亚瑟王和圆桌武士”的传说便脱胎于这个时代。

真实世界中的亚瑟王是一个生活于威尔士南部的小酋长，而所谓“圆桌武士”

则是一支以战争为生的雇佣军。在罗马帝国的余晖逐渐黯淡的岁月里，亚瑟王和他的部下联合各凯尔特人部族的武士共同抵御来自北欧的日耳曼分支——撒克逊等部落的入侵。以骑兵为主的不列颠人往往可以在局部战场上形成优势，但却无力抵抗一场移民的大潮。公元 4 世纪前后，来自北欧的撒克逊人通过朴次茅斯等桥头堡逐渐蚕食了整个不列颠南部地区。

⊙ 后世诸多关于亚瑟王的传说都带有浓郁的中世纪色彩

在积极展开武力征服的同时，撒克逊人也积极寻觅此时已然在欧洲大陆声名鹊起的天主教的支持，而宗教的力量恰恰是不列颠人团结一致的纽带。在教会的推动之下，原本泾渭分明的民族对立逐渐演化成了一场宗教战争。恰如神话故事中首席魔法师梅林的离去令亚瑟王走向没落一样，当牧师在不列颠群岛逐渐取代了自诩为“森林之子”的巫师德鲁伊之后，陷入分裂的不列颠人最终兵败哈德良长城一线。昔日不列颠南部罗马帝国的农庄，随即成了撒克逊群雄的角力场，英国历史称之为“七国时代”，而那些钩心斗角的历史更幻化成了《冰与火之歌》故事中的家族兴衰。撒克逊人以其同宗之名称这片土地为“盎格利亚”，这个拉丁词汇最终音转为“英格兰”。

一、分庭抗礼——苏格兰王国和金雀花王朝的建立与对峙

以亚瑟王为首的一干罗马化的凯尔特人领主保全自身领地的努力，在从北方涌来的皮克特人和从南部登陆的朱特、盎格鲁和撒克逊三大日耳曼部族的夹击下而归于破产。但天主教信仰和原始的骑士采邑制度，却在盎格鲁 - 撒克逊诸部的内战、抵抗维京人入侵以及诺曼征服的过程中，逐渐在不列颠南部的英格兰地区生根开花。

随着罗马帝国的崩溃，历史悠久的地中海贸易网因为蛮族入侵而急剧萎缩。连食用香料都依赖进口的欧洲，土地便成为唯一的财富来源。因此，封地既是上位者笼络人心的最好馈赠，同时也是有效管理辽阔疆土的必然选择。而为了迎战驾着大船的维京人和来去如风的马扎尔人（匈牙利人的祖先），欧洲的大小豪强必须令自己的武装力量处于机动状态。因此，可以动员多少骑兵力量很快便成为衡量一个贵族乃至国王实力的标尺。而在面对可以迅速大量补充有生力量的游牧民族和穆斯林军团时，欧洲骑兵往往处于数量上的劣

⊙ 早期的欧洲骑士

势，在脆弱的经济无法供应更多军队的情况下，提升个体骑兵的装备便成了谋取胜利的唯一选择。

为了保存更多的有生力量，骑士们装备了越来越厚重的铠甲。而为了保障战马能在战斗中长期负重并在关键时刻高速冲击，几乎每一个采邑的马厩都在努力改善着马种。但即便是最强壮的战马也无法应对长时间的作战，何况骑士们还需要再有一匹马来帮他们驮运越来越多的辎重——长矛、长剑、头盔和甲胄。同时他还需要一名替他管理甲胄的随从，一名轻装的骑兵担负搜索与侦察的任务，两到三名步兵负责宿营时护卫。因此，“骑士”在战场上并非只代表单个重装骑兵，而是一个合成作战单位。

仅仅是身着重铠在高大的战马上挥舞各种兵器，便需要长时间的专门训练，而组建一个骑士战斗组更是耗资不菲。因此采邑便成为每一位骑士的主要经济来源。为了保护自己的土地和家庭，骑士们修筑了高大的城堡。这些城堡通常都坐落在道路附近，其中有一座主楼供家属居住，侧楼供随从居住，周围有高高的围墙，有城垛防止侵犯者架梯，城堡四周还筑有护城河。可以说，城堡就是欧洲中世纪社会稳定的支柱。

在强大的外敌依旧徘徊在基督教世界边缘之时，天主教会是明确反对欧洲领主乃至国王之间发动战争的。当然，倘若真的爆发了，教皇往往也不过是为此深表痛惜，然后双手一摊表示无力制止。但通行的规则却是交战双方都必须遵守的，骑士与骑士之间的私斗被要求尽可能避免使当地经济遭受损害——骑士可以杀死他的仇敌，但不能烧掉或剥夺仇敌家族的财产。如果是国家与国家之间的战争，则战胜者可从俘虏身上勒索赎金，败敌的财产也是合法的战利品，还可以按当地农民的人数来征收贡物。不过原则上，不仅教士可以守住其财产，甚至土地耕种者也可豁免交纳田租，其所有权不受战争结果的影响。

正是在这些战争规则的作用之下，中世纪欧洲的战争呈现出一种所谓“文明”的趋势。在战场上，骑士总是避免将对手赶尽杀绝，因为每一个俘虏都代表着巨额的赎金。而一旦败者逃入教会的领地，追兵也只能在修道院外驻足叫骂，毕竟一旦得罪了天主教会，快意恩仇的结果往往是身败名裂，往后再难从罗马教廷得到道义和经济上的支持。当然，城墙高大坚固的城堡也往往是交战双方的终点，因为无论是围困和强攻，夺取一座设防城堡的代价都足以令战争演变成入不敷出的“双输”局面。

固化的阶层、稳定的边界加上天主教对文化教育的垄断，共同构成了一个相对稳定的政治生态圈。一系列全新的游戏规则也应运而生：左右一个王国的归属，不再取决于武力的强弱，而是需要参考候选人所领有的土地多寡以及与罗马教廷的关系。正是在这样的情况之下，当“征服者”威廉所建立的横跨英吉利海峡的诺曼王朝绝嗣时，英格兰各派贵族随即将王冠戴在了与其血统并不那么亲近的安茹伯爵亨利的头上。

在接手英格兰两年前的1152年，19岁的亨利·安茹刚刚迎娶了被法国国王路易七世逐出宫廷的阿基坦女公爵埃莉诺，轻松获得了法国西南部大片领土。自此选用金雀花的小枝为纹章的安茹伯国，一夜之间成了坐拥大半个法兰西和英格兰的欧洲豪强。

⊙ 抵达耶路撒冷的路易七世

在秉许多人看来，埃莉诺可谓是不守妇道，坊间更一度将其周旋于英、法两国君王之间的故事与偏爱男儿美髯联系在一起。传说埃莉诺的前夫——法国国王路易七世长有一副漂亮的胡子，令埃莉诺非常喜欢。但路易七世自第二次十字军远征后就剃掉了胡子，并且不愿再留胡子。王后认为没有胡子的国王不如以前帅气了，夫妻关系逐渐冷淡，并最终离婚。由于这则故事往往将日后的英法百年战争也归咎于此，因此一般被冠以“胡子引发的战争”之名。

这则脍炙人口的故事虽然不乏趣味，但与历史真相却有着极大的出入。阿基坦公爵虽然名义上效忠于统治法国的卡佩王朝，但在政治、经济、军事等领域均高度独立。埃莉诺的父亲威廉十世甚至在临终前留下遗言，要求自己的女儿决不能让阿基坦为法国王室所并吞。但是继承爵位之时年仅18岁的埃莉诺，面对周边强敌环伺的局面，唯一能做的只有嫁给刚刚登基的法国国王路易七世，才能保障自己的安全。

尽管后世对于路易七世和埃莉诺的夫妻生活有着诸多恶意的猜测，但总体来说，在婚后的头十年里两人感情并没有出现太大的问题。在第二次十字军东征中，埃莉诺甚至还陪伴丈夫一同踏上了前往耶路撒冷的漫漫长路。虽然许多八卦史料都宣称埃莉诺在十字军抵达安条克公国后，一度与公爵雷蒙德出双入对，关系亲密。但作为一个公众人物，埃莉诺似乎没有必要在自己丈夫和诸多十字军骑士面前公然偷情。

埃莉诺和雷蒙德公爵之间的互动，更多的还是出于政治利益的考虑。自嫁入法国王室以来，埃莉诺便始终希望能摆脱卡佩家族的阴影，以突出阿基坦公国的存在。正因如此，埃莉诺才刻意将自己的军队独立组建为“阿基坦骑士团”。而抵达安条克公国之后，面对上上代阿基坦公爵威廉九世之子、自己的亲叔叔雷蒙德，埃莉诺热情洋溢的表现之中既有亲人相见的本能，更是为了彰显阿基坦公国在十字军运动中的贡献。

埃莉诺与亨利年龄相差悬殊，此前也几乎没有生活上的交集。单纯从感情上来讲，这对恋人的“闪婚”似乎有些危险，但政治地位上的门当户对和相互扶植却可谓是夫妻之间最好的黏合剂。对于埃莉诺来说，亨利手握英格兰、诺曼底、安茹三地，麾下数万雄兵，足以保障阿基坦的安全。而在亨利·安茹看来，埃莉诺的丰厚嫁妆足以令自己金雀花王朝的版图平增一倍，与路易七世分庭抗礼。

但正所谓“成也萧何，败也萧何”，金雀花王朝事业的成功起始于亨利·安茹与埃莉诺的婚姻，却也最终由于这段“忘年恋”而几乎彻底葬送。虽然年龄相差 11 岁，但是亨利和埃莉诺却一度如胶似漆，在 14 年的光阴中连续生下了 5 子 3 女。身为一名高龄产妇，埃莉诺如此热衷于“造人”，除了和前夫赌气之外，自然还有更为深层的政治考量。

⊙ 亨利·安茹的情妇罗莎蒙德

嫁给亨利·安茹之后，阿基坦公国虽然名义上是英国王室的领地，但仍在政治上保持独立。按照埃莉诺的计划，自己的众多儿子之中一人继承王位，统治英格兰、诺曼底、安茹足矣；另一人便可以继承阿基坦公爵之位，以实现自己父亲保住祖业不坠的遗言。

应该说，埃莉诺的这个计划曾一度进展顺利。虽然长子威廉早夭，但次子亨利还是于 1170 年加冕为英国国王。应该说，在老国王仍健在的情况下便给其子加冕的做法，在法国早已成为惯例，在英格兰却尚属首次，因此不列颠人称亨利为“幼王”。而埃莉诺的第三个儿子理查则继承了阿基坦公国。

“幼王”亨利虽然头戴王冠，但他老子亨利·安茹却丝毫没有放权的意思，百无聊赖的他便在各地举办“骑士比武”来消磨时间。“骑士比武”对于中世纪贵族来说不仅是一场充满刺激和荣誉的派对，更是往来交际的重要平台。“幼王”亨利不惜为此大撒金钱，自然不是为了收获所谓“在举起过盾牌的国王中，他是最好的，是马上比武者中最勇敢、最出色”的虚名。当1173年“幼王”亨利为了封地和自己的父亲闹翻时，“老王”亨利才发现除了英格兰，几乎整个西欧的主要贵族都站在自己的对立面上。

这场旷日持久的内战缘何而起，史学家给出了诸多有趣的答案。一种说法是随着埃莉诺人老色衰，正值壮年的亨利·安茹勾搭上了一个名为罗莎蒙德的贵妇。面对自己老公的公然出轨，埃莉诺醋意大发，不仅打上门去，还逼迫罗莎蒙德当场自杀。痛失所爱的“老王”亨利随即向罗马教廷提出离婚。但教皇在贵族婚姻问题上，向来更愿意扮演“和事佬”的身份，在一番“回去再想想”的敷衍之后，亨利和埃莉诺的关系迅速走向了决裂。几位王子为自己老妈打抱不平，便揭竿而起了。

另一种更为常见的说法是，1167年亨利·安茹和埃莉诺生下了幼子约翰，由于此时金雀花王朝的领地已经被“幼王”亨利和阿基坦公爵理查瓜分殆尽，舐犊情深的亨利·安茹不忍小儿子成为“无地王”，试图重新调整分封体系。但被动了奶酪的“幼王”亨利和理查岂肯答应？而早已觊觎金雀花王朝辽阔疆域的法国国王路易七世之子腓力二世、苏格兰国王威廉等人则抱着“看热闹事大”的心理跟着煽风点火，并站在了“老王”亨利的儿子们这边。

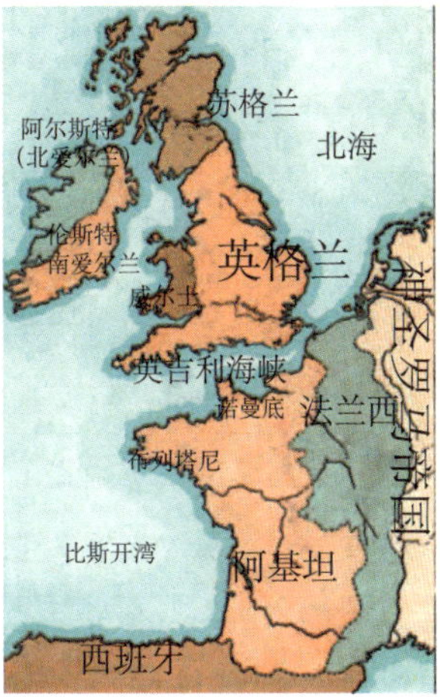

⊙ 金雀花王朝的疆域

客观地说，亨利·安茹晚年的家庭纷争在欧洲的贵族豪门之中早已司空见惯。之所以会演变成为一场惨烈的内战，与其归咎于王后埃莉诺是“红颜祸水”，生下几个“乱世灾星”，不如说是亨利·安茹投机取巧所建立的金雀花王朝本身就不稳固，一有风吹草动打破其内部脆弱的平衡，便会引来滔天的祸事。

凭借着英吉利海峡的天堑以及老婆埃莉诺这个“人质”，“老王”亨利和几个不孝子打打停停地折腾了10余年。应该说，亨利虽然不以武略见长，但运气着实不错。在他的诸多敌人之中，最具威胁的莫过于苏格兰国王威廉一世，这位人称“粗鲁王”的国君不仅骁勇善战，临阵之际往往高喊一声“有胆来战”便带头冲锋。更何况，他曾是诺森伯兰伯爵，在英格兰北部有着复杂的政治脉络和经济利益，加入战团可谓是有理有据。而之所以

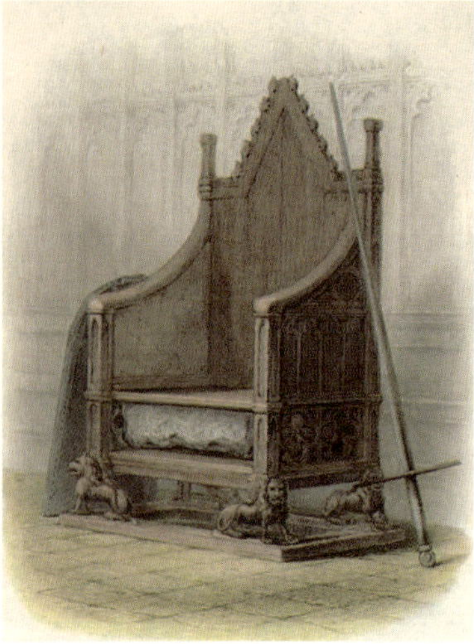

⊙ 命运之石。长 26 英寸，宽 16 英寸，高 11 英寸，重 336 磅，后世被长期放置于苏格兰王座之下

出现苏格兰国王曾是英格兰封臣的情况，则要从苏格兰王国的建立说起。

苏格兰人长期以来都视公元 843 年加冕为王的肯尼思一世为自己的开国君主，但这位传说中文治武功、一时无双的“苏格兰太祖”，其生平事迹却几乎无一可考。甚至连其是苏格兰本地的皮克特人，还是从爱尔兰迁徙来的凯尔特分支——斯科特人，史学家也尚无定论。但在其统治期间，皮克特人开始由昔日的部落联盟走向了封建王国。当时的肯尼思一世，也因此与据称其加冕时所使用的那块“命运之石”一道成了苏格兰正统的象征。

肯尼思一世死后，其弟康纳德继位。但康纳德执掌权柄仅仅 4 年便遭遇暗杀身亡，宝冠也再次流转到了肯尼思一世之子康斯坦丁的手中。皮克特人如此频繁的王位更迭不仅仅是其政治制度尚不成熟的体现，同时也是其周边内忧外患的集中体现。此时维京入侵的狂潮已经席卷了整个英格兰北部地区，苏格兰西海岸也遭殃及，原本定居于当地的爱尔兰移民——苏格特人被迫动迁。此举不仅令维京人在苏格兰西部建立了一个稳固的登陆场，更冲击了皮克特人原有的生活秩序。公元 876 年，年轻的国王康斯坦丁一世在与维京人的战斗中身亡，而肯尼思一世所建立的皮克特王朝也在此后的一系列分裂和内讧中最终消亡。选择与维京人结盟的苏格特人取而代之，并最终成了这片土地的新主人。

苏格特人所建立的政权，历史上被称为亚尔宾王朝，其史料不多，传承混乱。这一局面直到邓肯一世和麦克白这对宿命君臣的出现才有所好转。邓肯一世的父亲是苏格兰贵族克里南，母亲则是野心勃勃的马尔科姆二世之女。此时的苏格兰地区群雄并起，“兵强马壮者为天子”仍是颠扑不破的真理。1005 年，马尔科姆二世与女婿克里南联手攻杀了自称苏格兰国王的肯尼思三世，随后又在 1016 年击败了英格兰北部已经与维京人同化的诺森伯里亚王国，并将本属于英格兰的斯特拉斯克莱德收入囊中。

邓肯一世父子长期受命驻守新领地斯特拉斯克莱德，血缘的优势加上手中强大的边防军，使得邓肯一世在其外祖父去世的 1034 年顺利地继承了王位。但这一王位传承仅仅在邓肯一世家族内部得到了承认，而苏格兰各地诸侯则纷纷利用这一有利时机兴风作浪。

尽管在莎士比亚的悲剧之中，邓肯一世被描绘成了一个垂垂老朽，但事实上，他继位之时年仅33岁。作为一个王国的统治者，他难免还有些血气方刚，其轻率地发动了几场针对“反叛者”的军事行动，但均以失败而告终。此时，与“前朝先帝”肯尼思三世有着复杂血缘关系的莫瑞公爵麦克白投衅而起，并最终在战场上击杀了邓肯一世，抢过了那染血的王冠。

⊙ 油画中被巫蛊惑的麦克白

客观地说，麦克白此举与昔日邓肯一世的外公马尔科姆二世“弑君夺位”并无二致。而从结果上来看，麦克白执掌苏格兰之后，虽然称不上“政通人和”，但好歹也维持了17年的统治，直至1057年他出兵英格兰期间，才为邓肯一世之子——长期在英格兰宫廷避难的马尔科姆三世所杀。

麦克白的人生经历在当时苏格兰纷乱的家族混战中本是政治常态，但莎士比亚身为伊丽莎白一世和詹姆斯一世时代的御用文人，自然要站在“忠君爱国”的立场上将其批判一番。于是在被誉为“四大悲剧”之一的《麦克白》中，这位苏格兰历史上还算有成的国王，成了残忍嗜杀、陷人民于水火的暴君。而马尔科姆三世在夺回王位后，虽然一度承认了诺曼王朝对英格兰的统治，但很快却又在其妻子——撒克逊王朝公主圣玛格丽特的蛊惑下，南下与“征服者”威廉放对，最终毙命于沙场之上。从某种意义来讲，马尔科姆三世的人生经历与莎士比亚笔下的“麦克白”更为接近。

⊙ 身着宫廷礼服的莎士比亚

马尔科姆三世战死之时，其长子爱德华也不幸丧命。其弟唐纳德随即将剩余的几个侄子流放，自己加冕为国王，是为唐纳德三世。如果不是其嫂圣玛格丽特不久便离奇去世，这一幕兄终弟及、迫害王侄的戏码倒是暗合了《哈姆雷特》的中心思想。

此后马尔科姆三世的几个儿子便前赴后继地借助英格兰的兵力北上争位，这场叔侄之间的夺国拉力赛一直持续了6年。唐纳德三世如此坚挺，倒不是因为他有过人的军政才干，而是因为苏格兰在经济上实在供养不起来自英格兰的诺曼军事贵族。当然，这种穷困的理由放在台面上就被描述为“桀骜不驯”。依托着民众对自己的“支持”，唐纳德三世成功干掉了其兄长的次子邓肯二世。后来他却败于其兄长的三子埃德加之手，直到马尔科姆三世的四子亚历山大一世（一说最小的儿子大卫一世）执政期间才被毒死，可谓老而弥坚。

马尔科姆三世诸子在英国宫廷长期逗留之际，正值诺曼王朝勃兴之际。伦敦相对温暖的气候和源自法兰西的奢华都让他们流连忘返，无论是“大丈夫当如是也”的羡慕，还是“彼必可取而代之”的妒忌，都最终催动了亚历山大一世和大卫一世两兄弟在有生之年于苏格兰励精图治并秣马厉兵，何况两人还将自己的妹妹嫁给了“征服者”威廉的幼子亨利一世。因此当亨利一世去世之后，大卫一世全力支持自己的外甥女——马蒂尔达皇后，并因此获得了丰厚的回报。马蒂尔达皇后之子安茹伯爵亨利入主伦敦建立金雀花王朝之后，将英格兰北方的诺森伯兰封给了大卫一世的次子。随着大卫一世及其长子马尔科姆四世先后去世，大卫一世的孙子——诺森伯兰伯爵威廉加冕为苏格兰国王。如此一来，诺森伯兰这块英格兰自古以来神圣不可分割的领土便有了易主的风险。1157年，“老王”亨利要求威廉一世交出诺森伯兰的领地。威廉一世虽然选择了隐忍，但却处心积虑地要找回这个场子。

1173年，威廉一世利用金雀花王朝父子争雄之际，其率领的苏格兰军队加入战团之后，很快便攻占了金雀花王朝的北方重镇纽卡斯尔。“老王”亨利无奈之下一度准备割地求和，但“粗鲁王”威廉却拒绝和谈执意进军，结果在战场上遭遇埋伏被俘了。面对沦为阶下囚的对手，“老王”亨利自然不会客气，不仅敲诈了“粗鲁王”威廉一大笔赎金，还逼迫其签署了丧权辱国的《法莱斯条约》。在此后相当长的一段时间里，“粗鲁王”威廉都忙于镇压苏格兰北部的反对派，金雀花王朝北部的威胁暂时算是解除了。

从法理上来讲，“幼王”亨利已经是英格兰的合法君主了，如其坚持造反，那么其父“老王”亨利的政治地位便岌岌可危了。但“幼王”亨利并没有太大的政治野心，在得知苏格兰人兵败的消息后，“幼王”亨利便选择了与自己的老爸和谈。“老王”亨利以每年多给点儿“零花钱”的代价，便成功安抚住了自己的次子，但父子之间却从此行同路人。

1183年，“幼王”亨利在洗劫了一所修道院后死于痢疾。临终时，“幼王”亨利请求再与自己的父亲见最后一面，但“老王”亨利认为这个不孝子是在耍花招，遂拒绝见他。6月11日，年仅28岁的“幼王”亨利去世，手中始终紧攥着他父亲的一枚戒指，据说那是亨利·安茹原谅他的象征。对这个噩耗，亨利·安茹不无动情地说：“他让我费了很多心，但我宁可他活着让我费更多的心。”

“幼王”亨利去世后不久，亨利·安茹的三儿子——布列塔尼公爵杰弗里也死于法国国王腓力二世的宫廷之中。由于他生前经常劫掠修道院和教堂来筹集军费，因此隶属于教会的编年史作者对他的评价极其刻薄，认为“(他) 在任何事中都是伪君子，是一个欺骗者和伪善者”。而对于金雀花王朝而言，杰弗里也可谓是乱世祸首，因为他常年居住在巴黎，与腓力二世狼狈为奸，不断怂恿自己的兄弟与父亲作对。但客观地说，金雀花王朝从未合法地拥有布列塔尼，杰弗里的政治地位来自于“倒插门”迎娶了布列塔尼女公爵康斯坦丝。从这个角度来说，杰弗里站在腓力二世的立场反对自己的父亲，也算是“忠于王事”。难怪他死后，腓力表现得异常悲痛，甚至上演了一出意图跳进棺材的“行为艺术”。

连续失去了两位王子之后，阿基坦公爵理查成了金雀花王朝的第一顺位继承人。在“老王”亨利看来，困扰自己多年的幼子约翰的封地问题似乎终于可以解决了。但身为阿基坦公爵的理查却无心和自己的弟弟分享家产，于是父子之间再度刀兵相见。而就在“老王”亨利对自己犹如被下了恶毒诅咒一般难缠的家庭状况感到痛心疾首，并最终一病不起之际，突然又传来幼子约翰也投靠了哥哥理查与自己作对的消息。

本就病入膏肓的亨利·安茹干脆放弃治疗并开始绝食，只求速死。1189 年 7 月 6 日，这位金雀花王朝的奠基人含恨而终。据说在临死之前，亨利·安茹命画匠画了一幅画挂在威斯敏斯特宫的大厅之上，内容是四只小鹰和一只老鹰互相撕咬，其中最小的鹰停在老鹰的肩膀上，利嘴正在啄老鹰的眼睛，其用意自然是表达对自己几个儿子反叛的失望和痛心。不久之后，理查在英格兰继承王位，史称理查一世。

亨利的人生因一场惊世憾俗的婚姻而走向巅峰，却在一幕幕人伦尽丧的悲剧中落幕。世人对其家庭生活津津乐道，却大多忽视了他的治国才能。事实上，亨利对英国历史的贡献远大于金雀花王朝那转瞬即逝的辽阔疆土。他所倡导的司法改革，确立了地方—中央法庭的二审裁定体制，而以陪审团的意见取代原先荒谬的“神裁法”，更使其成为西方法律之父。

⊙ 中世纪欧洲最常见的“神裁法”就是决斗

作为“老王”亨利最为疼爱的幼子，“无地王”约翰在最后关头对自己父亲的背叛令人不齿。但从政治博弈的角度来看，约翰此举却不失高明。毕竟在他父的有生之年，已无可能消灭理查及背后支持他的法国国王腓力二世，与其最终沦为老爹的陪葬品，不如趁早改换门庭。而正式登基之后的理查也没有亏待自己的弟弟，虽然约翰名义上只是摩坦伯爵，但是通过迎娶格洛斯特女伯爵伊莎贝尔，约翰在英格兰地区还是拥有了庞大的财富和采邑。不过，理查一世同时也要求约翰许诺 3 年不前往英格兰。

理查一世之所以做出这样的决定，主要缘于他本人正在积极筹措的十字军东征。多年来与父亲、兄弟之间的争斗，令理查一世早已习惯了戎马生涯。在他眼中，与其耗费时日去治国理政，不如纵马驰骋来得逍遥快活。何况对于金雀花王朝而言，通往耶路撒冷的路途远没有想象中的那么遥远。在第二次十字军东征中，法国国王路易七世已经证明了经海路抵达耶路撒冷的可能，而理查一世则比他更进一步，1190 年 7 月，由英、法两国骑士组成的联军直接在马赛港上船，乘坐着从热那亚等意大利城邦租用的船只，开启了穿越地中海波涛的征途。

为了筹措第三次十字军东征的费用，理查一世广开财源，甚至连金雀花王朝对苏格兰的“宗主权”也拿来卖钱。面对这个千载难逢的机会，“粗鲁王”威廉岂能错过？在以 1 万银马克买回自由和尊严之后，“粗鲁王”威廉更是卧薪尝胆以励精图治。在理查一世于十字军东征途中被仇敌扣押并最终死于内战之后，“无地王”约翰上台执政，这位被后世评价为“软剑”的国王，一度意识到了苏格兰的威胁。1209 年 8 月，约翰曾纠集了一支庞大的军队向苏格兰进军。但和由其组织的其他几次军事行动一样，约翰对苏格兰的讨伐同样虎头蛇尾。年事已高的“粗鲁王”威廉只是摆出了一副恭顺的样子，便轻松消弭了战祸。

二、勇敢的心——“长腿”爱德华对苏格兰的征服和华莱士起义

理查一世身后无子，他此前也曾立早逝的三哥杰弗里的遗腹子亚瑟为储君，但大部分英格兰和诺曼贵族根据诺曼底的继承法选择支持“无地王”约翰，而布列塔尼、曼恩和安茹的贵族则根据安茹的继承法支持亚瑟。就在英格兰深陷于继承权争夺的同时，法国国王腓力二世展开了空前的攻势，草草继位的约翰深陷于内忧外患的包围之中，自然无力抵抗。至 1214 年，金雀花王朝先后丢失了龙兴之地安茹和诺曼底，在欧洲大陆只剩下母亲的嫁妆——阿基坦公国仍在苦苦支撑。

1215年，“粗鲁王”威廉病逝，其子亚历山大二世接掌苏格兰。他随即率军南下，加入到对“无地王”约翰的围困之列。1216年9月，苏格兰军队横扫了整个英格兰东部，后抵达南部海港多佛与法国国王路易八世会合。在不列颠南北贵族的共同推举之下，盘踞伦敦的路易八世虽未加冕，却业已称王道孤。但就在金雀花王朝危如累卵之际，约翰的死讯传来，遂令本就同床异梦的各路人马瞬间陷入了分裂。英格兰各地的叛乱贵族谋求的自然是自身权力的最大化，拥戴路易八世不过是为了制衡“无地王”约翰而已。既然共同的敌人已经倒下了，若再继续将路易八世推上王位，那不列颠便将笼罩在法国卡佩王朝的阴影之下。

跟随着利益的指挥棒，英格兰的大小贵族背弃了路易八世，团结到了约翰那年仅9岁的长子亨利三世及其监护人威廉·马歇尔的周围。威廉·马歇尔是金雀花王朝的开国元勋、五朝老臣。作为一位来自诺曼底的骑士，威廉·马歇尔早在亨利·安茹统治时期便已为其家族南征北战，不过他的政治地位并非缘于军功。事实上，在早年小规模的军事行动中，威廉·马歇尔均表现拙劣，以至沦为同僚们的笑柄。

威廉·马歇尔的声名鹊起和在英、法两国广泛的人脉，都来自于他频繁参与“骑士比武”所取得的成绩。当时的“骑士比武”虽然还没有详尽的规则，但风险终究小于实战，而且胜利者有权要求赎金，并有权支配对手的战马、盔甲等战利品。 在初次参赛尝到了

⊙ 12世纪的骑士比武没有太过明确的规则，更接近于实战

甜头之后，威廉·马歇尔便一发而不可收，频繁现身于各大赛事之中。而也正是鉴于其比武场的佳绩，亨利·安茹任命他为儿子“幼王”亨利的马术教练。威廉·马歇尔就此平步青云，步入了金雀花王朝宫廷。

在威廉·马歇尔的影响之下，“幼王”亨利热衷于举办各种“骑士比武”大赛。而作为这位少主的“头马”，威廉·马歇尔也在这些比赛中续写并扩大着自己的传奇。根据“幼王”亨利的一位御用厨师的统计，威廉·马歇尔曾在10个月的时间里俘虏过103个骑士。如果把从100多个骑士手上抢来的战利品和索要的赎金统计起来，那必然是一笔惊人的数目，但这个成绩也还只是威廉·马歇尔一生比武生涯中的一小部分而已。而威廉·马歇尔自己的统计则更加惊人，据说在临终之前，他曾回忆说：“在比武大赛的场地上总共俘虏过500多个骑士。”

“幼王”亨利死后，威廉·马歇尔曾一度效忠“老王”亨利与时任阿基坦公爵的理查一世交战。但对于并不热衷“骑士比武”的“老王”亨利而言，威廉·马歇尔只是一个寻常武将。反倒是理查一世即位之后，威廉·马歇尔重新受到重用，并在“狮心王”参与十字军远征期间，以“大内总管”的身份留守英格兰。而“无地王”约翰统治时期，威廉·马歇尔更受封彭布罗克伯爵，由此步入了贵族行列。

客观地说，威廉·马歇尔并不擅长治理封地，甚至也不是一个合格的统军人才，但是他在赛事上建立的威名，却令其成为约翰与英格兰各地贵族之间无可替代的谈判代表。不过在金雀花王朝最为危难的时刻，威廉·马歇尔同样首鼠两端。在他效忠于约翰的同时，他的儿子们却已经投效于路易八世的帐下。直到“无地王”约翰死后，身为首席摄政的威廉·马歇尔才选择登高一呼，以其人望集结英格兰的骑士向路易八世展开进攻。

⊙ 威廉·马歇尔的雕像

1217年5月20日，在威廉·马歇尔带头冲锋的情况下，高呼着“保护国土”的英格兰骑士于林肯郡击溃了路易八世所部主力。随后，英国海军又在桑德维奇海域击败了法国舰队。被朝秦暮楚的英格兰贵族着实涮了一把的路易八世，只能宣布放弃英国王位。到1219年，威廉·马歇尔的去世更令年幼的亨利三世摆脱了这个如芒刺在背的摄政王，金雀花王朝由此转危为安。

亨利三世的在位时间长达56年，在这半个多世纪里，金雀花王朝经历了一场痛苦的浴火重生。尽管两次收复诺曼底的军事行动皆以失败而告终，但在英格兰内部代表各方贵族利益的大议会，却随着王权的削弱而逐步兴起。尽管在议会的废立问题上，王室和各地贵族依旧屡有龃龉，但是尊重各利益集团诉求的议会制度最终令英格兰完成了内部力量的整合。

在英国史学家的描述之中，亨利三世的长子爱德华可谓文武全才。他身材匀称，比常人高出一头，气宇轩昂，美中不足的只是像他父亲那样左眼睑下垂；尽管口吃却长于雄辩，因为他的手势潜藏着丰富的言词；他有着武士的强健双臂，两条长腿能紧夹马鞍，因而又有"长腿"之名。爱德华一生钟情于战争和比武，尤其酷爱打猎，追逐牡鹿时甚至不用猎狗，也不投标枪，而是纵马疾驰，直到亲手砍死那不幸的动物为止。这些溢美之词饱含了多少水分，世人不得而知，但仅从爱德华在继承王位过程中的表现，便可知此人的政治智慧之高，远非同样好勇斗狠的理查一世可比。

在"第二次伯爵战争"中，爱德华手刃了英格兰贵族领袖西蒙·德·孟福尔，虽然一举镇压了金雀花王朝中的反对派，但仍不免为各派贵族势力所忌恨。如果真按照亨利三世的计划接掌王国，未必不会被暗箭所伤，因此爱德华离开英格兰加入了第八次十字军。表面上看，他与其祖辈的"狮心王"理查一样，是为了追逐荣誉而置王国于不顾的莽夫行径，但实则却是"重耳在外而安"的避祸之举。何况按照罗马教廷最近的解释，参与十字军者，无论是否到达耶路撒冷，其所犯下的罪行都将得到上帝宽恕。因此，爱德华也有借机暗示自己对杀死西蒙·德·孟福尔的行为表示悔过的收买人心的意味。

爱德华投身的第八次十字军东征由法国国王路易九世主导，爱德华以个人身份参加，因此并未对金雀花王朝的财政状况造成太大困扰。而路易九世此次的十字军东征也并未以遥远的耶路撒冷为目标，而是打算借机征服地中海对岸的突尼斯王国。可惜圣战大军刚刚登陆，营中便暴发瘟疫，路易九世和大批士兵不

⊙ 第八次十字军东征致使路易九世病逝军中

治身亡。身为法国王储的腓力三世，只能选择与突尼斯签署和约并撤军回国。

爱德华跟随法国军队在突尼斯进行武装游行时，他的父亲亨利三世于1272年病逝。按照常理，爱德华应该火速回国接掌政权，但他却选择了继续逗留在西西里等地，直到英格兰国内贵族再三请求其返回英格兰，他才姗姗来迟，于两年后抵达伦敦举行了加冕典礼。可以说，爱德华正是以这种以退为进的做法夷平了自“大宪章”运动以来英格兰贵族的反王权运动。

而在登基为王之后，爱德华也着手对英格兰进行了一系列的行政改革。爱德华的宗旨自然是加强王权，但其手段却更为隐蔽。通过立法，爱德华表面上实现了贵族们孜孜以求的“有法可依”，但实则却是将一条条法律的绳索套在了各个阶层的头上。如1278年通过的《格洛斯特法规》，明确了最高法院的法官拥有持调查令去调查贵族们在自己的领地上执行法律的权利；1279年颁布的《莫特美因法规》则禁止贵族向教会馈赠土地，但如有国王的许可，则属例外。

在国内以迂回的方式强化王权的同时，爱德华也以类似的手段为金雀花王朝开疆扩土。1279年，爱德华与新任法国国王腓力三世签署《亚眠条约》，他暂时放弃了海峡对岸的诺曼底等领地，但却让卡佩王朝吐出了此前所吞并的阿基坦公国的部分领地，保障了金雀花王朝在欧洲大陆的核心领土阿基坦的安全。在腓力三世转身与罗马教廷争权夺利之际，爱德华也选择了向不列颠岛上的威尔士和苏格兰大举用兵。

威尔士自公元5世纪盎格鲁-撒克逊人入侵不列颠以来，便成了凯尔特人在南部地区的保留地。当地的群山既是其抵御外部入侵的屏障，也成了当地部族统一的障碍。直到爱德华之父亨利三世统治时期，威尔士的凯尔特人首领罗埃林才统一诸部，建立了格温内斯王国。应该说，对于一度强盛的金雀花王朝而言，征服威尔士似乎并非难事。但此前历代国王都着眼于与卡佩王朝争夺法兰西主导权，对贫瘠的威尔士不屑一顾，直到爱德华执政时期，从欧洲事务中脱身的英格兰人才正式将扩张的矛头对准了威尔士。

以英格兰骑士外战、内战历练多年的兵甲之强，征服威尔士本不是难事，但要收拾人心却并不容易。爱德华自1277年对威尔士用兵，历时7年才征服其全境。而关于爱德华此后颁布的《威尔士法》更有一个流传甚广的故事：爱德华曾接受威尔士人的要求，同意由一位在威尔士出生、不会讲英语、出生后第一句话就说威尔士语的亲王来管理威尔士人。但结果他却把即将分娩的王后接到威尔士，让自己呱呱坠地的长子成为首任“威尔士亲王”。这个故事背后的寓意无非是说爱德华以诈术得国，但不可否认，正是此后历代英格兰国王任命王储为“威尔士亲王”的做法，保障了两个王国之间长久的精神纽带。

在完成了对威尔士的征服之后，爱德华又将目光投向了北邻的苏格兰。应该说，自亨利三世与苏格兰国王亚历山大二世划定了双方边境以来，两国之间倒也太平无事。但苏格兰北部的海岸线却频繁遭遇挪威王国的袭扰。作为维京海盗的直系后裔，挪威王国的哈康四世占据了苏格兰西北部的赫布里底群岛，不时地登陆劫掠。亚历山大二世及其继承人亚历山大三世用尽了武力、外交等诸多手段才最终于1266年夺回了沿海岛屿的控制权，但代价却是亚历山大三世不得不将爱女玛格丽特嫁入挪威，而此举更引发了挪威人对苏格兰王位的觊觎。

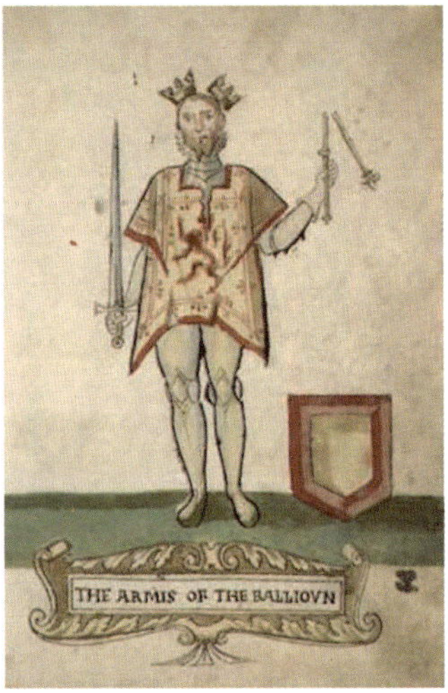

⊙ 短命的苏格兰国王约翰·巴里奥

1286年，亚历山大三世病逝。由于他的几个儿子均在其生前过世，因此亚历山大三世曾召集苏格兰的主要贵族，明令将传位给自己的外孙女——挪威公主，但这位年仅3岁的苏格兰女王却在前往苏格兰的途中神秘死亡。群龙无首的苏格兰随即陷入了诸侯混战的纷争之中，其中巴里奥和布鲁斯两大家族最具竞争力。但讽刺的是，他们均非土生土长的苏格兰豪门，巴里奥家族混杂着盎格鲁-撒克逊和法兰克血统，而布鲁斯家族则完全是维京人的后裔。

在苏格兰各派势力围绕空置的王位纷争不休之际，虎视眈眈的爱德华也从未停止过动作。早在挪威公主玛格丽特准备动身前往苏格兰之前，爱德华便通过罗马教廷和挪威方面订立了玛格丽特与自己儿子爱德华二世的婚事。如果挪威公主入主苏格兰，那么爱德华二世将会顺利地戴上威尔士和苏格兰两顶王冠。而玛格丽特神秘死亡之后，爱德华便与巴里奥和布鲁斯两大家族展开秘密接触。

⊙ 威廉·华莱士的画像

1292年，关于苏格兰国王的竞选正式开锣，爱德华表面上以仲裁者的身份前去参加，暗中却早已接受了布鲁斯等苏格兰贵族豪门的效忠。巴里奥家族的首领约翰虽然最终胜出了，但随即便发现自己早已沦为了爱德华手中的傀儡。不甘受制于人的约翰·巴里奥便寻求法国的支持，此时的法国国王腓力四世正试图从金雀花王朝手中夺取阿基坦，于是就慷慨地和约翰·巴里奥结为儿女亲家，以示对苏格兰的支持。

⊙ 斯特灵桥战役

1295年10月23日，为共同对付英格兰，苏格兰与法兰西王国在巴黎签署协议，开始了历史上著名的长达200多年的“老同盟”(Auld Alliance)[①]。但是协议的签署也使得苏格兰形同向英格兰宣战。面对两线作战的不利局面，爱德华一改执政之初开明的姿态，开始向英格兰各个阶层课以重税，并用这笔钱武装了一支精锐部队开赴苏格兰。在布鲁斯家族的领袖罗伯特的协助下，爱德华轻松地血洗了苏格兰首都，将约翰·巴里奥赶下了王座，并将其送入伦敦塔监禁起来。但就在爱德华自以为已然将苏格兰收入囊中之时，一个本不起眼儿的名叫威廉·华莱士的小人物却挡在了他的面前。

在后世有关威廉·华莱士的文艺作品中，大体都将其设定为一个出身民间的草莽英雄。但事实上，华莱士出身于苏格兰西部一个富裕的骑士世家。1296年，华莱士因攻杀爱德华派往当地的征税官，而成了金雀花王朝的敌人。关于这位征税官和华莱士有“夺妻之恨”的说法，当然只是传说，但爱德华加之于苏格兰各阶层的高额税收，却无异于“杀父之仇”。因此华莱士登高一呼，立即得到了苏格兰各地的响应。

---

① 法国与苏格兰的同盟关系直到1560年才中止，持续时间长达265年，它被普遍认为是世界历史上存在时间最长的外交同盟关系，也曾被戴高乐称为是世界上最古老的同盟。

忙于对付法国国王腓力四世的爱德华，起初对华莱士所领导的起义并不在意，只派出两位伯爵纠集了一支7000余人的英格兰、苏格兰贵族联军前去镇压。两军在横跨福斯河的斯特灵桥两端形成对峙之势，当时的斯特灵桥只是一座仅容两匹马并辔而过的小桥。英格兰军队面对河北岸居高临下布阵的华莱士所部，本不应主动进攻，但长期对峙所形成的巨大财政压力却令英军统帅决定于1297年9月11日清晨发动正面进攻。

借助着来自英格兰、威尔士的长弓手的掩护，金雀花王朝的正规军很快便突破了华莱士的桥头防线，但后续部队在拥挤的小桥上却进展缓慢。华莱士抓住战机，命令战阵中的苏格兰长矛手从高地向斯特灵桥头发动冲锋，就在已经过河的英国骑兵陷入对手的长枪冲击而伤亡惨重之际，不堪重负的斯特灵桥突然断裂了，进退失据的英军随即陷入任人鱼肉的窘境。

歼灭了斯特灵桥头的金雀花王朝主力之后，华莱士随即挥师杀入英格兰北部，攻占并洗劫了约克郡。爱德华这才意识到问题的严重性，他立即抽调英格兰、威尔士各地诸侯北上迎战华莱士。面对金雀花王朝的倾国之兵，华莱士理智地选择了撤回苏格兰内地，并集合了更多的援军在中部城市福尔柯克严阵以待。客观地说，华莱士对战场的选择并无太大的问题，但面对爱德华两翼包抄的骑兵，他选择了命麾下的长枪兵结成圆阵进行防御。

在完成了对华莱士所部的包抄后，爱德华才亮出了自己的王牌——大批来自威尔士的长弓手向华莱士的军阵射出了大量的致命的弓矢，缺乏远程武器的苏格兰军队随即成了密集的靶子。日后声名远播的英格兰长弓手也正是凭借着在此战中的卓越表现，奠定了其金雀花王朝主战兵种的基础。

在箭雨纷飞之下，苏格兰人死伤过半，英格兰的骑兵踏着尸体冲入了缺口。苏格兰人

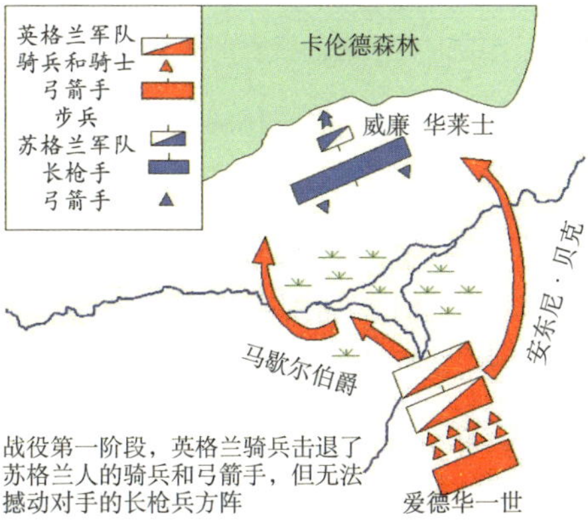

⊙ 福尔柯克战役过程 -1

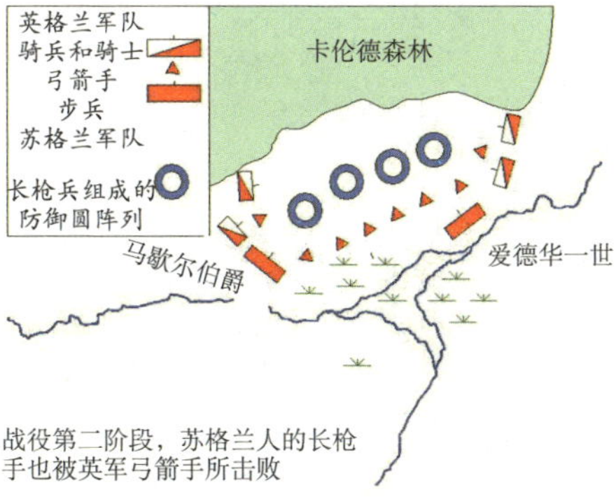

⊙ 福尔柯克战役过程 -2

⊙ 首次亮相的英格兰长弓手

⊙ 威尔逊长弓手

的阵线一被冲破，长矛兵便立刻遭到无情的砍杀。华莱士及其追随者不得不各自奔逃以躲避追捕。苏格兰人作为一个整体或许是不可征服的，但兵败后的华莱士却最终被自己的部下出卖，于1305年被押往威斯敏斯特宫，在庄严的气氛中受审，他最终被吊死在了绞刑架上。为了以儆效尤，爱德华还残忍地将其剖腹分尸。但英格兰与苏格兰之间的战争却像一位编年史学家所说的那样—“冬去春来，周而复始”。

“长腿”爱德华是一位纵横疆场的君王，更是一位用情专一的丈夫。他早年迎娶了西班牙卡斯蒂利亚王国的公主埃莉诺，这对夫妻不仅在政治上相互扶持，甚至连参加十字军东征都并肩同行。当1290年埃莉诺于威尔士去世后，伤心欲绝的爱德华在她遗体送回伦敦的每一个驿站都竖起了十字架，至今仍能在英国看到这种“王后十字架”。据说中年丧妻令爱德华性格大变，以至于其子——爱德华二世成年之后竟然对异性恋失去了信心。

⊙ 描绘华莱士被审判的油画，其造型刻意向耶稣等基督教圣徒靠拢

为了结束英法之间漫长的战争状况，“长腿”爱德华于1308年为自己的儿子订下了法国公主伊莎贝拉这门亲事。后世的文艺作品中喜欢将伊莎贝拉与威廉·华莱士扯上关系，但其实当这位法国公主抵达英国时，威廉·华莱士已于4年前在伦敦授首了。应该说，爱德华二世及其王后伊莎贝拉在历史上都不是省油的灯，更为可怕的是，这段不幸的婚姻还将英法两国卷入了长达116年的战

争之中。

作为一代枭雄“长腿”爱德华之子，爱德华二世的执政生涯似乎始终笼罩在那些关于其性取向的八卦传闻之中。但爱德华二世在与伊莎贝拉结婚前便已与情妇生有私生子，且婚后也与夫人孕育了两男两女，可见爱德华二世并不是对女子没有兴趣。之所以被后世传为宠幸娈臣的龙阳之君，或许很大程度上要归咎于一个名为皮尔斯·加弗斯顿的法国骑士。

加弗斯顿与爱德华二世早在少年时代便已相识，但这种所谓“发小”的关系，其实不过是欧洲王室选调贵族子弟陪伴和保护继承人的惯常做法。加弗斯顿的家族曾为金雀花王朝效力多年，其父更是跟随“长腿”爱德华转战威尔士、苏格兰等地，后战死于围剿威廉·华莱士的军事行动之中。因此也有史学家认为，皮尔斯·加弗斯顿进入金雀花王朝的宫廷，实为被“长腿”爱德华收养了。但就是如此“纯洁”的关系，最终却在王权和贵族的斗争中被彻底污名化了。

自从失去诺曼底、安茹等领地之后，金雀花王朝便始终处于强枝弱干的态势之中。“长腿”爱德华虽然以文治武功一度压制了两次伯爵战争以来英格兰贵族离心离德的态势，但在其晚年，《大宪章》的阴影却卷土重来。1301 年 2 月，面对贵族阶层在国会中的反对声浪，“长腿”爱德华只得签署了两条关于《大宪章》的补充条款：国王无权调动任何一个地区的贵族军队；国王未经同意不得以“紧急需要”为名征收赋税。可以说，正是在这两条极其苛刻的条款束缚之下，失去了兵员和税赋优势的金雀花王朝，才无力继续对苏格兰、爱尔兰等占领区保持高压态势。

1306 年，长期效忠于“长腿”爱德华的苏格兰贵族罗伯特·布鲁斯公然自封为苏格兰国王。应该说，自威廉·华莱士起义以来，苏格兰国内各路人马无不蠢蠢欲动。作为布鲁斯家族的掌门人，罗伯特也曾多次试图发动叛乱，但最终均在金雀花王朝的物资优势和苏格兰贵族的争权夺利中半途而

⊙ 罗伯特亲手刺死了前来会盟的巴里奥家族代理人约翰·康明

废。直到亲手刺死了前来会盟的巴里奥家族代理人约翰·康明之后，罗伯特·布鲁斯才最终抢到了“苏格兰独立运动”的领导者地位，正式向金雀花王朝宣战。

面对反复无常的布鲁斯家族，已经年近古稀的“长腿”爱德华仍坚持御驾亲征，并一度迫使罗伯特逃离苏格兰本土在沿海岛屿流窜。但“长腿”爱德华的这次堪称完美的人生谢幕却最终败给了时间，1307 年 7 月 7 日，“长腿”爱德华病逝于军中，金雀花王朝也由此中止了对苏格兰叛军的征讨。罗伯特·布鲁斯得以重返故土，并不断以游击战的方式扩大自己的地盘和声望。

“长腿”爱德华死后，其子爱德华二世所面临的政治局面自然更为凶险。面对野心勃勃的各路诸侯，他只能信任和依仗皮尔斯·加弗斯顿等少数亲信。因此在登基后不久，爱德华二世便册封加弗斯顿为康沃尔伯爵，并撮合其与格洛斯特伯爵的妹妹成婚。爱德华二世对加弗斯顿如此恩典，无非是希望能加强他的政治地位。但自古以来，“火箭提拔”的官员都不免遭人嫉恨，加弗斯顿也不例外。面对各路诸侯“身无寸功，岂能封伯”的质问，爱德华二世只能被迫收回成命，将加弗斯顿派往爱尔兰前线。

作为不列颠群岛的一部分，爱尔兰的历史与英格兰并无太大的不同，盎格鲁-撒克逊人、维京海盗的纷至沓来，彻底终结了当地凯尔特部族的统治地位。1169 年，效忠于“征服者”威廉的诺曼贵族——彭布罗克伯爵理查德·德·克莱尔率部征服了爱尔兰，此后金雀花王朝对爱尔兰的统治权更是得到了罗马教廷的认可。但凯尔特人很快就汲取了入侵者的军事力量，并大量招揽苏格兰的同胞群起反抗，被称为“盖洛格拉斯”的北欧雇佣兵更成了爱尔兰抵抗运动的核心。但诚如丘吉尔所说的那样：“酋长们为凯尔特人夺回了爱尔兰的大片土地，如果他们不发生内讧，收复的失地可能会更多。”在此后一个多世纪里，每当金雀花王朝强大的时候，其在爱尔兰的统治就会得到加强，反之便是各部凯尔特人据地争雄的乱世。

“长腿”爱德华一生没有到过爱尔兰，但当他在世之时，金雀花王朝在那里的权威却不断加强。而随着他的离去，爱尔兰人很快便在其苏格兰同胞的鼓舞之下举起了义旗。因此爱德华二世才将包括加弗斯顿在内的大批骑士派往爱尔兰，而加弗斯顿也不负所托，在成功镇压了当地多起武装暴动的同时，强化了爱尔兰首府都柏林的城防体系。但就在加弗斯顿被召回英格兰并即将重新获得康沃尔伯爵的贵族头衔之际，却又被其政敌赶去苏格兰对抗罗伯特·布鲁斯。面对飘忽不定的对手，加弗斯顿在苏格兰陷入了劳而无功的窘境。面对各种玩寇纵敌的指控，爱德华二世不得不将加弗斯顿流放。1312 年，加弗斯顿在回国探望妻儿时，被敌视他的英格兰贵族俘虏并最终处决。

⊙ 易守难攻的斯特灵城堡

加弗斯顿的境遇与其说是他个人的悲剧，不如说是爱德华二世尴尬的政治地位的最佳体现。在自己的童年挚友死后，爱德华二世不得不御驾亲征苏格兰。在经历了长达 8 年的拉锯战之后，罗伯特 · 布鲁斯终于率军来到了昔日威廉 · 华莱士曾取得过辉煌胜利的斯特灵桥附近，来围攻金雀花王朝在苏格兰最为坚固的要塞——斯特灵城堡。但对于装备简陋的苏格兰军队而言，要夺取三面峭壁的斯特灵城堡并非易事。经历了长达 3 个月的围困之后，斯特灵城堡的守军终于支撑不住，被迫同罗伯特达成协议——如果到 1314 年 6 月 24 日仲夏节之前仍然没有援军到达的话，他们将开城投降。

就在罗伯特自以为胜券在握时，前方却传来了“长腿”爱德华的继承人——爱德华二世亲率一支由 3000 名骑兵和 1.6 万名步兵组成的大军正在向斯特灵城堡急行军的消息，他们于 6 月 17 日越过了英格兰与苏格兰的传统边界线。兵力不及对手半数的罗伯特首先想到的自然是撤退，但考虑到一旦后撤，自己好不容易纠集起来的大军必将在对手的追击下溃散。因此，罗伯特最终决定在斯特灵城堡以南的班诺克本布阵待敌。

⊙ 罗伯特阵斩英格兰骑士

6 月 23 日，金雀花王朝的先头骑兵抵达战场，但并未起到袭扰对手的目的。据说为了鼓舞士气，罗伯特带头迎击，用战斧砍翻了渴望建功立业的英格兰骑士亨利·德·博亨。消息传出之后，苏格兰军队随即士气大振。而除了损兵折将之外，对于爱德华二世来说，更为糟糕的是，败归的先头骑兵似乎也未带回关于战场地形的真实情报，以至于在第二天的主力会战之中，金雀花王朝的大军一头撞进了苏格兰人的陷阱。

罗伯特之所以选择在班诺克本一线与对手决战，主要是缘于这个区域的地形更利于装备简陋的苏格兰人，当地茂密的丛林可以帮助苏格兰步兵躲避对方长弓手的侵袭，而正对爱德华二世进攻路线的低洼河网地带也将成为金雀花王朝骑兵的地狱。对于罗伯特的种种部署，爱德华二世似乎一无所知，仍天真地以为凭借着优势的兵力便能一举冲垮对手。正是缘于这样的自信，当战前他看到苏格兰大军全部下跪祈祷时，才吃惊地对身边的骑士说：“他们是在祈求宽恕？”但得到的回答却令他颇为失望：“是。不过是向上帝，不是向你。”

⊙ 决战前夜的苏格兰军队

战斗正式开始之后，集群冲锋的金雀花王朝军队很快便陷在了难行的低洼地带之中，而且军队过于集中，很难组织阵形迎战。如此一来，苏格兰军队中为数很少的弓箭手便能对高度密集的敌军造成极大杀伤，就连一不小心摔倒的人也都很容易被自己的军队踩死。面对如此不利的局面，英格兰军中的骑士率先掉头撤退，自相践踏的步兵也紧随其后。爱德华二世本人倒是相当勇敢，仍然希望坚持作战，但是最终却也被他的护卫强行拖上马。

后世的英国人“以在风中不断重复织网的蜘蛛”来比喻罗伯特屡败屡战的精神，不过，最终这个故事却被替换在了战胜拿破仑的英国名将威灵顿公爵的身上，但其实威灵顿的战绩要比罗伯特辉煌得多。无独有偶，随着时间的推移，罗伯特身上的另一个故事最终也被张冠李戴了。据说因深感自己曾为了家族利益而反复无常，曾排斥异己并利用盟友，更曾在教堂中手染鲜血，罗伯特曾决心发动十字军战争以洗脱罪孽。但罗伯特本人已病重得无法随军远征，便嘱咐忠诚的部下詹姆斯·道格拉斯领导队伍，并要求他在自己死后将自己的心脏取出，保存在盒子中同行。

罗伯特死后，道格拉斯忠实地遵守了诺言，他在1330年早春离开苏格兰时，脖子上戴着用链子绑住的银制琉璃骨灰盒，里面陈放着罗伯特·布鲁斯的心脏。最终道格拉斯在西班牙与摩尔人的战斗中了埋伏，战死前他取出盒中的心脏用力地扔向前方，放声呼喊道："勇敢的心啊！现在向前冲吧！就像以往你曾经做的那样，道格拉斯或追随着你，或战死。""勇敢的心"的典故也即由此而来。

班诺克本战役对于金雀花王朝的影响除了损兵折将之外，更令爱德华二世经此一战后便一蹶不振，再难在英格兰贵族面前重塑自己的威权，以其堂兄兰开斯特公爵托马斯为首的反对派因此长期把持国政。直到1322年，爱德华二世才通过一场宫廷政变将他铲除。但由于处死和囚禁了大批能征惯战的贵族骑士，爱德华二世不得不在第二年与罗伯特·布鲁斯议和，承认了对方的国王身份和苏格兰的独立地位。

就在爱德华二世自认大权在握之际，一个新兴的威胁却在海峡对岸悄然萌芽。曾常年在爱尔兰为金雀花王朝利益征战的贵族骑士罗杰·莫蒂默，作为兰开斯特公爵托马斯一党的成员被囚禁了两年之后，成功地逃出了伦敦塔监狱，并在法国的领土之上纠集了一支规模不小的武装力量。对于罗杰·莫蒂默是否得到了卡佩王朝的支持，史学家们众说纷纭。但当爱德华二世的王后伊莎贝拉于1325年返回法国操持女儿的婚事时，便与之一拍即合却是不争的事实。

1326年，当莫蒂默与伊莎贝拉率军在英格兰登陆时，大批痛恨国王的贵族和平民百姓很快便加入到他们的行列。面对众叛亲离的局面，爱德华二世只能宣布退位，并被流放于南威尔士。但已经勾搭成奸的莫蒂默和伊莎贝拉仍然视他为威胁，最终于1327年将其暗杀于巴克利城堡之中。

虽然为了平息贵族们的反对声浪，莫蒂默与伊莎贝拉不得不拥立爱德华二世之子爱德华三世为金雀花王朝的继承人，但以摄政身份把持国政的两人仍在此后数年操控着英格兰的政治事务，这也令他们成了各派势力的众矢之的。为了保持与法国和苏格兰之间的和平，莫蒂默与伊莎贝拉签署了一系列割地赔款的协议。不满利益受损的金雀花王朝的贵族们最终选择了团结在爱德华三世的周围，在一场毫无悬念的宫廷之中，莫蒂默与伊莎贝拉被双双从

⊙ 晚年的爱德华二世

卧室中拖出，前者被送上了绞刑架，而等待后者的则是长达33年的幽禁生活。

剪除了“垂帘听政”的母后和她的情人，对于国王爱德华三世而言固然是一件好事，但经历了班诺克本战役这样的外部失利和连场内斗之后，金雀花王朝的实际疆域仅剩下英格兰、威尔士以及半个阿基坦公国。年轻的爱德华三世深知，如果不能带领拥戴自己的贵族骑士们夺取更多的土地，那么他随时可能会步其父母的后尘沦为一场宫廷政变的牺牲品。好在此时，邻邦法兰西纷乱的政局已悄然为他打开了一扇新世界的大门。

三、百年缭乱——英法百年战争中的英苏关系

自腓力二世以高明的政治手腕令金雀花王朝一蹶不振以来，历经数代国王的东征西讨，统治法兰西的卡佩王朝早已不是昔日龟缩于塞纳河和卢瓦尔河中游狭长地带的孤岛，其版图东至洛林，西达大海。诸多昔日强横一时的公国、伯国不是沦为了卡佩王室的直属领地，便是通过一系列复杂的政治联姻已然为其旁系分支所控制。

⊙ 布鲁日起义的两位领导者

1297年，趁“长腿”爱德华的主力兵团驻守苏格兰占领区之际，腓力四世又将扩张的矛头对准了法兰西东北部的佛兰德斯伯国。凭借着压倒性的军事力量，腓力四世成功地鲸吞了佛兰德斯伯国。但是卡佩王朝在当地的统治并不得人心，除了贵族阶层不满法国人前来“跑马圈地”之外，仰赖于与英格兰之间的羊毛贸易为生的佛兰德斯市民阶层，也渴望驱逐巴黎派来的征税官。在不满逐渐累积到爆发的临界点后，1302年3月18日，佛兰德斯中心城市——布鲁日的居民揭竿而起屠杀了当地的法国移民。

布鲁日的叛乱和屠杀，极大地刺激了好大喜功的腓力四世，他派出一支由2500名贵族骑兵、1000名弩兵、1000名矛兵和3500名其他轻步兵组成的大军奔赴战场。虽然这支法国军队总

兵力不满万人，但按当时的军事理论，1 名骑士的战斗力至少相当于 10 名步兵，因此腓力四世仍对此战信心满满。

⊙ 使用“goedendag”短矛对抗骑兵的佛兰德斯叛军

法国军队赶到战场时，各路佛兰德斯叛军正在围攻法军坚守的要塞城市科特赖克。眼见腓力四世的大军抵达战场，佛兰德斯叛军只能调整部署，在科特赖克城外迎战对手。客观地说，遍布小溪和沟壑的战场环境并不利于骑兵冲锋，因此在战役开始之初，法国军队只能以轻步兵冲击对手的阵线。这样的短兵相接尽管效率不高，但职业化的法国士兵面对以市民和工匠为主的对手，还是逐渐占据了上风。就在战局逐渐明朗的情况下，法军统帅下令步兵后撤，以便让骑兵出击。

后世对于此举的解释，大多认为是贵族骑兵不愿战功被步兵抢走而贸然出击。但客观地说，在步兵缠斗的情况下，骑兵冲锋很可能会践踏友军，因此法军统帅的决策本身并没有太大的问题。真正导致此轮法军骑兵的冲锋沦为一场灾难的，是佛兰德斯叛军广泛装备的一种名为“goedendag”的武器。很多史料都称“goedendag”是一种兼具长枪和钩斧功能的武器，但事实上，由市民组成的佛兰德斯叛军并没有能力装备大量专业性的武器，“goedendag”是一种大量临时打造的短矛。但就是这种武器，给予了缺乏训练的步兵对抗贵族骑士的能力。

⊙ 佛兰德斯叛军屠杀法国骑士

地形的限制加上佛兰德斯叛军大量武装的“goedendag”短矛，使法军骑兵冲击的威力不仅被极大地削弱，更陷入了对手步兵的围攻之中。由于佛兰德斯叛军战前曾明确要求，在战斗未分胜负前不得留俘虏，因此一场恶战之后上千法国骑士尸横战场。由于打扫战场时，佛兰德斯叛军缴获了上千法国贵族重骑兵所使用的黄金马刺，这场战役又被称为“金马刺之战”。

“金马刺之战”的损失，对于强大的卡佩王朝而言，虽然谈不上伤筋动骨，但却在无形中预示着贵族骑兵无敌于战场的时代正逐渐过去。但此时的腓力四世仍沉浸于法兰西特产的良马、重甲所赋予本国骑士的优势之中，丝毫没有意识到军事改革的必要性。就在“金马刺之战”之后的第二年，精锐的法国骑兵在意大利反教皇势力的配合下奔袭罗马，逮捕了与腓力四世龃龉不断的教皇博义八世。尽管博义八世在中途逃脱了，免于被腓力四世送上审判台。但迫于卡佩王朝强大的武力威慑，1309 年威信扫地的罗马教廷还是被腓力四世从意大利迁到了法国的阿维农，此后数代教皇都沦为了卡佩王朝的“御用主教”。

通过操纵教廷，口含天宪的腓力四世以各种手段横征暴敛，1306 年驱逐了法国境内的犹太人并没收他们的财产；1312 年又宣布曾经在耶路撒冷与穆斯林浴血奋战的“圣殿骑士团”为异端，在大肆捕杀其成员之余，还将其积累的巨额财富也纳为己用。但就在卡佩王朝在法兰西的势力如日中天之际，1314 年 11 月 29 日，年仅 46 岁的腓力四世却因中风而病故于枫丹白露宫中。

⊙ 腓力四世以火刑处决“圣殿骑士团”成员

腓力四世虽然人送外号“美男子”，但在私生活方面却相当专情。在与纳瓦拉女王胡安娜成婚之后，他便专心为王国培养接班人，因此在其去世之前，膝下的 3 位王子及公主伊莎贝拉均已成年，卡佩王朝似乎并无绝嗣的风险。但在腓力四世病逝之后的短短 14 年时间里，他的 3 位男性继承人却先后英年早逝。腓力四世费尽心思打下的江山，最终只落得为他人作嫁衣的可悲下场。

1328 年 2 月 1 日，腓力四世的最后一个儿子查理四世于巴黎病逝。按照法兰克人所制定的《萨利克法》，没有男性继承人的卡佩王朝至此绝嗣，空置的法兰西国王宝座一时引来了各方豪杰的瞩目。一番明争暗斗之后，查理四世的堂兄——瓦卢瓦和安茹伯爵腓力最终脱颖而出，史称腓力六世。客观地说，腓力之所以问鼎成功，并非缘于他本人的血缘与卡佩王朝有多么的接近，而是因为他的领地恰好扼守住巴黎的东西两翼，符合“先入关中为王”的游戏规则。

腓力六世虽然拔得头筹，但在法兰西王国的内外诸侯眼中，他不过是个关门天子。

要争取更多的支持，腓力六世首先要做的自然是开疆扩土。鉴于自己的封地瓦卢瓦与佛兰德斯接壤，腓力六世即位伊始便出兵攻占长期为武装市民占据的布鲁日，要为“金马刺之战”雪耻。尽管腓力六世吸取了此前的教训，并未将佛兰德斯直接纳入自己王国的版图，而是在当地扶植亲法的贵族作为代理人，但此举依旧令金雀花王朝在当地的商业利益受损。

如果说对佛兰德斯地区的利益争夺，爱德华三世还能暂时隐忍的话，但腓力六世一再要求明确双方君臣关系的各种外交照会，却着实令爱德华三世难以接受。应该说，自“征服者”威廉以来，历代英国国王因为在法国领有封地均或明或暗地向法国国王宣誓效忠。但这一历史惯例，对于同样迫切需要巩固王权的爱德华三世来说，却是不能轻易效仿的。

在一连串的口水仗和文字游戏之后，失去耐心的腓力六世试图通过在佛兰德斯驱逐英国商人和没收金雀花王朝在阿基坦的领地来迫使对手让步。而爱德华三世则通过禁止英国羊毛出口佛兰德斯和自封法国国王来还击。事态进展到这一步，原本的意气之争最终无可转圜地进入到了战争状态。不过在战争的头几年里，双方仍表现得相对克制，军事行动的范畴仅限于苏格兰王位之争。

1329 年，苏格兰国王罗伯特 · 布鲁斯病逝。爱德华三世虽然早年便将自己的妹妹嫁给了罗伯特年仅 5 岁的幼子大卫，但权衡利弊之后，他还是决定抛弃自己的妹夫，另立苏格兰豪门巴里奥家族的后人为王。在金雀花王朝大军的支援下，巴里奥家族于 1334 年在苏格兰成功复辟。大卫 · 布鲁斯只能流亡法国，寻求腓力六世的帮助。于是，操控着巴里奥和布鲁斯两大家族，一场名为“第二次苏格兰独立运动”的代理人战争在不列颠北部全面展开。

⊙ 卡佩王朝统治时期，其造船工业一度独步欧洲

法国不与苏格兰直接接壤，但凭借着与热那亚等意大利城邦的同盟关系，自卡佩王朝以来法国王室便拥有一支强大的海军力量。为了封锁法国与苏格兰之间的联系，更为了夺取英吉利海峡的制海

权，爱德华三世冒着破产的危险大力发展海军，终于在斯勒伊斯海战中重创对手。

斯勒伊斯是佛兰德斯中部的一座港口城市。1340 年 6 月，为了阻击试图在佛兰德斯登陆的爱德华三世，腓力六世在此集结了一支由 190 艘战船组成的庞大舰队。这支舰队无疑凝聚了卡佩王朝苦心经营多年的心血，其中大多数舰艇来自于腓力四世于鲁昂的塞纳河上兴建的克洛 · 德加莱斯造船厂，另外一些则属于热那亚的雇佣兵头目巴巴内罗。与之相比，爱德华三世的舰队规模虽然略胜于对手，但其船队之中包含了诸多临时征调的商船。因此，当面对如要塞般横亘于自己面前的如林樯橹时，爱德华三世一度犹豫了。

就在金雀花王朝舰队在斯勒伊斯港外进退两难之际，20 余艘法国战舰突然冲出港区。而正是这次小规模的前哨战，令爱德华三世发现了对手致命的弱点：大多数法国战舰均在斯勒伊斯港内下锚，摆成了首尾相连的防御阵营；少数冲入港区的战舰并非是法国人主动进攻的前哨，而是不满这种愚蠢决定的热那亚佣兵想要脱离战场。

既然法国人将战场主动权拱手相让，爱德华三世也就只好“却之不恭”了。6 月 24 日清晨，分成左右两翼的金雀花王朝舰队突入斯勒伊斯港，利用上午己方舰队背靠太阳且顺风的优势，大批精锐的英格兰长弓手不断向对手展开齐射。对于擅长白刃近战的法国舰队而言，金雀花王朝的战术令其非常不适应。一位英国的编年史作家曾这样描述当时的战况：“从弓弩射出的箭似一片铁云袭来，纷纷落在法国人身上，成千上万人瞬间死于非命。就连那些胆子够大的或好奇心很强的人，一旦被近在身边的矛、剑、投枪包围，也开始喘息起来，从船上堡垒里掷下的石头也杀死了许多人。总而言之，这毫无疑问是一场既重要又严酷的战斗，惨烈得让一个懦夫从远处都不敢观看。”

⊙ 斯勒伊斯海战

战至日暮时分，斯勒伊斯港内所集结的法国舰队被悉数歼灭，包括主帅在内的近 2 万士兵葬身大海。很多西方史学家均将斯勒伊斯之战视为英国海权的崛起，是欧洲海战从近距离的冲撞战、接舷战迈向远距离杀伤对手的火力战的分野。但对于爱德华三世而言，此战最大的意义在于，金雀花王朝终于夺取了英吉利海峡的控制权，佛兰德斯乃至整个法国的大门由此为他敞开了。

斯勒伊斯海战之后，登陆的英国远征军成功地与他们声援的佛兰德斯起义军会师。但接下来，战局的发展却没有如爱德华三世想象的那么美好，在圣奥梅尔和图尔奈，金雀花王朝均屯兵于坚城之下。由于佛罗伦萨财团所提供的贷款已经用尽，英格兰的战车最终于中途抛锚，爱德华三世只能通过自己在布列塔尼公国的政治盟友给对手制造麻烦。

1346 年，好不容易筹足了军费的爱德华三世再次出征，金雀花王朝的孤注一掷从年仅 16 岁的“黑太子”爱德华都披挂上阵便可见一斑。英国远征军首先于故土诺曼底登陆，随后便攻占重镇卡昂。但就在爱德华三世父子满心欢喜地准备直捣巴黎时，哨兵带来了腓力六世亲率数万大军集结于塞纳河畔的消息。

面对强敌，爱德华三世失去了决战的勇气，总兵力不足 1.5 万人的英军向索姆河方向撤退。但很快爱德华三世便发现，一片沼泽的索姆河对岸早已遍布对手的军旗，为了避免覆灭于索姆河、大海和法国大军之间的三角地带，英国远征军只能拼死杀出一条血路。英军刚刚强渡索姆河，腓力六世麾下超过 5 万的大军便尾随而至。此时战场的主动权已经完全易手，爱德华三世选择了两侧有森林和村庄掩护的克雷西丘陵张网以待，而一心想要聚歼对手的法国军队却早已人倦马疲。战斗尚未打响，胜负却已见分晓。

战斗开始前，爱德华三世策马缓行视察全军，让士兵们在饱餐之后再列成阵势。因此当法军到达战场前，来自英格兰各地的骑士和士兵个个精神饱满、士气高昂。8 月 26 日下午 6 时左右，排成冗长的一路行军纵队的法兰西大军才到达了战场。在事先没有任何的侦察和警戒的情况下，骑士们乱哄哄地要求马上开始进攻。倒是腓力六世还算冷静，将来自热那亚的 5000 名十字弩手雇佣军调到前线，装备有巨盾、硬弩的热那亚弩兵本是中世纪阵地战的中坚力量。腓力六世此举显然是针对爱德华三世麾下的英格兰长弓手，试图先通过对射来削弱敌人，随后再展开骑兵冲锋。

但此时热那亚雇佣兵已经带着沉重的巨盾和弩箭强行军了一天，早已疲惫不堪，于是纷纷提出应休整之后再行作战。对此，那些始终骑在战马上的法国骑士们揶揄道：“雇佣这些无赖就是这么个下场，一旦用到他们，他们就变节退缩。”在职业操守的驱使下，热那亚人只能向前挺进。但就在他们接近对手的阵地之前，乌云遮住了太阳，一阵骤雨倾泻下来，将全军淋了个透湿，更令强弩的弓弦失去了弹性。而更为可怕的是，大雨突然停止之后，夕阳又从英格兰人背后放出光辉，刺得热那亚人睁不开眼。但即便如此，热那亚人还是试图发起进攻，他们组成整齐的方阵，以盾牌为掩护交叉前进，每前进 3 次之后便对敌阵进行 1 次齐射。

⊙ 装备有巨盾、硬弩的热那亚弩兵是中世纪阵地战的中坚力量

面对热那亚人的步步紧逼，英格兰军中一度保持沉默，直到爱德华三世发出进攻的指令，部署在两翼的近7000名长弓手才整齐地向前迈出一步，将弓弦拉到耳边，顷刻间便将可怕的箭雨播撒在战场之上。热那亚佣兵在顷刻便伤亡过半，满地皆是插着羽箭的尸

体。幸存者也被打得晕头转向，只能向后溃退。应该说，此刻交战双方在远程火力上的差距已经昭然若揭。但身披重甲的法兰西骑士却自认坚不可摧，在砍杀溃退下来的热那亚人以彰显其武勇之后，便开始一波波地策马冲向敌阵……

在可怕的箭雨之下，法国人徒劳无功地冲击了16次，最终抛下近2万具尸体铩羽而去。后世很多战史研究者都将这场战役一边倒的结局，归功于英格兰长弓手的出色表现。但事实上，法国骑士之所以无法突破金雀花王朝的战阵，爱德华三世此前设置的路障及英格兰步兵的顽强阻击同样功不可没。对于自己部下在“克雷西战役”中的表现，爱德华三世总体上表示满意。但来自威尔士的轻装步兵只顾一时痛快在战场上斩杀了许多本可以换取大量赎金的伯爵、男爵和骑士，却令爱德华三世肉痛不已。

尽管战后英国史学家众口一词地宣称，由于占据了天时、地利、人和，己方损失轻微。但大胜之后，英军却没有按原计划挺近巴黎，而是对加来展开了漫长的围困。在坚守了11个月之后，走投无路的加来市民选出6位德高望重的代表冒着生命危险向爱德华三世献上了城门的钥匙。这一瞬间在5个多世纪之后借由雕塑大师罗丹之手得以重现，名为《加来义民》的铜像至今依旧矗立在这座于英法百年战争中第一座沦陷的城市街头。

⊙ 加来义民的雕塑

重甲骑兵在“金马刺之战”和“克雷西战役”的巨大伤亡，表面上看是受制于地形和对手所装备的“goedendag”短矛和英格兰长弓，但其背后却折射出法兰克人所创立的封建采邑制度正逐步走向分崩离析。生产力和贸易的飞速发展，使得以城镇为中心的市民阶层和职业雇佣兵崛起，正是这股新兴的力量最终颠覆了传统骑士在战场上的主导地位。但可惜的是，作为两次战役中的失败者，法兰西王国并没有认识到这一点，最终导致了类似的悲剧一再重演。

克雷西战役的一败涂地，令卡佩王朝数十年的积累毁于一旦。困守巴黎的腓力六世几乎陷入了无可用之兵的窘境，只能怂恿正在苏格兰争夺王位的大卫·布鲁斯率军奔袭英格兰本土。腓力六世的这一招“围魏救赵”可谓高明，毕竟金雀花王朝的主力均在法国境内，此时不列颠岛内正兵力空虚。大卫·布鲁斯挥师南下，即便不能夺取伦敦，至少也能逼爱德华三世抽兵回救。但可惜的是，苏格兰军队纪律涣散，为了逼迫沿途的英格兰城镇缴纳保护费，大卫·布鲁斯行进缓慢。遭遇由约克大主教威廉·佐奇率领的英格兰军队阻击后，在内维尔十字高地之上更是一触即溃，包括重臣——大卫·布鲁斯的外甥——罗伯特·斯图亚特在内的一干贵族临阵脱逃，只留下负伤的大卫·布鲁斯沦为英格兰军队的俘虏。

⊙ 阿金库尔战场上的亨利五世

“内维尔十字战役”对于深陷重围的腓力六世可谓得不偿失，苏格兰军队的贸然南下不仅未能分担自己的压力，反而令爱德华三世解除了后顾之忧，他可以从本土调集更多的力量用于对巴黎的围攻。幸运的是，就在英格兰的援军和重型装备源源不断地经加来渡过海峡而腓力六世不得不屈膝求和之际，一场突如其来的瘟疫却令英法不得不暂停战事。被认为是腺鼠疫的“黑死病”，由往来于克里米亚和西西里岛之间的商船带入了西欧。

1422年，对于百年战争中的英、法两国来说，都是一个历史的转折年。是年8月31日，依靠长弓手们杰出的表现而赢得阿金库尔战役的英格兰国王亨利五世，因痢疾死在了征服法国南部的军旅之中。在亨利五世病死短短数日后，英国国王和法国公主凯瑟琳所生的唯一的儿子继位，是为亨利六世。虽然此时这位亨利六世只有 9 个月大，但由于他的外祖父法国国王查理六世也在 10 月适时死亡，根据《特鲁瓦条约》的条款，这个年幼的婴儿因此成为历史上唯一身兼英格兰与法兰西两国的国王。

一个 9 个月大的婴儿成为自己的国王，法国人显然很不乐意，他们甚至不愿意承认《特鲁瓦条约》有关两国王位继承的条款，尤其是查理六世的儿子——查理七世更加不同意。但在英国人强大的军队面前，法国王室只能眼看着仅出生 9 个月的亨利六世在 10 月 21 日继承法兰西大统，战场上接二连三的惨败使得法国人根本无法去表达自己的愤怒。

亨利六世治下的欧洲大陆领土并存着两个法国：一个是英国人的法国，其疆界是从吉埃内到加来，包括诺曼底、韦克森、曼恩、皮尔卡迪、香槟和整个大巴黎地区；另一个是其主要盟友勃艮第公爵的法国，在英法两国鏖战连年的过程中，勃艮第公爵约翰将今日的比利时与荷兰大部都收入了囊中。

值得一提的是，1419 年约翰公爵曾有心拉法国王室一把，但是在与查理七世会晤的过程中，他意外地倒在了政敌的暗杀之中。此事彻底葬送了法国贵族组建抗英同盟的可能，因此，有人说“亨利五世是通过勃艮第公爵头盖骨的伤口进入巴黎的”。至于所谓正统名义上的法国，则只剩下以布日尔为中心的南部地区。唯一令查理七世聊以自慰的是，在被金雀花王朝控制了长达半个世纪之后，苏格兰人又重新加入了抗英的同盟。

⊙ 15 世纪初的英法战争态势

“内维尔十字战役”之后，苏格兰国王大卫·布鲁斯在伦敦被软禁了长达 11 年之久，即便在 1357 年获释之后，苏格兰依旧只能跟随伦敦的指挥棒起舞。1371 年 2 月，大卫·布鲁斯去世，因为膝下无子，王位只能传承给其外甥罗伯特·斯图亚特，至此苏格兰进入了斯图亚特王朝时代。斯图亚特王朝表面上继续对英格兰表示恭顺，暗中却在积蓄力量。1406 年初，由于苏格兰王储詹姆斯在前往法国途中被英格兰军队逮捕，苏格兰再度站到了英格兰的对立面。

尽管苏格兰人斗志旺盛，在战场上往往表现得比随时可能成为亡国奴的法国人更为英勇，但是英格兰长弓手的箭雨却一再将他们的希望埋葬。1428 年，英国军队开始围攻奥尔良，一时之间布日尔人心惶惶。因为一旦这座位于卢瓦尔河北岸的要塞失守，整个法国南部将无险可守。但恰恰就在此时，两个扭转乾坤的女人先后登上了欧洲历史的舞台。相比那位声名显赫的“村姑”，埃诺女伯爵杰奎琳反倒更默默无闻，但恰恰由于她的感情纠葛，英格兰与勃艮第之间的蜜月期走到了尽头。

作为勃艮第的附庸，杰奎琳本应嫁给比邻的布拉邦特公爵，但面对年仅 15 岁且身体孱弱的丈夫，不甘屈服于命运的杰奎琳远走英伦，傍上了位高权重的英格兰摄政格洛斯特公爵汉弗莱。身为王叔的汉弗莱等不及教皇批准离婚，便公然将杰奎琳娶进了门。此举不仅令勃艮第公爵菲利普脸上无光，而且英国王室通过联姻介入自己的地盘的做法更引起了他高度的警觉。而就在勃艮第军队擅自撤出奥尔良战区时，4000 名法国军人在一位高举战旗的 17 岁少女的引领下逼近了英国人的包围圈，她就是被法国人视为民族英雄的“圣女”贞德。

关于“圣女”贞德的出现，西方历史学家曾给出过这样的解释：“在战场上一年接着一年的可耻失败，使得法国政府在军队和人民的领导地位上已经士气低落且名声败坏。当查理王储同意由贞德来领导他的军队并准备战争时，他一定是已经试过几乎所有正规、理性的策略选择，却皆告失败。只有一个已经到了存亡的最后关头却全然无计可施的政权，才会在绝望下相信一个自称受到上帝指示的农村文盲女孩儿，让她指挥国家的军队。”但真相似乎并非如此简单。

⊙ 被神化为法国民族英雄的“圣女”贞德

事实上，贞德并不是一个普通的农家女，他的父亲在著名的阿登森林附近拥有 50 英亩土地，同时还是当地的税收官。有趣的是，在周遭地区都落入敌手的情况下，贞德的家族不仅依旧忠于法国王室，更多次击退了勃艮第军队的进攻。正是在当地驻军指挥官博垂科特的护送和引荐之下，贞德穿越了辽阔的敌占区，来到了查理七世的城堡，而此时针对奥尔良的解围战正在如火如荼地展开。没有了勃艮第军队的支持，英国人在奥尔良地区的兵力可谓捉襟见肘，甚至不能完全封锁所有的城门。法国军队最初希望通过打击对手虚弱的补给线来瓦解英国人的围困，但是1429年2月12日，法国军队以3倍兵力试图拦截一支对手的补给队，却仍以失败告终。

根据相关史料的记载，这支英军补给队由约翰·法斯特尔夫爵士护送，从巴黎出发前往奥尔良战场，主要运送的是约300车的弓弩、加农炮、炮弹，以及数桶的鲱鱼，但最终却是最不起眼儿的鲱鱼成为这场战斗的标志。法国人在一片开阔地截住了对手，面对近10倍于己的对手，英国人只能依托补给车辆组成临时的防御工事。客观地说，法国人只要拿出在阿金库尔等战役中十分之一的勇猛，凭借着兵力优势便可冲垮英军的防线，但偏偏此时他们却开始珍惜其士兵的生命。

400名苏格兰步兵被命令率先冲锋，而法国人则试图用刚刚装备的火炮从远处提供火力支援。装备简陋的苏格兰人没有良好的铠甲保护，因此在面对英军长弓手与弩兵从货车堡垒上射出的箭矢时，几乎毫无抵抗能力。而法国人也并不擅长使用火炮这种新型武器，射出的炮弹不是落在苏格兰步兵的阵列之中，便是偏离了战场。最终，法国与苏格兰联军白白损失了包括苏格兰指挥官斯图亚特在内的400人，面对英国人的反击，只好狼狈逃窜。这场被称为“鲱鱼之战”的小规模遭遇战，令法国军队的士气空前低落，此时抱着“天下兴亡，匹女有责”的心理出现在查理七世面前的贞德无疑是一剂最好的“强心剂”。

⊙“鲱鱼之战”中的英军货车防线

在法国王室的授意和包装之下，贞德出现在了奥尔良的前线上。在所谓“神谕”的感召之下，法国军队放弃了继续打击英军补给线的计划，而是气势如虹地扑向了敌人的堡垒。在进攻英军的防御核心——土列尔堡时，贞德不慎中箭，但事实证明，法国王室为这位胜利女神准备的铠甲“简约而不简单”，在被抬下火线后不久，贞德又再度活跃于战场之上。而随着奥尔良的解围，集结了优势兵力的法军又趁势扫荡了对手在卢瓦尔河沿岸的据点，英军虽然组织了一系列反击，但最终均以失败告终。在贞德的带领下，法国重甲骑兵终于在帕提等来了扬眉吐气的一天。在英格兰长弓手还没有完成布阵之前，法国人就展开了风卷残云般的冲锋。

圣女贞德的事业在此时达到了巅峰，在短短 4 个月的时间里，法国军队收复了重镇兰斯，直逼巴黎城下。王太子查理在兰斯的历代法国国王加冕之地——兰斯大教堂，加冕成为法兰西的国王。可是好景不长，在 1430 年 5 月 23 日的一场小规模战斗中，当贞德下令军队撤回贡比涅城时，城内的守军因为害怕敌人尾随冲进城内，没等包括贞德在内的后卫部队撤回城内，便关上了城门，于是贞德成了勃艮第人的俘虏。

和圣女贞德的横空出世一样，世人同样可以从不合常理的落幕中探寻出真相的蛛丝马迹。作为一针输入军队的“强心剂”，圣女贞德已经很好地完成了查理七世最初所赋予她的使命。而随着时间的推移，她正日益受到本不看好她的军中诸将的崇拜和影响，其中最令查理七世感到不安的莫过于身为前敌总指挥的迪努瓦公爵。

奥尔良城下的圣女贞德

迪努瓦公爵出生于法国王室的旁支奥尔良公爵家族，但由于是私生子，因此一度被传说为查理七世同父异母的大哥。让迪努瓦公爵指挥法国军队本是查理七世的无奈之举，何况这位纨绔子弟在战场的表现也实在只能用差强人意来形容，因此在圣女贞德出现之前，查理七世或许从来没有觉得迪努瓦公爵是个问题。圣女贞德在法国军队中有颇多拥护者，其中最为著名的莫过于悍将阿朗松公爵约翰，由于曾被英军俘虏而支付了大量的赎金，阿朗松公爵一心要将战争进行到底。因此，出于政治上的考量，法国王室必

⊙ 火刑架上的贞德

须终结圣女贞德的神话。

在英国红衣主教的主持之下，一场所谓的审判很快便举行了，尽管圣女贞德为自己进行了精彩的辩护，但最终她仍以女巫的名义被判处“火刑”。1431年5月30日，在法国鲁昂，贞德被绑在火刑柱上，由刽子手点燃了柴火。在将这个法兰西的圣女烧死之后，英国人又将她的骨灰丢进了塞纳河。法国人的英雄——圣女贞德就这样用自己的死亡，在历史长卷中留下了人生中最为浓墨重彩的一笔。而值得一提的是，在贞德死后5年，曾有一个女性以贞德的名义嫁给了卢森堡的领主，此事竟然还得到了贞德的亲哥哥的认同。但在巴黎的法院介入调查之后，这位贞德却又离奇失踪了。而此时恰逢法国王室与勃艮第公爵达成和解，法国人的军队正式开入了巴黎。

在重新回到巴黎之后，查理七世进行了一系列重大改革：固定税收制度，建立有骑兵和步兵的常备军。随后他接连展开了收复失地的大反攻，布列塔尼、诺曼底、加斯康涅相继被收复，英国国王在法国的属地只剩下加来一隅。战争持续到了1453年，在这一年，百年战争终于结束了，法国人收复了除加来之外的英国在法国境内的全部领地。从英国国王爱德华三世开始的“辉煌”，就此被画上了一个句号。当法国人取得胜利的时候，对于英格兰人来说，战争的失败才仅仅是噩梦的开始而已。

四、虚与委蛇——都铎王朝对苏格兰的压制与斯图亚特最终入主伦敦

1485年，随着亨利·都铎捡起理查三世染血的王冠戴在自己头上，一场“红白不两立，王业不偏安”的“玫瑰战争”终于迎来了它的最终季。按照原先的设想，亨利·都铎迎娶了爱德华四世的长女伊丽莎白，将象征着兰开斯特和约克的红白玫瑰并列于都铎家族的徽章之中。金雀花王朝漫长的统治和分裂终于宣告了结束，英格兰进入了名为都铎王朝的新时代。

⊙ 兼顾红白玫瑰的都铎王朝徽章

以亨利七世之名统治英国的亨利·都铎之所以能够终结长期以来的乱世，与其说是他有着独特的政治见解，不如说是约克王朝留给了他一系列惨痛的教训。一方面，针对“玫瑰战争”中不断有王室旁系窥视大宝的局面，亨利七世大肆屠戮约克派的后裔，以至于心怀不满的约克派最终只能抱着“假作真时真亦假”的心理抬出了身份不明的沃里克伯爵后裔和新任的约克公爵（爱德华四世的次子）；另一方面，鉴于自己与爱德华四世的长女伊丽莎白联姻的成功经验，亨利七世异常热衷于与欧洲王室联姻，他的第一个目标是此时已经率先迈入大航海时代的西班牙帝国。

15 世纪末期的西班牙刚刚结束了长达 7 个世纪之久的收复失地运动，同样是通过政治联姻建立起新兴政权的斐迪南二世和伊莎贝拉女王在忙于征服北非和美洲新大陆的同时，也警惕地注视着法国在亚平宁半岛的扩张。1495 年，法国国王查理八世率军翻越阿尔卑斯山脉，攻占了意大利南部的那不勒斯。意大利各城邦随即组建以罗马教廷为首的“神圣同盟”，西班牙旋即加入。至此之时，亨利七世向西班牙王室求婚，伊莎贝拉女王当即许诺将自己的小女儿凯瑟琳许配给亨利七世的长子亚瑟。1501 年，英格兰与西班牙正式联姻，但这段王子公主的童话仅仅维系了不到 5 个月，便以男主角的离奇死亡而告终。

为了不令这段政治婚姻就此破产，亨利七世一边将儿媳妇凯瑟琳软禁在伦敦，一边要求自己的次子亨利八世接手其兄的遗孀。应该说，这种“小叔纳嫂”的情况在当时的欧洲已然等同于乱伦，好在罗马教廷此时正迫切需要西班牙和英格兰联手阻击法国南下，因此在凯瑟琳宣布第一次婚姻并未圆房之后，罗马教廷便以教宗训令的形式认可凯瑟琳在第一任丈夫死后 14 个月改嫁给比她小 6 岁的亨利八世。不过，这桩婚事不仅很快便由于英格兰与西班牙外交关系的冷淡而恶化，而且使得亨利八世的人生观、爱情观、宗教观彻底扭曲。

亨利七世一手操办的另一桩自鸣得意却遗祸无穷的政治联姻，是将其长女玛格丽特嫁给了苏格兰国王詹姆斯四世。亨利七世满心欢意地以为此举将有效地缓和两国之间长期的紧张对峙关系，但当 1513 年英国以保护教皇为名正式介入意大利战争时，出于国家利益的考量，詹姆斯四世还是毫不犹豫地站在了自己的小舅子亨利八世的对立面。但事实证明，长期远离西欧文明中心的苏格兰军队已经无法跟上战神进化的脚步，兵力略胜于对手的苏格兰军队兵败于诺森伯兰郡的弗洛登平原，包括詹姆斯四世在内的上万苏格兰人血洒疆场，而英格兰方面仅仅损失了1000人。

詹姆斯四世死后，身为王后的玛格丽特虽然一度通过改嫁苏格兰实力派而摄政，但是对于自己的亲生儿子——苏格兰王位的合法继承人詹姆斯五世却始终没有痛下杀手。1528年，在苏格兰贵族阶层的一致呼吁之下，詹姆斯五世终于从被软禁到15岁的爱丁堡中走出，从自己的生母手中接过权杖。值得一提的是，玛格丽特在摄政期间对自己的母国始终保持着警惕和距离，反倒延续了苏格兰王室长期以来与法国结盟的外交政策。詹姆斯五世虽然先后迎娶了两位公主，但是当他在1542年死于霍乱时，他的膝下只有一个仍在襁褓中的女儿，她就是苏格兰历史上最著名的女王——玛丽一世。

⊙ 短命的苏格兰国王詹姆斯四世

作为玛丽一世的舅老爷，英格兰国王亨利八世此时早已对苏格兰垂涎三尺。他先是强迫苏格兰王室为6个月大的女王与她血统上的表舅——英格兰王子爱德华六世订婚，随即又出兵北犯，试图将未成年的玛丽一世劫持到伦敦。从军事角度来看，亨利八世代号“粗暴求婚”的奇袭行动堪称经典，但是在政治上却是一步毋庸置疑的臭棋。为了避免玛丽一世落入英国人手中，她来自法国的母亲直接向自己的母国求援，在法国陆军和舰队的保护之下，玛丽一世前往巴黎避难，并正式与英国王室解除婚约，改嫁法国王子弗朗索瓦二世。

关于亨利八世缘何如此急于求成，历史学家认为，是由于法国在1525年帕维亚战役遭遇了西班牙的重创，英国王室急于抓住这一战略机遇期以解决苏格兰问题。但也有心理学家指出，亨利八世有意将玛丽一世纳入自己的后宫。应该说，作为国王的亨利八世虽然风流，但似乎还不至于如此下流，何况在向苏格兰发动“粗暴求婚”时，他正和自己的第六任妻子凯瑟琳·帕尔打得火热。而这位君王的罗曼史，据说还衍生出了两个著名的童话故事——《蓝胡子》和《灰姑娘》。

“蓝胡子”的故事讲的是一个拥有蓝色胡子的富翁一生迎娶过多位妻子，但世人却都不知道他这些妻子最终的结局，直到最后嫁给他的一个小姑娘发现了他隐藏于密室中的前妻尸体，才最终揭露了“蓝胡子”丧心病狂的秘密。亨利八世自1533年与原配凯瑟琳王

⊙ 根据苏格兰女王玛丽一世的传奇人生改编的电视剧《风中女王》

后离婚之后，在短短的10年之间，他又先后经历了5段婚姻。当然，亨利八世身为一国之君，不会像“蓝胡子”那般藏头露尾。事实上，从与凯瑟琳王后的离婚官司起，亨利八世的床笫之事便几乎成了全欧洲贵族的谈资。

由于凯瑟琳王后曾和自己的哥哥亚瑟有过短暂的婚姻，因此亨利八世向罗马教廷提出离婚的主要理由就是叔嫂通婚不吉，甚至表示自己每晚抱着凯瑟琳王后都会有罪恶感，但这一说法显然无法解释亨利八世婚后头10年里与凯瑟琳王后连生6胎的事实。真正令亨利八世对这段婚姻失去兴趣的，一方面是年长他6岁的凯瑟琳王后日益年老色衰，另一方面是这对夫妻所产下的6个子女之中仅有老五玛丽公主免于夭折。因此早在正式提出离婚诉求之前，亨利八世便已经在宫廷里寻花问柳，而他最初勾搭的对象之中便有王后身边的侍从女官——安妮·博林。

有趣的是，最早成为亨利八世情妇的本是安妮·博林的姐姐——玛丽·博林。或许是还怀有一丝廉耻之心，也可能是施展了欲擒故纵的手段，总之，安妮·博林一度曾拒绝了亨利八世的追求，甚至离开伦敦前往了肯特郡。但最终安妮·博林还是于1526年回到了亨利八世的身边，翌年，亨利八世正式向罗马教廷提出了离婚的请求，但这种王室联姻显然不是一句“感情破裂”便能画上句号的。自意大利战争以来，凯瑟琳王后的娘家——西班牙帝国已经通过联姻与神圣罗马帝国合并，组成了欧洲无可置疑的“超级大国”。教皇克雷芒七世刚刚由于与法国结盟而招致西班牙军队洗劫罗马，此时更不敢在西班牙皇帝查理五世姨妈的婚姻问题上贸然发表意见。在苦苦等待了两年未见成效之后，亨利八世一气之下迁怒于“红衣主教”托马斯·沃尔西。随着这位自亨利七世以来便执掌英国宗教和世俗事务的“教皇代言人”黯然下台，一场声势浩大的宗教改革也随即席卷英格兰。

安妮姐妹和亨利八世的故事被好莱坞搬上了银幕

事实上，英国王室对罗马教廷的非难早有先例。早在百年战争之前，针对卡佩王朝将教皇绑架到法国境内企图“挟天主而令诸国”之事，英格兰首先打出了宗教改革的大旗与之抗衡。曾是英国王室侍从神父的约翰·威克里夫首先对教廷发难，他首先批判罗马教廷政教不分、生活腐化，继而引经据典地指出教廷有很多做法明显与《圣经》相违背。最后，威克里夫主张各国教会应隶属于本国国王，教宗无权向国王征收赋税，并建议国王没收教会土地，建立摆脱教廷控制的民族教会。至于面向英国普通民众推广英文版《圣经》以及简化宗教仪式之类的“惠民措施”，则不过是威克里夫宗教改革理念的一些噱头而已。

出生法国的教皇格里高利十一世面对威克里夫的挑战，可谓是气急败坏。他一边连发 13 篇文章谴责对方的“异端”思想，一边授意主管英国教区的坎特伯雷大主教通缉这位“魔鬼的代言人”。可惜威克里夫身后站的不是虚无的撒旦，而是英国国王。因此，尽管教廷对其口诛笔伐，但在威克里夫有生之年，依旧活得潇洒滋润。不过，教廷虽然颜面受损，但最终能够回到罗马，也多少仰赖于英国人。

自从罗马教廷迁到亚维农之后，在漫长的 69 年里，教皇几乎沦为法国国王的人质，西方史学家称之为“亚维农之囚”，教会则以犹太人昔日的苦难自诩，称这段岁月为“巴比伦被掳期”。好在随着百年战争的爆发，法国王室对教廷的控制力日益减弱。1377 年，一个富有幻想症的修女凯瑟琳向教皇格里高利十一世建议将教廷迁回罗马，教皇随即就坡下驴。不过这位法国教皇在罗马只待了一年便一命呜呼，他的死引发了天主教世界的又一轮分裂。在英格兰和神圣罗马帝国的共推之下，出身意大利的乌尔班六世在罗马登上教皇的宝座。而法国则操控枢密主教团宣布选举无效，在亚维农另立了教皇克雷芒七世。

罗马和亚维农相互指责对方为“另立中央”的口水战，延续了近 30 年。面对这场争斗终将会使天主教颜面扫地的危险，1409 年枢机主教团于意大利比萨召开会议，试图进行调停。而正是在这次会议上，一个名为柯萨的枢密主教提议两地的教皇同时退位，然后遵循“天命有常，唯有德者居之”的原则另行选举。

应该说，柯萨的建议是解决当时“教宗对立”局面的唯一办法，唯一美中不足的是，同样野心勃勃的他并没有得力的世俗盟友。1410 年，在罗马和亚维农的两大教廷均态度暧昧的情况下，柯萨自行加冕为第三位教皇——约翰二十三世，并凭借法国安茹公爵路易的支持，率军攻入罗马，俨然准备以武力统一教会。事实证明，约翰二十三世实在太过于天真，早已被百年战争拖得筋疲力尽的法国根本无力重演昔日腓力四世的壮举。在罗马教廷的支持者那不勒斯国王拉迪斯拉斯的反击之下，约翰二十三世一败涂地，只能逃往佛罗伦萨。最终，在英格兰、法兰西和神圣罗马帝国三方势力的妥协之下，教廷独立的局面才得以宣告结束，但昔日罗马教皇主宰西欧世俗政权的威望却已不复存在。正因如此，亨利八世才公然与之对立。

⊙ 被亨利八世驱逐的红衣主教托马斯·沃尔西

对于长期独断专行的沃尔西的倒台，英国各界自然拍手称快，但是问题却随即接踵而来。英国教会整体上对亨利八世因为个人婚姻而推动的宗教改革并不看好，沃尔西的继任者托马斯·莫尔虽然以空想社会主义著作《乌托邦》而名留青史，但在信仰的问题上却是个因循守旧的老古董。甚至就连亨利八世本人也曾在1520年马丁·路德抨击罗马教廷时挺身而出替教皇辩护，当然在具体的论战方面，亨利八世自知不是马丁·路德的对手，真正代表英国教会从理论角度反击马丁·路德的始终都是才思敏捷的莫尔。事后，罗马教廷也特地授予亨利八世“信仰捍卫者”的称号。此刻同样站到教皇对立面的亨利八世，或许也认识到自己这种前后矛盾的行为有些尴尬，于是自我解嘲道：“如果路德只抨击教士的错误和弊端，而不是攻击教会的仪式和其他制度，我们本来都会支持他的。”

亨利八世的宗教改革从节流英国教会向罗马教廷的上贡开始，而教皇克雷芒七世则以开除教籍相要挟，勒令亨利八世在半个月内摒弃自己的情妇安妮。但此时的亨利八世，已经将自己的原配凯瑟琳和女儿玛丽扫地出门。在亲自前往法国向此前争取到教会自主权的弗朗索瓦一世取经之后，亨利八世正式决定和罗马教皇决裂。1533年，亨利八世正式与身怀六甲的安妮·博林结婚。4个月之后，这对新婚夫妇的第一个女儿降生，她便是日后赫赫有名的英国女王——伊丽莎白一世。但是亨利八世对此却倍感绝望，冒着被教皇废黜和外国入侵的风险依旧没有得到一个男性继承人的现实令他性情大变，甚至在安妮产后第三天，他便跑去了贵族约翰·西摩爵士的府邸，好事者随即发现约翰·西摩有一个同样身为王后侍女的女儿——简·西摩。

简·西摩的温柔显然无法化解亨利八世心中的不满。在国内外的质疑声中，亨利八世一边强硬地回应自己被开除教籍和来自西班牙帝国的外交压力，一边颁布了著名的《至尊法案》，宣布英国国王即为英国教会的最高首领。新任红衣主教莫尔由于拒绝承认这一法令而锒铛入狱，并按照一年后通过的“凡是用言论、文字、行动诬蔑国王为异端、裂教者、暴君等恶名者，不承认国王是教会首领者，否认国王婚姻合法者，均为叛逆，罪当处死”的《叛逆法》问斩于伦敦。

托马斯·莫尔高悬的人头并不能吓阻英国教会和各地贵族反抗的浪潮，为了捍卫自己的权威和所谓的爱情，亨利八世在全国范围内大肆镇压异己。此举固然不得人心，但在一片愁云惨雾之中，英格兰各地长期割据一方的诸侯势力也遭遇了空前的弱化，被莫尔生前讽刺为“羊吃人”的“圈地运动”至此也进入了顶峰。近代意义上的英国版图和经济结构在亨利八世的倒行逆施中初见端倪。但出乎所有人预料之外的是，亨利八世的屠刀最终举向了自己的爱人——安妮·博林。

亨利八世处决自己第二任王后的罪名是通奸，但事实上，真正“红杏出墙”的却是亨利八世本人。与简·西摩恋情的迅速升温和安妮王后的两次意外流产，令亨利八世坚信安妮不会给英国王室诞下男丁，于是在一系列的舆论准备和精心安排的通奸证据面前，安妮王后最终被送上了断头台。幸灾乐祸的西班牙帝国使节对此的描述是“在安妮等人遭到逮捕之后，亨利国王比以前更加高兴了”。而此时亨利八世的前妻凯瑟琳也因病去世，国王的新欢——简·西摩入主后宫之路可谓畅通无阻。

安妮·博林尸骨未寒，亨利八世便心急火燎地将简·西摩迎娶过门。不过亨利八世这次似乎学乖了，他借口伦敦当时瘟疫肆虐而拒绝为新妻子加冕，多少有点儿不见兔子不撒鹰的意味。而简·西摩也没有让自己的老公失望，1537 年 10 月 12 日，她终于为英国王室生下一位男性继承人——爱德华六世。但就在亨利八世还沉浸于得偿所望的满足感中时，简·西摩却因产褥感染而意外去世。因此，英国民间纷纷猜测是简·西摩在分娩过程中出现了意外，亨利八世强令剖腹保子才致其死亡的。这位“昏君”名下于是又多了一桩恶行。尽管简·西摩执掌英国后宫仅有短暂的一年多时间，但她节俭内敛的性格以及善待两位公主——玛丽和伊丽莎白的言行还是令亨利八世久久难忘，在其死后，亨利八世不仅 3 年未娶，更对简·西摩的两个哥哥委以重任。

⊙ 日后“弑君者”的祖辈——托马斯·克伦威尔

亨利八世的第四段婚姻是在首席国务大臣托马斯·克伦威尔的竭力撮合之下展开的，托马斯·克伦威尔堪称是亨利八世推动政治改革和王权集中的左膀右臂，但是在为领导物色女人方面，眼光却显然有欠老道。托马斯·克伦威尔原本寄希望于通过联姻强化英国与掌握荷兰东部的克里维斯公国之间的同盟关系，以共同对抗强大的西班牙帝国。但做了3年鳏夫的亨利八世却显然更关心新娘的美貌，克里维斯公主安妮刚刚抵达英国之时，亨利八世便急不可耐地跑去里士满迎接。但安妮公主过于严肃的长相随即令亨利八世心灰意冷，和所有以貌取人的男人处理无法摆脱的女孩儿一样，亨利八世选择将安妮认为“爱妹”，而倒霉的托马斯·克伦威尔则在随后因贵族的构陷而被判处死刑。从这一点来说，托马斯·克伦威尔的同族后裔奥利弗·克伦威尔日后对英国王室举起屠刀也算是报应不爽。

⊙ 晚年发福的亨利八世

关于亨利八世和安妮公主这段离奇的婚姻，由于牵扯到英、德两国而成为后世著名的口水仗。英国史学家以“弗兰德斯母驴”的绰号讽刺安妮公主长相丑陋，而德国方面则说是安妮嫌弃亨利八世体态臃肿而故意使得国王对她不满。但事实上，亨利八世在迎娶安妮公主之前早有新欢，这可能是导致他无法接受这段感情的真正原因。而这一次，这位风流的国王勾搭上的竟然是自己女儿玛丽的侍女——凯瑟琳·霍华德。凯瑟琳·霍华德被宣布为英国王后时年仅22岁（一说17岁），面对这位拥有着超过此前任何一个妻子的美貌的少女，亨利八世可谓是恩宠有加，甚至为了博美人一笑而主动减肥。但和所有的老夫少妻一样，亨利八世和凯瑟琳·霍华德的婚姻很快便败给了新娘的任性和好奇心。身为国王的亨利八世对自己妻子和她表兄托马斯·卡尔佩珀的地下恋情当然不会只是吃醋而已，1542年2月13日，英国迎来了第二位走上断头台的王后。不过凯瑟琳·霍华德并没有像安妮·博林那样在死前请众人为国王祈祷，而是继续大放厥词说：“我将要作为王后而死去，但是我宁愿作为卡尔佩珀的妻子就刑。”

与凯瑟琳·霍华德的短暂婚姻似乎令亨利八世对年轻的少女彻底失去了兴趣，1543年7月12日，他迎娶了自己的第六任妻子凯瑟琳·帕尔。尽管同样身为玛丽公主的侍女，但凯瑟琳·帕尔此时已经31岁了，有过两段婚史且与亨利八世的前大舅子托马斯·西摩（第三任王后简·西摩的哥哥）关系颇为暧昧。但亨利八世选择将这位富有且风流的寡妇迎娶过门，这或许与国王此时年事已高且财政拮据不无关系。1544年，亨利八世展开他人生中的最后一次军事行动——远征法国。凯瑟琳·帕尔展现出了非凡的施政能力，协调了王室军队后勤、财政等诸多问题，据说这段时光令她的两个继女——玛丽和伊丽莎白都印象深刻。

《灰姑娘》的故事在今天早已是脍炙人口，但很少有人知道类似的故事早在格林兄弟出版他们的童话集之前，便已经在全世界各地反复上演着。在中国，唐代著名志怪小说家段成式笔下的《支诺皋》中，便说南方某洞主女儿吴叶限在神鱼的指引下，“衣翠纺上衣，蹑金履”地参加了邻国陀汗国王的宴会，通过现场遗失的金履，坐拥“水界数千里”的陀汗国王最终找到了在宴会上落跑的吴叶限，至于后面的情节自然是群众喜闻乐见的大团圆结局。而在欧洲，法国作家夏尔·佩罗也早在1697年便在他的个人童话集——《鹅妈妈的故事》里收录了类似《灰姑娘》的故事。

诚如先贤所说，每一个童话都是历史的投影，《灰姑娘》的故事在现实生活中也并非天方夜谭。在以血缘远近为继承权排序依据的封建时代，一个没有男性继承人的君王膝下之女，往往会成为各方力量竞相争抢的结婚对象；而失去了母亲庇护的失宠公主更有可能成为撬动一个王国的政局的支点，因为这样的女孩儿身上不仅聚焦着国民同情的目光，更有一干国内的野心家希望能以其为旗帜来推动重新洗牌。这也就不难解释玛丽公主尽管常年饱受父亲亨利八世的冷落，卧病在床时连御医都“虐待”她，但其求婚者却依旧络绎不绝。而她的表兄——西班牙皇帝查理五世更是长期充当玛丽公主的保护伞，使之能在宗教改革愈演愈烈的英格兰保持其天主教的信仰。

对于西班牙帝国在爱德华六世死后的英国政坛的风云变幻中是否扮演着幕后推手的角色，史学家们依旧莫衷一一。但是在亨利八世激进的宗教改革中，并非所有英国人都摒弃了天主教却是不争的事实。因此，当玛丽公主逃脱约翰·达德利的追捕在诺福克现身时，随即得到了来自全国的拥护。地主阶层渴望恢复往日天主教治下森严的等级制度，而农民则对约翰·达德利在1549年率领德意志雇佣兵镇压他们反抗圈地的暴行怀恨在心。面对如此广泛的统一战线，约翰·达德利所依仗的少数武装力量根本不堪一击。

童话故事的结局总是美好的，只有在比较原始的版本里才会出现血腥和复仇，比如，段成式笔下吴叶限的继母和姐妹便莫名其妙地“为飞石击死”。玛丽一世起初也抱着“首恶必究，胁从不问”的宗旨，仅仅处决了约翰·达德利公爵本人，甚至都没有拿这个政敌的家族开刀的意思，但是事情的发展却很快令玛丽一世不得不大开杀戒。玛丽一世不仅是一个虔诚的天主教徒，更拥有西班牙王室的血统，因此在择偶问题上，女王无意下嫁约克王族爱德华·考特尼，更倾向于接受自己表兄的建议，与自己的侄子菲利普二世喜结连理。

此时的玛丽一世已经37岁了，在普遍早婚的欧洲王室堪称“大龄剩女”。她的未婚夫菲利普二世则年仅26岁，可谓风华正茂。如此老妻少夫的组合在英格兰和西班牙均不被看好，除了年龄问题之外，英国人视这场婚姻为天主教的复辟和西班牙的入侵，而高傲的西班牙贵族则认为英格兰不过是“一个寒冷的、野蛮的、到处是宗教异端的国家”。在这样的背景之下，玛丽和菲利普尚未正式见面，心怀不满的野心家便以爱德华·考特尼为旗帜发动了叛乱。但此时英国国内人心思定，叛乱者在是否废黜玛丽一世并另立其妹伊丽莎白的问题上也出现了严重的分歧，最终在群起保护自身财产的伦敦市民的保护之下，玛丽一世成功地扑灭了叛乱。

据说，为了清除潜在的竞争对手，玛丽一世曾有心在流放相亲对象爱德华·考特尼的同时，将妹妹伊丽莎白一并处决。但是，骨肉亲情和相似的童年境遇却最终令玛丽一世选择了将妹妹囚禁在伦敦塔中。就在这所英国著名的政治监狱里，伊丽莎白结识了她著名的“绯闻男友”——罗伯特·达德利。而在几个月提心吊胆的囚牢生活之后，伊丽莎白和罗伯特迎来了改变他们命运的恩主——西班牙王储菲利普二世。菲利普二世之所以为达德利家族求情，一方面是基于欧洲贵族之间复杂的姻亲关系，另一方面是鉴于此时西班牙与法国之间的敌对关系，菲利普二世也希望能借助达德利家族在加来的军事力量。应该说，罗伯特在战场上的表现的确没有令菲利普二世失望。在1557年的圣康坦战役中，罗伯特率领达德利家族的部属奋力死战，最终以其弟亨利的生命为代价，为西班牙守住了在尼德兰的战略枢纽，玛丽一世至此也摒弃成见恢复了达德利家族的部分领地。

如果说菲利普二世救助达德利家族是基于军事考虑的话，那么他替伊丽莎白求情则更多的是出于政治上的长远考量。菲利普二世对年长自己11岁的玛丽一世并无爱意，更不相信这段聚少离多的婚姻可以为自己带来子嗣。为了进一步通过政治联姻保持与英格兰的同盟关系，菲利普二世一度曾有玛丽一世若死于难产，自己便迎娶伊丽莎白的打算。而在1554年假怀孕的风波之后，菲利普二世又怂恿伊丽莎白嫁给自己的表弟。但是信奉新教的伊丽莎白对天主教和西班牙都缺乏好感，此时的菲利普当然不会想到自己的小姨子

伊丽莎白一世最著名的“绯闻男友”罗伯特·达德利

在未来竟会成为西班牙帝国霸权的掘墓人。

玛丽一世并不是一位无能的女王，在丈夫菲利普二世忙于征战之际，她将英格兰治理得井井有条。她展开了一系列货币改革，以抑制国内愈演愈烈的通货膨胀。虽然碍于“英西两国的传统友谊”，玛丽一世严禁英国的航海家们劫掠往来于大西洋上的西班牙大船，但是她依旧鼓励英国发展海外贸易和殖民开拓。正是在玛丽一世时期印制的世界地图集，鼓舞着无数英国人奔向大海。但有着悲惨童年的玛丽一世是一个虔诚的天主教徒，这使得她在镇压异端邪说方面显得毫不留情。她虽然允许在亨利八世宗教改革期间吞并修道院土地的英国贵族继续保留“非法所得”，却以火刑处决了近300名不愿放弃新教信仰的臣民。但此举掩盖了她一生所有的功绩，只剩下“血腥玛丽”和鸡尾酒一起流传于世。

1558年，法国军队利用西班牙军队困守尼德兰和意大利两线之际，一举拔出了英国在英吉利海峡以南最后的也是最重要的据点——加来。丢失“祖产”的巨大压力和不幸福的婚姻，令原本就缺乏自信的玛丽一世陷入极度的沮丧之中。1558年5月，这位英国历史上第一位真正意义上的女王因流感而去世。尽管在她的葬礼上，温彻斯特主教约翰·怀特赞许说：“她是国王的女儿，是国王的姐妹，是国王的妻子。她是女王，而同时她也是国王。”但是，玛丽一世短短5年的统治期，注定只能成为其妹伊丽莎白盛世辉煌的前奏而已。

⊙ 玛丽一世

伊丽莎白加冕之时，英国正处于一个内外交困的尴尬时期，用一位枢密院书记员的话说：“女王经济拮据，王国耗尽财源，贵族贫穷没落，军队缺少优秀官兵，民众混乱，法纪废弛，物价昂贵，酒肉和衣服滞销。我们内部互相倾轧，对外同法国和苏格兰同时作战。法国国王一只脚站在加来，另一只脚站在苏格兰。横跨在我们的王国之上，我们在国外只有不共戴天的敌人，没有坚强忠实的盟友。”但幸运的是，此时英国的主要对手——苏格兰和法国也正处于社会动荡的转型期。1559年4月，随着《卡托-康布雷西条约》的签署，法国与西班牙之间延续了半个多世纪的“意大利战争”宣告终结。在极不情愿的情况下，法国国王亨利二世将女儿嫁给了刚刚丧偶的西班牙皇帝菲利普二世。但就在婚礼现场，来自苏格兰的卫队长蒙哥马利突然冲出，把短矛刺入了亨利二世的头部。

蒙哥马利行刺的动机至今仍是一个未解之谜，但显然，向来敌视英国的苏格兰人也不认可法国长期驻军于自己的国土之上。亨利二世去世之后，其年仅 15 岁的长子弗朗索瓦二世继位。作为苏格兰女王玛丽·斯图亚特的丈夫，弗朗索瓦二世当然有权以苏格兰国王的名义加冕，但是此时，法国内部天主教势力与信奉加尔文教的“胡格诺”派剑拔弩张。自幼身体孱弱的弗朗索瓦二世还没来得及一展拳脚，便因耳部感染而撒手人寰。16 岁便成为寡妇的玛丽·斯图亚特面对自己强势的婆婆——法国太后凯瑟琳，最终选择离开巴黎，重返苏格兰。

身为教皇克雷芒七世的侄女，法国太后凯瑟琳是一个极端的天主教信徒。对于法国国内的宗教改革势力，凯瑟琳的态度是“宁可错杀一千，不可放过一个”，因此，有人怀疑弗朗索瓦二世的离奇去世便是因为试图与“胡格诺”派妥协而遭了亲生母亲的毒手。而同样面对苏格兰国内宗教改革的呼声，玛丽·斯图亚特自然不敢在法国久待。摆脱了凯瑟琳

⊙ 法国太后凯瑟琳屠杀“胡格诺”派

的控制之后，玛丽·斯图亚特试图在苏格兰完成一场温和的宗教改革，同时试图与英格兰缓和关系。

在伊丽莎白和玛丽·斯图亚特两个女王的虚与委蛇之中，英国和苏格兰进入了一个短暂的蜜月期。伊丽莎白甚至亲自替玛丽和自己的宠臣罗伯特·达德利做媒。而玛丽·斯图亚特则试图以表外甥女的身份窥视英格兰王位的继承权，毕竟伊丽莎白此时已经宣布将“终身不嫁”。如果两位女王之间始终能保持这种良性的互动，那么在伊丽莎白无嗣的情况下，玛丽将无可争议地头戴英格兰、苏格兰两顶王冠。但是1565年，她却选择下嫁自己同母异父的兄弟、苏格兰新教领袖——亨利·斯图亚特。玛丽女王此举或许并非缘于爱情，因为即便在婚后，她仍同自己的私人秘书——大卫·瑞里奥保持着情人关系，但这场政治联姻并没有起到稳定局面的作用。

由于亨利·斯图亚特的新教背景，苏格兰的天主教势力随即展开了强烈的反弹。而在苏格兰全境内战连年的同时，玛丽女王的宫闱之中同样是一片腥风血雨。1566年，不甘心被戴绿帽子的亨利·斯图亚特刺杀了自己的情敌——大卫·瑞里奥，不到一年，他本人也离奇地死在了位于爱丁堡的别墅之中，很多人猜测凶手是玛丽女王的新欢——詹姆士·赫伯恩伯爵。

玛丽·斯图亚特的倒行逆施最终换来了被废黜的恶果，尽管她年仅1岁的儿子詹姆士成了苏格兰的新国王，但惹来天怒人怨的女王却不得不流亡英格兰。此时的伊丽莎白对玛丽已经毫无香火之情，经过3个月的审判，玛丽·斯图亚特及其丈夫詹姆士·赫伯恩被分别囚禁于谢菲尔德城堡和丹麦。不过对于伊丽莎白而言，威胁并没有真正的解除，信奉天主教的法国和西班牙都视宗教改革的英格兰为异类，一时间各种废黜伊丽莎白、拥立玛丽·斯图亚特的阴谋在伦敦反复上演着。

不过，此时的法国已经深陷宗教战争的泥潭，而幅员辽阔的西班牙帝国此时也由于尼德兰地区的新教徒和资产阶级革命而不胜头疼。相反，伊丽莎白治下的英格兰则由于此前已经完成了宗教改革而形成了天主教和新教的微妙平衡，货币改革和大西洋三角贸易的拓展更令英格兰的国民经济得以稳步提升，因此，尽管伊丽莎白周围各种“险情”不断，但是这位孑然一身的女王却始终稳如泰山。

面对来势汹汹的西班牙“无敌舰队”，伊丽莎白女王一方面全力备战，一方面也为了防止国内反对势力的异动，最终于1587年2月将被囚禁了19年之久的玛丽·斯图亚特在伦敦处决。由于这位苏格兰女王在受刑时身穿红衣以表明自己忠于天主教的信仰，在此后的漫长岁月里，她的形象被罗马教廷不断拔高，以至于人们逐渐淡忘了她拙劣的施政能力

⊙ 玛丽·斯图亚特的纪念雕塑

和不检点的私生活。

1603 年，70 岁的伊丽莎白此时身患神经衰弱、风湿、慢性黄疸等多种疾病。对于自己的王位继承人，终身未嫁的伊丽莎白选择了与自己有表亲血缘的苏格兰国王詹姆士·斯图亚特，此举固然是人丁单薄的都铎王朝的无奈之选，但却有利于英国摆脱长期以来与苏格兰紧张对峙的局面。况且詹姆士·斯图亚特此时已然迎娶了丹麦公主，英国的商业资本家相信由其执掌不列颠，将有助于开拓环波罗的海的贸易圈。

3 月 24 日，病入膏肓的伊丽莎白默默地忍受着常常持续几小时的阵痛。罗伯特·塞西尔向她建议说："陛下，为了满足人民的意愿，你必须躺到床上去。"得到的回答却是："臣子，对君王难道可以用'必须'这个词吗？"带着女王最后的荣耀和孤独，伊丽莎白最终离开了人世。总结这位传奇女王的一生，我们不难发现她的确开创了一个属于英格兰的盛世辉煌，从接手玛丽一世所留下的 300 万英镑的债务和一个四面受敌的外交困局，到最终击败无敌舰队，坐拥大西洋和波罗的海两个贸易圈，英国的国运的确在伊丽莎白手中实现了逆转。但是在 1588 年之后与西班牙漫长的海上战争中，英国并未讨到什么便宜，爱尔兰人的游击战更令那座岛屿成为“英格兰国库的漏斗”。伊丽莎白虽然竭力补救，甚至不惜出售土地和官职、开增专利权税，但在她逝世时英国依旧负债300万英镑，可谓从终点回到了起点。

伊丽莎白真正留给英国人的，不是物资上的财富，而是一种“虽万千人吾往矣”的精神，恰如在战胜“无敌舰队”几年以后，莎士比亚在其名作《约翰王》中所言：“尽管全世界都是我们的敌人，向我们三面进攻，我们也可以击退他们。只要英格兰对它自己尽忠，天大的灾祸都不能震撼我们的心胸。”除此之外，在伊丽莎白统治时期，英国政府成功地从爱尔兰人身上学会了如何统治和管理殖民地，以特许公司为单位的英国商业资本开始涌向美洲和印度。1582年，沃尔特·雷利在北美建立了第一个英属殖民地——弗吉尼亚。1592年，英国航海家詹姆士·兰开斯特跟随荷兰人的脚步，抵达了被称为“东印度群岛”的印尼和马来西亚地区。或许，都铎王朝的先祖亨利七世和西班牙女王伊莎贝拉都不会想到，当年亨利八世迎娶凯瑟琳之时，“日不落帝国”的梦想竟也同时完成了传承。

五、同床异梦——英国内战中的英格兰和苏格兰

1604年，来自苏格兰的英国新国王詹姆斯一世正式执掌不列颠群岛。作为一个幼年丧父、青年丧母的国王，詹姆斯一世自小便生活在一干摄政贵族的阴影之下，但这样的成长背景也养成了他左右逢源的个性。在苏格兰这样以天主教徒为主的国家里，他能够长期包容甚至支持各派新教徒们的宗教和政治主张，便是其圆滑执政风格的最好体现。

詹姆士一世“开明”的政治风格令英格兰新教徒欢欣鼓舞，但天主教徒们却大失所望。于是在贵族罗伯特·盖茨比的策划之下，一干英格兰的天主教信徒开始策划行刺国王。最初，这群叛乱者打算租一间与老上议院相邻房子的地下室，并准备挖一个通向上议院地下室的地道。不过，后来通过一些暗箱操作，他们竟然直接租到了上议院地下室。到了1605年3月，他们已经在上议院地下室内以冬季燃料为借口，装满了36桶（约2.5吨）火药。但由于担心天主教上议员也会被炸死，叛乱者团队中有人突发奇想，主动给天主教派的几个上议员写了信。

这种自投罗网的举动，最终招来了政府相关工作人员对地下室的突击搜查，结果发现了被隐藏的火药桶，“爆破专家”盖伊·福克斯也被拘捕。盖伊·福克斯在被严刑拷打之后招供了所有参与者的名单，除了主谋盖茨比在拒捕时被杀死，其他反叛者很快被逮捕，并在审讯后被执行死刑，史称“火药阴谋”。应该说，当时的普通民众对这干“乱臣

贼子”的伏法并无丝毫的同情，反而以盛大的篝火晚会来庆祝阴谋被粉碎。但随着近代以来“无政府主义”的泛滥，庆祝“火药阴谋”被粉碎的“大篝火之夜”活动被赋予了全新的意义。而在电影《V字仇杀队》中，更将罗伯特·盖茨比推崇成为民请愿的英雄人物。

⊙ 无政府主义的代表——V字仇杀队的经典形象

但是，詹姆斯一世的开明形象并没有维持太长的时间。1610年，他第一次解散议会。国王与议会摩擦上升的主要原因是，中产阶级的势力彻底超越了贵族，也越来越难忍受绝对君主制的限制，即便只是形式与法律上的专制。同时，资本主义生产方式带来的“物价革命”在英格兰造成了激烈的影响。国王越来越不可能只依靠地产与传统税收，包括国王在内的固定收入者都因为剧烈的通货膨胀而入不敷出。财务危机的扩大，迫使国王多次召开国会，要求拨款加税。不明底细的下议院代表，误以为詹姆斯一世夸大财务问题，总是加以抗争、刁难拨款。幸好在詹姆士识时务的让步下，君主与议会的冲突不致扩大，对立总是转瞬即逝。

来自苏格兰的斯图亚特家族是一个相对穷困的王室，詹姆士一世入主伦敦时，曾一度为英格兰的富庶所打动，着实过了一阵穷奢极欲的日子。国会尽管对此颇有微词，但仅凭大法官们判定进出口关税归王室支配这一点，便足以令詹姆士一世这个“苏格兰穷光蛋”衣食无忧了。他的继任者查理一世，也曾认为只要不发动战争并暂缓海外殖民，再加上自己的节衣缩食，便足以维持一个小康的局面，但他显然忽视了在自己的治下还有一个不断烧钱的爱尔兰。

为了收复桀骜不驯的爱尔兰人，查理一世任命自己的亲信托马斯·温特沃斯为第一任爱尔兰总督。应该说，温特沃斯对其本职工作可谓尽心尽责，在他刚柔并济的手段面前，爱尔兰一度出现了少有的秩序和繁荣，不仅大批爱尔兰人加入了国王的军队，财政上也首次扭亏为盈。但是来自爱尔兰的微薄收入并不足以偿还英国财政上旧有的债务，无奈之下，查理一世开始增收新税。1635年8月，查理一世按照阿尔弗烈德大帝时期“全国都应承担维持舰队的费用”的习惯法，宣布开征“海军税”。

尽管税款只有20先令，但早已心怀不满的国会议员们还是借题发挥，在“内陆郡同皇家海军毫无关系”“只有国会有权开征新税”的口号声中，查理一世只能选择将这一问题诉诸法律。不过在得到法律支持的情况下，英国中产阶级还是拒绝交税，同时为了逼迫国王让步，他们开始试图撕裂英国宗教对立这道旧伤疤。

由亨利八世发动的英国宗教改革，其本意只是收回长期由罗马教廷所垄断的宗教裁判权，但经历了玛丽一世的天主教复辟和伊丽莎白女王的宗教调和政策，英国民间出现了一股名为“清教徒”运动的热潮。所谓“清教徒”，仅从字面上理解是要清除英国国内的天主教残余，但实质上却代表了英国新兴资产阶级的宗教观和价值观，他们鄙视教堂和神父的权威，认为不需要各种繁文缛节和宗教仪式，每个信徒都能直接与上帝交流。“清教徒”也不避讳从商和致富，甚至以“若有人问如何能感受上帝在他身上的恩宠，只要看看神赐给他的产业便成”自诩。

擅长神学的詹姆士一世一言就看出了“清教徒”运动背后的政治野心，因为在“君权神授”的大前提下，“没有主教就没有国王”。当然，在与“清教徒”运动的对抗中，詹姆士一世采取的并非是玛丽一世那样的高压政策，而是疏堵结合。他一方面亲自修订《圣经》，强化教会和国王在上帝面前的特殊地位；另一方面或明或暗地鼓励“清教徒”移民北美。因此，在詹姆士一世统治期间，英国的“清教徒”运动并没有掀起太大的风浪。

查理一世没有其父那般的神学修养，对于“清教徒”的势力也没有清醒的认识。为了增加收入，查理一世听信了大主教威廉·劳德的建议，强制要求所有国民必须去教堂做礼拜，违者罚款 1 先令。此举顿时引发了“清教徒”们的群起抵抗，查理一世则以枷刑、烙刑和割耳来作为惩罚。英格兰“清教徒”的抗议声浪尚未平复，1639 年苏格兰又爆发了天主教徒的起义。

应该说，苏格兰人对斯图亚特王朝的不满由来已久：当地的天主教徒对詹姆士一世入主伦敦后在苏格兰推行英国国教心存芥蒂；以“长老会”形式长期把持地方政权的封建贵族们，则对来自英格兰的主教们大权独揽怀恨在心。很大程度上，苏格兰人之所以长期隐忍不发，查理一世要感谢在德国境内狼奔豕突的瑞典国王古斯塔夫二世，后者的军队吸纳了大批来自苏格兰的雇佣兵。不过，随着古斯塔夫二世的战死和瑞典军队 1634 年在讷德林根的战败，大批苏格兰老兵解甲归田。借着查理一世要求苏格兰与英格兰使用同一版本的《祈祷书》的由头，苏格兰人率先揭竿而起。

查理一世虽然有心与叛军血战到底，但是没有国会的财政支持，斯图亚特王朝唯一可以动用的武装力量只有温特沃斯麾下的爱尔兰驻军。为了迎合查理一世“宁可抛头颅，也不让最高权威受到轻视”的豪言壮语，枢密院炮制了一个向西班牙借兵的计划。但是不等英国王室与西班牙展开接洽，在瑞典的陆军元帅亚历山大·莱斯利便成了叛军的首领，2 万高举“为基督的荣誉而战”的苏格兰军队浩浩荡荡地开赴传统边界，既没钱又没兵的

⊙ 议员时代的克伦威尔

查理一世只能选择和谈。不过，此时整个苏格兰都已经被独立之火点燃，查理一世的和谈被视为缓兵之计。无奈之下，查理一世只能宣布重开国会。此时，一个来自剑桥的议员出现在了国王的对立面，他就是亨利八世时期的重臣托马斯·克伦威尔的后裔——奥利弗·克伦威尔。

在1640年4月召开的“短期国会”上，查理一世对这位年长自己1岁的克伦威尔或许并没有什么特别的印象。由于英格兰北方贵族担心苏格兰人入侵会导致自身利益受损，因此纷纷捐助国王。手中略有盈余的查理一世不屑和议员们多费口舌，仅有四分之一议员出席的国会，仅存在了不到1个月的时间便再度被解散。在苏格兰大军抵达泰恩河之际，查理一世终于凑集了一支王室军团，交给从爱尔兰只身赶来的温特沃斯指挥。

在泰恩河一线展开对峙的两支军队本是查理一世与苏格兰长老会谈判的筹码，但由于一名苏格兰骑兵偶然越界所引发的交火竟令王室军团土崩瓦解。溃散的英军振振有词地辩解称，他们逃跑并不是由于恐惧，而主要是没有军饷。苏格兰大军随即势如破竹，直抵纽卡斯尔城下。面对内外交困的局面，查理一世只能向国会妥协。1640年11月3日，新一届的国会议员完成了选举，在心怀不满的贵族阶层大肆鼓噪所谓“我们选举的人不必有任何长处，只需要有敢于抗上的精神”的情况下，著名的反对派人士无一落选，而新当选的议员也几乎全是站在了反对国王的立场之上。当然，为了防止苏格兰人直扑伦敦，英格兰金融界也向查理一世交纳了5万英镑，以维持在苏格兰的占领军和残余王室军队的开销。

新一届国会抛出的第一个议题并不是如何抵御苏格兰人的入侵，而是尽快惩办正在约克郡前线的温特沃斯。此举果然有斩断查理一世的臂膀和报复温特沃斯本人在解散国会后投靠王室的意味，但更重要的是，温特沃斯手中掌握有议员首脑与苏格兰暗通款曲的证据。在举国上下的舆论攻势面前，查理一世不得不丢卒保车，温特沃斯刚从前线被召回伦敦便锒铛入狱。与此同时，查理一世的其他主要幕僚也纷纷倒台，大主教威廉·劳德被投入了伦敦塔，国务大臣弗朗西斯·温德班克则逃亡海外。不过国会审判温特沃斯的过程也并不顺利，为了能将其置于死地，议员们罗织了一个“累积叛国”的新罪名，而主要的证据是温特沃斯曾对查理一世表示：“你在爱尔兰有一支军队，可以把这支军队调来征服这

⊙ 越过泰恩河的苏格兰骑兵

个王国。”

尽管根据上下文的意思来看，温特沃斯口中的“这个王国”指的是叛乱中的苏格兰，但最终国会还是以204票对59票的绝对多数通过了死刑判决书。而就是这59位站在公平和理性立场上投票的议员，随即也成了同僚眼中的叛徒。最终还是议员奥利弗·圣约翰在国会说了一句公道话：“打碎狐狸和狼的脑袋从来就不算是残忍或者不合理的行为，因为它们是猛兽。”国会之所以咬住温特沃斯不放，正是出于对这位封疆大吏及其所统治下的爱尔兰心存畏惧。

1641年5月，温特沃斯在伦敦被枭首示众。5个月之后，爱尔兰人由于不满国会派来的新总督的种种做派而愤然起义。不过，此时的英格兰已经无暇顾及这座邻近的岛屿，因为内战的阴云已经笼罩了整个不列颠。在处决温特沃斯之后，国会更进一步通过了以“至少三年召集一次国会，必要时可以撇开国王”为标志的《三年法案》，至此查理一世的独裁时代彻底宣告终结。但是在扳倒了国王之后，国会随即陷入了一场有趣的内讧之中：昔日的官僚和贵族希望能够维持旧有的秩序，他们戴假发、佩长剑，自诩为“骑士党”；而以乡绅和商贾为主的“清教徒”，则因其理短的头发而被称为“圆颅党”。

趁“骑士党”和“圆颅党”在国会争吵不休之际，查理一世以安抚苏格兰的名义离开了伦敦。“圆颅党”领袖约翰·皮姆随即提出了清算查理一世继位以来的所有罪行、剥夺国王对军队控制权的“大抗议书”。此举随即招来了“骑士党”的强烈反弹，国会之中一度出现剑拔弩张的紧张气氛。克伦威尔不禁悲观地表示，如果对峙的局面继续下去，他只能变卖家产移民到北美去了。但就在此时，查理一世的鲁莽挽救了处于分裂边缘的国会。在王后的怂恿之下，1642年1月4日国王亲率300名步兵突袭了国会，但约翰·皮姆等“圆颅党”领袖早已溜之大吉。查理一世没有一举捣毁国会的勇气，他只是比较客气地搜查了一番，便负气离去了。但约翰·皮姆却借机大做文章，在他的鼓动之下，大批伦敦市民涌上街头，包围王宫。到1月10日，查理一世已经不敢继续在伦敦逗留，而是随着王室仓皇北逃，在数千民兵簇拥之下重新显身的约翰·皮姆俨然已经是英格兰的无冕之王了。

“圆颅党”之所以敢于公开与王室对抗，得益于其背后强大的武力支持。在斯图亚特王朝统治时期，英国主要的武装力量是听命于国会的海军，地面部队则由各郡民兵组成。作为英国最大的城市，伦敦不仅拥有 8000 名训练有素的志愿兵，城中还有储备充裕的军械库。与之相比，逃往诺丁汉的查理一世麾下只有区区 800 人，因此在内战正式爆发之前，把持国会的“清教徒”们显得有恃无恐。

约翰 · 皮姆等人显然忽视了一个封建王朝传统忠君思想的力量。查理一世执政以来，虽然成绩平平，但远未到人神共愤的程度，何况英格兰此时所谓的“王脉”也“仅此一家”，因此储备有大量用于防御苏格兰的武器的重镇赫尔尽管将国王拒之门外，但还是隆重地欢迎了两位年幼的王子；而剑柄上篆刻着“上帝说过，‘不许犯我神权君王’”的骑士阶层更是怀着高涨的热情，汇聚于查理一世的战旗之下。除了本土“保王党”的支持，查理一世还有一支强大的“外籍雇佣军”，其指挥官是有传奇经历的鲁珀特亲王。

鲁珀特是查理一世的大舅子、“一冬之王”腓特烈五世之子，不过他自幼便跟随父母流亡荷兰。1636 年，在父亲倒毙于复国之路 4 年之后，鲁珀特来到了英国。在舅舅查理一世的宫廷之中，他首度感受到了家庭的温暖。尽管此后鲁珀特的复国之路一直走得磕磕绊绊，甚至还沦为战俘，在奥地利被软禁了 3 年，但是在“三十年战争”中摸爬滚打的经验也令鲁珀特成为一名优秀的骑兵指挥官，他同时也是国际军火和雇佣兵市场的常客。

面前这位赶来相助的侄子，查理一世自然龙颜大悦，而此时前往荷兰避难的王后也开始变卖珠宝，各地达官显贵也纷纷资助王室，甚至连牛津大学也熔解了金银餐具，以充实查理一世的军费。剑桥大学本欲效仿，但在率领武装自耕农赶来的克伦威尔面前，剑桥大学的校长和教授知趣地选择了罢手。而这一举措也令克伦威尔很快在“国会军”中赢得了一席之地，1642 年 9 月他以骑兵上尉的身份组建了一支由 60 名志愿者组成的骑兵团。不过此时，他距离国会军总司令还有一段漫长的路要走。

查理一世很清楚，他要面对的是一群阔绰的国会议员，集结着 2 万国会军的伦敦固然是终极目标，但在夺回属于自己的王宫之前，查理一世首先要做的是前往威尔士与他的支持者会合。国会方面注意到了王军的调动，随即委派埃塞克斯伯爵罗伯特 · 杜瓦率军前往阻击。查理一世虽然成功地绕过了国会军的主力，但在继续南下之前，查理一世还是选择了在通往伦敦的埃奇丘陵一带与尾随而来的埃塞克斯伯爵正面交锋。

负责指挥王军骑兵的鲁珀特亲王出手不凡，轻松击溃了国会军的左翼，但是他麾下的雇佣兵显然已经习惯了“三十年战争”中的那套做派，假借着追击敌军骑兵的名义，鲁珀特亲王的部队脱离了战场，劫掠对手的辎重去了。此举令兵力本就处于劣势的王军顿时失

⊙ 查理一世（中间戴蓝带者）

去了支撑，在国会军步兵的猛攻之下，查理一世的禁卫军一度崩溃，连王旗也被对手缴获。好在鲁珀特亲王和他的骑兵最终还是返回了战场，埃奇丘陵之战才最终以平局收场。

跟随着埃塞克斯伯爵撤退的脚步，王室武装开始向伦敦进军。迫于军事上的压力，国会致信查理一世表示万事好商量。面对战与和的抉择，驻军牛津的查理一世显得有些举棋不定。不过，他的侄子鲁珀特倒是战意正浓，于是在泰晤士河畔，国会军再度被王室雇佣军击溃。国会就此指责国会背信弃义，宣称英国公民受到了“德国式”的残酷虐待。而随着埃塞克斯伯爵的野战部队退守伦敦，王室武装不得不面对两倍于己的国会军，查理一世已经失去了最后一次入主伦敦的机会。

1643 年春，屯兵于伦敦城下的查理一世开始在全国范围内攻城略地，而王后亨利埃塔·玛丽亚也冒着生命危险亲自押运大批军火从荷兰回国，由于沿途遭遇了国会海军的拦截，因此这位法国公主出现在北方重镇——约克郡时，受到了英雄般的欢迎。士气如虹的王室武装随即拔除了国会在北方的多个据点。与此同时，在英国西南部地区，国会军同样节节败退。在兵力和物资方面均处于优势的情况下，国会军之所以在战场上表现得“不给力”，很大程度上与其过时的战术有关。

17 世纪中叶的欧洲，“三十年战争”中瑞典国王古斯塔夫二世的军事改革已经凭借着其战场上优异的表现而深入人心。但是在孤悬海外的英国，国会军的骑兵依旧穿着中世界笨重的甲胄，由此而被鲁珀特亲王麾下轻装的德意志骑兵讥讽为“龙虾”。当然在步兵方面，财大气粗的国会军要比对手要强地多。国会军的滑膛枪手都配有刀剑，身着盔甲的长矛手占了一个步兵团的三分之一；而王室武装中的很多人还是“除了短棍以外，什么武器都没有”。因此，越来越多的阵地战开始令王室武装战争初期攻城略地的速度逐渐放缓。

⊙ 英国内战时期的火绳枪手

1643 年 9 月 20 日，围攻伦敦门户、港口重镇格洛斯特的查理一世，在纽伯利与埃塞克斯伯爵的国会军再度交手。这一次，不仅伦敦民兵以如林的长矛一次又一次地击退了鲁珀特亲王的骑兵，最终令王室武装不得不撤回牛津。一支全新的国会骑兵也出现了在王室控制区的后侧，他们就是克伦威尔所组建的“铁骑军”。

王室武装控制牛津之后，在剑桥大肆收缴保王党武装的克伦威尔，事实上已经孤悬于敌后了。1642 年 12 月，国会宣布剑桥及其周边的诺福克、萨福克等 5 郡将组成共同防御的“东部联盟”，随后，这个独立战区的规模不断扩大。在镇压当地保王党的同时，克伦威尔也着手组建自己的核心武装，到 1643 年 9 月，克伦威尔麾下已经有 1100 名装备精良的骑兵。由于克伦威尔是清教徒，因此在招兵买马的过程中，他格外注重部下的信仰问题，这使得他的“铁骑军”拥有同时代的军队所不具备的纪律和战意。与此同时，克伦威尔也着手改革英国传统骑兵的装备，“铁骑军”不再身着重甲，而代之以轻便的头盔、背甲和胸甲，德意志雇佣兵所大量使用的手枪也被克伦威尔用于取代传统笨重的长矛。

由于“铁骑军”的兵员以拥有马匹的自耕农为主，因此骑术均不需要重新培训，在“征用”了各地保王党的马厩之后，克伦威尔开始率军北上。尽管“铁骑军”在战场上表现抢眼，但是克伦威尔与国会的关系却是每况愈下：一方面国会更关注伦敦一线的战事，对克伦威尔频繁的来信中增兵催饷的要求置若罔闻；另一方面，克伦威尔也始终没有得到他想要的官爵。直到 1643 年 8 月，国会才任命克伦威尔为伊利岛总督，并拨款 3000 英镑给他的“铁骑军”；作为交换条件，克伦威尔必须深入敌后，去解救被包围于赫尔的国会军将领——托马斯 · 费尔法克斯。

克伦威尔成功地完成了国会所赋予的使命，在与托马斯 · 费尔法克斯会合之后，克伦

⊙ 克伦威尔组建的“铁骑军”

威尔成功地控制了东部联盟的门户——林肯郡，军势为之大振。克伦威尔在战场上身先士卒的表现，令他无可争辩地成为国会新组建的“安全委员会”委员及“东部联盟”陆军中将。不过，尽管克伦威尔在东部很快建立了一支1.5万人的大军，但他仍不是国会眼中结束内战的核心力量。1643年9月25日，英格兰国会正式与苏格兰长老会结成同盟，在英格兰国会每月支付3.1万英镑的前提下，1.8万名苏格兰步兵和3000名高地骑兵加入了对查理一世的围攻之中。

苏格兰加入国会一方，彻底终结了此前王室武装在英格兰各地的攻势。为了救援被苏格兰和国会联军围困的重镇约克，查理一世不得不从牛津前线分出最精锐的骑兵交给自己的侄子鲁珀特亲王北上驰援。鲁珀特亲王成功地越过了国会军重兵布防的乌斯河，被截断了退路的苏格兰军队慌忙放弃了对约克郡的包围向南溃退。面对鲁珀特亲王的追击，得到了克伦威尔、托马斯·费尔法克斯所指挥的“东部联盟”军支援的国会军好不容易稳住了阵脚，在托克威斯和马斯顿之间的荒原布阵。至此，英国内战中的第一场重量级的会战于1644年7月2日拉开了序幕。

率领麾下“铁骑军”参战的克伦威尔奉命攻击王室武装的右翼，下马步战的“龙骑兵”在驱赶了隐藏于篱笆和壕沟中的王室火枪手之后，克伦威尔一马当先地冲入了鲁珀特亲王的骑兵阵列。在针锋相对的肉搏战中，克伦威尔颈部被子弹射伤，双眼也几乎处于半失明的状态。但在他的奋勇冲击之下，“铁骑军”还是成功击溃了对手的右翼，并在随后的战斗中一举扭转乾坤。在克伦威尔的“铁骑军”打开局面的同时，指挥进攻王室武装左翼的托马斯·费尔法克斯已经一败涂地，位于阵列中央的国会军步兵同样岌岌可危。但鲁珀特亲王麾下的骑兵此时却故态复萌，在迂回到国会军侧后的良机面前，选择了脱离战场去劫掠敌方辎重，向来以长枪方阵著称的苏格兰步兵这才勉强稳定了中央战线的局面。而克伦威尔麾下纪律严明的“铁骑军”此时展现出了其难能可贵的品质，他们成功地抵达了王室武装的后方，彻底终结了鲁珀特亲王翻盘的机会。克伦威尔在递交给国会的报告中骄傲地写道：“我们击溃了鲁珀特王子的所有骑兵，对他们尽情砍杀，势如刈草。然后，我们的骑兵进攻敌军的步兵，一路横扫敌兵犹如风卷残叶。”

仅从伤亡数字来看，马斯顿荒原之战仍可以说是一场平手，但是从战略上来看，王

⊙ 铁骑军击败王室骑兵

室武装却可谓伤筋动骨。会战失利之后，王室最重要的后方基地——约克郡随即落入了国会手中。而在战前，查理一世曾叮嘱自己的侄子说："如果约克失守，我仍将珍视我的王冠，前提是你必须迅速向我靠拢，而且我们必须趁敌人的北方部队赶来之前在南方出奇制胜。"鲁珀特亲王的战败也同时扑灭了王室武装在南方攻陷伦敦的最后机会。当然，此战影响最为深远的还是为国会树立了一尊名为克伦威尔的战神。据说，在走过马斯顿荒原之后，鲁珀特亲王每次与国会军交锋都会不安地问俘虏："克伦威尔在你们军中吗？"

苏格兰的介入和马斯顿荒原战败的同时，查理一世在牛津一线倒是力挫了埃塞克斯伯爵的进攻。此外，爱尔兰、苏格兰等地的封建势力也"踊跃勤王"。面对严冬将至的局面，国会方面出现了议和的声浪。克伦威尔的老战友兼名义上的领导托马斯·费尔法克斯尤为起劲，他在议会发表了著名的言论："我们打败国王 99 次，他仍然是国王，他的子孙后代也仍将是国王。而国王只要打败我们 1 次，我们便将被绞死，我们的后代将沦为奴隶！"而克伦威尔则嗤之以鼻，宣称将以一个"更为迅速、更为强有力、更有效"的打击来结束战争。

⊙"新模范军"的骑兵和步兵

最终，议会选择了支持克伦威尔，倒不是他们不想和查理一世和谈，而是固执的国王拒绝妥协。而此时的克伦威尔，却展现出了他在战场之外的另一面——政客所特有的狡黠。他首先提议按照"铁骑军"的模式，组建英国历史上第一支真正意义的常备陆军——"新模范军"。这支"新模范军"拥有 12 个步兵团、11 个骑兵团和 1 个龙骑兵团，总兵力为 1.4 万名步兵和 6600 名骑兵。尽管"新模范军"兵力有限，但却一扫昔日贵族自行组建军队的陋习，也摒弃了本地人不愿在外地作战的传统观念。值得一提的是，英国陆军日后闻名全球的红色军装也是“新模范军”开创的先河。

在组建“新模范军”的同时，克伦威尔还积极地在国会推动所谓的《弃权法令》。按照这一政令的要求，国会的所有成员一律免除军政职务。表现不佳的埃塞克斯伯爵黯然下台，托马斯·费尔法克斯成为国会军名义上的最高指挥官，但这位性格温和的将军不过是克伦威尔的傀儡。利用在军中的声望，克伦威尔依旧身兼议员和骑兵司令两重身份。而当克伦威尔在他的独裁之路上越走越远之时，查理一世正面临着左右为难的战略选择。在1645年5月8日召开的御前会议上，王室武装的主要将领开始讨论究竟应该北上收复约克，还是趁国会组建“新模范军”之时痛击对手，最终查理一世做了他最为愚蠢的决定：分兵。

王室武装原本就捉襟见肘的兵力在分散之后更显得不堪一击，查理一世与鲁珀特亲王刚刚率领3000名骑兵和5000名步兵北上，国会军便包围了牛津。唯恐巢穴有失的查理一世慌忙回师，最终在内兹比遭遇了以逸待劳的克伦威尔。尽管拥有两倍于敌的兵力优势，但“新模范军”的这次“处女秀”却依旧谈不上完美，新近招募的国会军步兵根本不是王室武装老兵的对手。托马斯·费尔法克斯一度要带着自己的卫队和敌军肉搏，最终还是克伦威尔率领“铁骑军”的老骨干击溃了鲁珀特亲王的骑兵，从而奠定了胜局。事后，克伦威尔不乏傲慢地总结道：“我单枪匹马巡视阵地时，只好对上帝微笑，希望得到胜利的保证，因为他可以让占优势的人失败，也可以使处于劣势的人取胜。”他俨然将自己等同于英格兰命运的主宰。

⊙ 战场上的克伦威尔

内兹比战役彻底打断了王室武装的脊梁，查理一世只能在鲁珀特亲王和少数骑兵的护卫下到处游荡。尽管牛津和英国西部的众多城镇仍在保王党的控制之下，但在克伦威尔强大的“新模范军”面前，这些据点最终无一例外地被各个击破。在自己的舅舅拒绝和谈的情况下，鲁珀特亲王最终选择了向国会军投降。随着1646年6月24日牛津向国会军敞开城门，长达4年的英国内战算是画上了一个短暂的休止符。

1647年1月，急于获得国会40万英镑军费欠款的苏格兰长老会，宣布将流亡于爱丁堡的查理一世引渡给伦敦方面。尽管此时这位可怜的国王已经身无立锥之地，但在民间却依旧颇有威望，伴随着“苏格兰人黑心肠，出卖国王换铜钱”的童谣，查理一世一路南下都受到了各地民众的夹道欢迎。而国会方面也认为战争已然结束，“烧钱”的常备军已经再无必要存在。面对步兵欠饷 18 个星期、骑兵 43 周没有收入的“新模范军”，国会议员们只肯拿出 6 个星期的军饷作为遣散费。

作为“新模范军”事实上的领袖，克伦威尔深知不能与掌握财权的国会正面抗衡，于是他一边承诺将按计划解散军队，一边却怂恿部下向国会递交措辞恭敬的请愿书。在这份请愿书中，除了要求对“新模范军”在战争中的种种行为不予追究，还提出国会应全额补发欠饷，对残废人员、寡妇和遗孤发放年金。向来视金钱为生命的议员们当然不愿意掏钱，随着“新模范军”拒绝执行拆分或调往爱尔兰平叛的命令，国会与军队之间的关系随即降到了冰点。国会试图调动苏格兰军队南下镇压“新模范军”，而克伦威尔则抢先一步劫持了国王。

恰如日后身为“护国公”的克伦威尔对一名国会议员所说，他出身士绅，尽管并不显赫，但也绝不卑微。因此，他本质上并不反对君主制，有证据表明 1647 年夏季他曾认真考虑过与查理一世结盟。但此时的克伦威尔已经不再是战场上一呼百应的统帅，而是由自耕农组成的“新模范军”利益的代言人。在发现军队中弥漫着彻底打倒国王和贵族、平分地权的思潮之后，克伦威尔虽然拔剑冲入军营，亲手逮捕了试图反对他的下级军官，但也不得不彻底放弃了与国王结盟的思路。而此时伦敦方面爆发的市民暴动也迫使国会的主要议员逃入克伦威尔的军营，哀求“新模范军”保护国会的“自由”。随着克伦威尔重返伦敦，“新模范军”与国会由昔日的从属关系变成了分庭抗礼的相互需要。

在与克伦威尔接触的过程中，查理一世第一次感到了死亡的威胁。国会议员只是要限他的权，而“新模范军”的自耕农却是要他的命。于是在 1647 年冬季，查理一世逃亡怀特岛，不惜代价地与大不列颠诸岛的各派势力达成妥协和盟约。第二次内战随即爆发，但恰如丘吉尔所总结的那样：“国王、贵族和国会、地主和商人、城市和乡村、主教和长老会派、苏格兰军队、威尔士人民以及英国海军，均转而反对新模范军，但均被打败。”以伦敦为中心，克伦威尔首先击败了威尔士的保王党，随后挥军北上与 2.4 万人的苏格兰大军会战于普累斯顿。一路上忍饥挨饿的苏格兰人士气低迷，在克伦威尔轻骑突进、缺乏火炮支援的情况下，仍在其最擅长的白刃战中被击溃。至此，“新模范军”不可战胜的神话在不列颠正式确立，以至于装备精良的英国海军在面对衣衫褴褛、几乎赤足的“新模范军”时，也乖乖地缴械投诚。

1648年年底，第二次内战以克伦威尔和“新模范军”的全面胜利而告终。保王党被彻底粉碎，国会也形同虚设，宪法成为一纸空文，苏格兰人龟缩于北方，威尔士人则退居山上，舰队也被改编。当克伦威尔凯旋之日，整个伦敦都慑服于他的赫赫军功之下。而对于克伦威尔而言，他仍需要最后一步来完成权力的登顶。

1648年12月1日，一个风雨交加的夜晚，“新模范军”的一支别动队在怀特岛登陆。查理一世此时竟还认为自己有与国会谈判的筹码，竟然在毫无抵抗的情况下，任由对方将自己带往不列颠本岛，囚禁在赫斯特城堡。而与此同时，克伦威尔的部下已经控制了伦敦，普莱德上校率领全副武装的士兵控制了国会入口，根据克伦威尔所罗列的名单，45名不懂得趋炎附势的议员被直接逮捕，另有96人被挡在门外，史称“普莱德清洗”。克伦威尔于“大清洗”第二天抵达国会，此时除了他的老领导——托马斯·费尔法克斯，已经没有人敢再当面提出反对意见了。

残存的议员和“新模范军”的主要将领都支持审判查理一世，但克伦威尔起初并没有坚持一定要判处国王死刑。在他看来，废黜或软禁国王同样足以将他推上英格兰主宰的位置，但费尔法克斯积极地为国王求情，最终令克伦威尔不得不痛下杀手。费尔法克斯的理由是，处决国王之后，其流落于荷兰的王子必然成为国会新的对手，而且英国历史上也没有公然处决一位合法君王的先例。此举随即引来“新模范军”军官团的一片嘘声，显然在军人的思维里，“血债”必须“血偿”。克伦威尔同样在战争中失去了两个儿子，因此他便成为向查理一世复仇的最佳人选。

后世的英国史学家们总是不遗余力地将克伦威尔与查理一世描绘成天生的死敌，甚至杜撰说他们童年时曾大打一架，克伦威尔抓破了查理一世的鼻子云云。但事实上，在荷兰律师艾萨克·多利斯劳斯按照古罗马审判暴君的先例召集了135人的委员会公开审判国王之前，克伦威尔始终要求部下给予查理一世一个国王的礼遇。甚至在查理一世走进法庭时，克伦威尔仍不乏心虚地向部下询问应该以何种名义对其进行审判，最终还是有人及时给出了“以国会和所有善良的英国人的名义”这一经典答案。

对查理一世的审判在国王轻蔑的态度下进行了7天，由于查理一世拒绝为自己辩护，因此，如何量刑便取决于陪审团的国会议员们。日后许多在死刑书上签名的议员都宣称自己是在“新模范军”的压力之下才被迫妥协的，甚至有人绘声绘色地说是克伦威尔抓着自己的手进行了画押。但事实上，克伦威尔本人又何尝不是承受着来自军队的压力呢？毕竟处决国王，便意味着与苏格兰乃至整个欧洲的王室决裂，意味着他从此将站在英国传统忠君思想的对立面上，但克伦威尔却已经无法回头了。1649年1月30日，在与自己年幼的

⊙ 查理一世被斩首时的新闻画

子女告别之后，查理一世在这个寒冷、多雾的早晨走向了自己的断头台。在受刑之前，他追忆了曾被自己抛弃的能臣温特沃斯，向围观群众宣称自己是“人民的殉难者”。这种颇具君王气质的落幕为他赢得了诸多加分，以至于有人回忆行刑之后，“新模范军”出动骑兵驱散了悲怆的民众。而对于国王之死，克伦威尔在“遗体告别”时说了一句同样值得流传千古的名言：“残酷的必需。”

纵观英国内战的进程，克伦威尔的个人能力的确起到了推动作用，但他并不是一个人在战斗。这是一场新兴的资本力量战胜了传统的忠君观念、城市民兵和自耕农击败了贵族和佃农、清教徒派战胜英国国教的战争。因此，克伦威尔虽然处决了国王，但他却不能取而代之。国会虽然不再高朋满座，但依旧主导着这个国家，而背负所有骂名的克伦威尔不得不面对一个尴尬的现实：在一个全新的共和国体制内，他依旧不能卸下戎装。既然第二次内战也结束了，那么“新模范军”仍要接受裁员。为了保住这支忠于自己的武装力量，克伦威尔迫切需要一场新的战争。

好在处决查理一世所引发的一系列内外矛盾都急需用武力解决：爱尔兰出现了旨在复辟王室的“保王党—天主教”同盟；苏格兰人则拥戴查理一世之子威尔士亲王查理二世为新任国王，大有举兵南犯的架势；英国王室的传统盟友——荷兰、丹麦拒绝承认英格兰共和国的合法性；而西班牙和法国更趁机在海上大肆劫掠英国商船，甚至连遥远的俄国沙皇也借机囚禁了英国商人，没收了他们的货物。当然，在出兵惩戒之前，克伦威尔首先要面对的是名为“掘地派”的公社运动。

所谓“掘地派”，是以伦敦破产商人温斯坦莱为首的一干无地农民，他们打着“平均地权”的旗号在各地圈占土地，集体耕种。尽管“掘地派”最初的目标只是无主的荒地，但是他们“真正的自由就是自由使用土地”的口号却引起了克伦威尔的警觉，特别是当“新模范军”的退伍老兵也加入其中之时。而在大举镇压“掘地派”的同时，克伦威尔也开始整训出现厌战情绪的“新模范军”，不愿前往爱尔兰征战的士兵被开除军籍，拖欠的军饷也不再补发。

克伦威尔是一名虔诚的“清教徒”，因此他在征讨信奉天主教的爱尔兰人时，刻意煽动“圣战”的情绪。在攻坚战中，克伦威尔不仅再度身先士卒，攻陷要塞之后更是疯狂屠戮。在事后提交给国会的报告中，克伦威尔称自己的行为是“上帝给予这些野蛮人应得的惩罚”。但无论从个人威信还是“新模范军”财政的角度来看，克伦威尔在爱尔兰的行动都并不那么单纯。而伴随着“新模范军”的挺近，克伦威尔也鼓励英国自耕农向爱尔兰移民，他驱逐爱尔兰人向西北迁徙的口号——“不想进地狱就滚到康诺特去”，成为著名的“克伦威尔诅咒”，在日后爱尔兰的民族争端中持续发酵着。

1650 年 5 月，克伦威尔在爱尔兰的战事仍未完全结束之际，便将指挥权移交给自己的女婿亨利 · 艾尔顿，随后马不停蹄地赶回伦敦。因为此时，来自丹麦和荷兰的大批雇佣军已经开始在苏格兰集结，国会迫切希望先发制人。最初国会议员并不希望克伦威尔独领风骚，他们委任托马斯 · 费尔法克斯去远征苏格兰。但自查理一世被处决之后，费尔法克斯便对政治和战争失去了热情，而克伦威尔从爱尔兰前线赶回来“规劝”他领命的举动，更坚定了费尔法克斯急流勇退的信念。6 月 26 日，克伦威尔正式成为英格兰共和国武装力量的最高统帅。对此，克伦威尔不无虚伪地在写给朋友的信中表示：“我并不想担任这些职务，这是上帝召唤我去做的！”

7 月底，克伦威尔统帅 1.05 万名步兵和 5000 名骑兵进入苏格兰境内，但志得意满的他并没有想到这次远征竟险些令他上演“走麦城”。由于英格兰和苏格兰边境地区早就由于反复拉锯而陷入了荒芜，在苏格兰人的高沟深垒和后勤压力之下，克伦威尔的军队很快便陷入了进退维谷的窘境。8 月，在疫病和饥饿的折磨之下，克伦威尔先是退守马塞尔堡，随后又撤往沿海的丘陵地带——邓巴尔。此时，苏格兰统帅大卫 · 莱斯利坚壁清野的战略目的已然接近了成功。但是，把持苏格兰政权的长老会却失去了耐心，他们认定克伦威尔已然穷途末路，勒令大卫 · 莱斯利“追杀穷寇”。

1650 年 9 月 3 日，克伦威尔生命中最为艰险的一战正式打响。手握 2.1 万苏格兰雄兵的大卫 · 莱斯利计划在清晨给英国军队致命一击，但是，仅有 1.1 万部下的克伦威尔却决定先发制人。午夜时分，克伦威尔先在左翼发动佯攻，随后 6 个中队的骑兵突然杀入苏格兰人的右翼。猝不及防的苏格兰军队虽然用长矛顶住了对手的第一轮进攻，但是随着克伦威尔亲率 3 个步兵团和 1 个骑兵团的预备队投入战场，大卫 · 莱斯利的战线彻底崩溃了。

由于大批部队被克伦威尔的骑兵驱赶到战场西侧的深谷地带，苏格兰军队的兵力优势根本来不及展现便陷入了合围，最终，带着上万名俘虏的克伦威尔策马扬鞭冲入了苏格兰首都爱丁堡。尽管战争还在继续，但是在不列颠的土地上，至此已经再无一支武装可以挑战克伦威尔的权威了。丘吉尔颇有诗意地写道：“英格兰垂手顺服，爱尔兰俯首慑服，苏格兰悚然屈服。这三个王国统一起来，处于伦敦专制政府的统治之下，不可抗拒的力量填写了英国历史上最难忘的一页”。

尾声：同床异梦

尽管克伦威尔死后，返回英国复辟的查理二世恢复了苏格兰王国的独立地位，但在内战之中，苏格兰人的脊梁可谓被彻底打断了。英格兰议会、苏格兰议会在 1707 年先后批准了《合并条例》，两国正式合并为一个国家，名为“大不列颠王国”。

对于国力贫弱、人口稀少的苏格兰来说，与英格兰合并为其带来了前所未有的巨大发展机遇，因为此时的英格兰正处于国力上升期。诚如苏格兰裔的经济学家亚当 · 斯密的评价所说：“在与英格兰联合之后，苏格兰的中等阶级和底层阶级从过去压迫他们的贵族那里得到了解脱。”

与英格兰合并也促进了苏格兰在文化上的全面繁荣，出现了哲学家大卫 · 休谟、历史家威廉 · 罗伯逊等大师。而苏格兰人，特别是高地人英勇善战的传统，也为大英帝国的建立贡献良多。从 1707 年到 1947 年，只要是米字旗飘扬的地方，都可以看到身穿格子花呢短裙的苏格兰士兵，听到苏格兰风笛悠扬凄美的笛声。而工业革命的浪潮，也为苏格兰制造的棉布、钢铁等产品打开了全球市场。

但经济上的繁荣也加速了苏格兰民族主义的抬头，1934年由约翰·麦考密克和道格拉斯·杨等人创立了苏格兰民族党。1950年圣诞夜，一群苏格兰学生潜入威斯敏斯特大教堂，把苏格兰王权的象征——“命运之石”从爱德华国王的加冕宝座下面偷走，将其运到苏格兰，藏在了阿布罗特修道院的废墟中。20世纪70年代末，在北海地区发现石油，更令苏格兰人认为这是上天赋予苏格兰的财富，不应与伦敦政府分享。在这种背景下，苏格兰在1979年举行了是否脱离联合王国的全民公决。虽然投票结果是52:48支持独立，但由于投票率没有超过有投票权总人口的40%，因此这次公决结果被宣布无效。

1997年9月，苏格兰举行了关于成立苏格兰议会问题的第二次全民公投，投赞成票的达74.3%，占有投票权人口的44.87%。根据这次投票的结果，英国国会通过了《1998年苏格兰法令》，在时隔290年之后再度成立了苏格兰议会，并规定其可以在英国法律的范围内自行制订税收、法律、教育、医疗、福利等方面的新法律。但苏格兰人并不满足，2013年3月21日，英国苏格兰政府首席部长萨蒙德宣布，将再次举行苏格兰全民公投，以表决是否脱离英联邦。2014年9月19日，苏格兰独立公投的计票结果公布，有55.8%的共1877252名选民对独立说“不”。对此，萨蒙德虽然黯然辞职，但事后仍对媒体表示：英国政府欺骗了苏格兰民众，并扬言“独立计划仍将继续，苏格兰可能在不经公投的情况下宣布脱离英国”。

分久必合、合久必分，本是人世和政治的常态，我们只能期望下一次英格兰与苏格兰之间的分离，将不再采用战争这种最为激进的模式。